瓜瓞绵绵
尔昌尔炽

中国现代文化世家丛书

国家出版基金项目
NATIONAL PUBLICATION FOUNDATION

◎ 中国现代文化世家丛书

龙山凤水毓锦绣
——安徽怀宁邓氏家族文化评传

张春苗 著

主编 詹福瑞 骆玉安

郑州大学出版社

图书在版编目(CIP)数据

龙山凤水毓锦绣：安徽怀宁邓氏家族文化评传/张春苗著.—郑州：郑州大学出版社,2019.1
(中国现代文化世家丛书.第三辑)
ISBN 978-7-5645-5752-2

Ⅰ.①龙… Ⅱ.①张… Ⅲ.①家族-文化研究-怀宁县 Ⅳ.①K820.9

中国版本图书馆 CIP 数据核字(2018)第 190698 号

郑州大学出版社出版发行
郑州市大学路 40 号　　　　　　邮政编码:450052
出版人:张功员　　　　　　　　发行电话:0371-66966070
全国新华书店经销
河南文华印务有限公司印制
开本:710 mm×1 010 mm　1/16
印张:17.5
字数:245 千字
版次:2019 年 1 月第 1 版　　　印次:2019 年 1 月第 1 次印刷

书号:ISBN 978-7-5645-5752-2　定价:58.00 元
本书如有印装质量问题,请向本社调换

中国现代文化世家丛书（第三辑）编辑委员会名单

— ○ —

主　　任　詹福瑞
副 主 任　骆玉安
成　　员　（以姓氏笔画为序）

丁忠华　马　达　王　锋
王同毅　王莉娟　叶　新
白金玉　冯保善　刘士林
刘成纪　刘运来　苏克勤
李风宇　李道魁　吴　昕
何晓红　张　霞　张卫明
张功员　张志林　赵金钟
骆玉安　徐　栩　凌　青
黄　轶　詹福瑞　樊建伟

编务统筹　张　霞　席静雅

跨越时空的力量（代总序）

在中华民族五千年的文明史上，"家"与"国"总是作为一个不可分割的社会有机体相伴而存。历史的长河滚滚向前，更迭不已的朝代衍生的名门望族难计其数。这些显赫家族中的一部分在繁衍存续中以文化为纽带，形成独特的群体，成为文化世家。这些文化世家及其杰出人才为中华文化的传承与发展发挥过巨大的示范作用，在一定程度上影响着中国历史与文化发展的进程。如：齐鲁大地上以孔子肇始的孔氏世家，享誉儒林两千余年，堪称"中国第一文化世家"；义宁的陈氏家族以陈宝箴、陈三立、陈寅恪而负盛名；杭州钱塘的钱氏家族，因千余年来文风昌盛、人才辈出而被誉为江南望族；安徽桐城方氏家族，自明末至今一直享誉文坛，有"中国近世三百年第一文化世家"之称。

改革开放以后，特别是20世纪90年代以降，中国进入新的文化复兴时期，国人比以往任何时代都更加重视科技、教育和文化，也更加珍视人才。事实表明，代表传统文化最高水平的社会群体，正是那些跃居学术最高领域的专家、学者等文化精英。中国现代社会转型以来，那些文化、思想领域的领军人物，在推动社会变革和学术创新等方面贡献巨大。研究发现，这些专家、学者和精英人物，大都出身于文化世家，有着良好的家庭文化背景和丰厚的学养。文化世家所呈现的人才辈出的现象，成为中国现代史上一道亮丽的景观。

在我国文化典籍中，"世家"一词早有所见，其注解也多有不同。《孟子·滕文公下》中出现"仲子，齐之世家也"[①]之说；《史记》以"世

[①] 《孟子》，中华书局2006年版，第142页。

家"记述王侯诸国大事，有《世家》30 篇；欧阳修所撰《新五代史》，沿用司马迁《史记》的体例，书中也开举《列国世家》10 篇。我国古代王侯开国，子孙世代承袭，所以称世家。后来，人们将世代显贵、以某种专业世代相承的家族或大家泛称为世家。《现代汉语词典》对"世家"有如下 3 种解释：封建社会中门第高，世代做大官的人家；《史记》中诸侯的传记，按着诸侯的世代编排；指以某种专长世代相承的家族。①

  根据研究和多方因素，我认为，"世家"当指有特殊职业或专长、社会地位显赫，或代表某一领域、阶层特色并世代传承的家族。考虑到文化的特殊性，文化世家则是文化在家庭、家族中长期积淀，并经过多代人不断赓续、传承而形成的特有文化现象，是以家风、家训、家教等文化单元为标志，以家族杰出人物群体为代表的世代相传的家族体系。

  现代文化世家则是源自 19 世纪末，成长于 20 世纪初，繁盛于 20 世纪中期并延续至今的，以家族文化传承为基本特色的不同家族体系。中国现代文化世家总是以家族的一个或多个、能够影响或引领某一时代或某一领域发展的杰出人物为代表，进而形成一个具有浓郁的家族特色、对社会产生广泛而重要影响的群体。

  中国现代文化世家的兴起和成长大致在 19 世纪末 20 世纪初至今 100 多年的时间。历史地看，20 世纪以来的中国文化留给我们许多值得深思的空间。从 1840 年至 1949 年这段充满屈辱的历史，国人经受的痛苦是空前绝后的；然而，这一时期的中国却呈现出文化多姿、人才辈出的局面，所谓"国破山河在，家脉代代传"。这是中国根亲文化的魅力和传统文化生命力之所在。

  实际上，中国现代文化世家的家族脉络根须还可以上溯至 300 多年前的明末清初时期。那时，中国开始出现资本主义萌芽。商业资本的发达不仅带来经济繁荣和人口大量流动，也促使人们思想的开放和转变。封建的小农经济依然占统治地位，人们在获取有限的物质满足后，在精神上也有了更加新异的追求。特别是到了清朝末年和民国年间，西方列强的入侵和洋务运动的助推，让许多有钱人家对家族的振兴和子女的抚养有了颠覆性的认识。尽管"学而优则仕"的思想根深蒂固，但富

---

① 《现代汉语词典》，商务印书馆 2016 年第 7 版，第 1191 页。

家子弟求学读书再也不是单一地为了求取科举及第。由于视野的开阔，富裕人家往往不惜重金聘请名师，对子女进行一对一的培养，或让年幼的子女体面地进入私塾，或挤进洋人的教堂，甚至远渡重洋，为的是让子孙后代冲出家门，获取更加宽阔的人生发展空间，去施展抱负，以新的风貌光宗耀祖。这样，官富子弟不仅躲避了战乱的袭扰，更能浸染异域文化，客观上成就了大批人才。

晚清至民国时期，中国经历了前所未有的动荡局势。一方面，清廷的腐败无能引起民众造反；另一方面，外族入侵加剧了中国的贫弱。社会贫富悬殊，阶层急剧分化。当时的局面是，寻常百姓不仅生活窘迫，甚至挣扎在生存线上；富豪家族生活安逸，甚至花天酒地，更可破财消灾，让自己的子弟躲避人祸，享受现代优质教育。即使是割据一方的军阀，也往往处心积虑地让自己的亲属弃武从文，期望发迹于文化世家。时局动荡，社会倒退，却难以遏制文化的萌动与繁荣。而乱世时期的富家子弟往往不乏有志之士，他们倾心文化功名，繁荣了家族文化，使文化世家奇峰峻耸。

从人才学的角度进行考察，文化世家的整体成长往往又伴随国运兴衰而行，其历程也往往变幻纷呈，瑰丽多姿。中国的历史就是这么怪异，有时世势虽动荡不安，文化却奇异多姿。春秋战国时期是这样，三国两晋南北朝时期也如此，近代的清末民国时期也概莫能外。

20世纪初，中国最后一个封建皇帝被赶出宫廷，伴随频仍的天灾和人祸（战乱和政治腐败），裹挟中西文化泥沙的巨浪席卷中国大地，中国彻底沦为半殖民地半封建社会。民国时期虽时局动荡、军阀混战，但文化却一直未能断裂，反而出现热闹非凡的景观。这一时期，军阀为了利益、地盘纷争不断，文化的发展空间相对宽松；军阀的粗野庸俗，反而衬托出文化的精细高雅与尊贵，追求风雅成为时尚，文人地位也随之攀升，进而呈现怪杰频出、文化绮丽的局面。现有史料足以证明，即使在1928年那样战火纷飞的动荡年月，成立伊始的国民政府中央研究院仍然做着遴选院士的长远计划，并终于在20年后的1948年成功地评选出中国首届81名院士。首届院士不乏文化世家子弟，如梁思成、梁思永兄弟，冯友兰、冯景兰兄弟等。这一现象值得我们研究和探讨。

1949年中华人民共和国的成立，标志着一个新时代的到来。由于时局稳定，加上国家恢复生产和经济建设都亟须大批各行各业的人才，许多流亡于海外的专业人才（多为旧时代文化世家子弟）纷纷回国。他们在参加新中国建设的同时，因为其中西融合的卓越成就和传统文化熏染的高尚品德，成为科技文化领域的典范，这些英杰引领凝成的家族文化成为优化社会环境的重要因素，促进了家族文化繁荣时期的来临。随着时局的动荡变迁，特别是"十年动乱"，许多家庭遭遇灾难，甚至出现家族内部政治斗争，相互陷害，亲情无存、文化割裂；加上中国计划生育政策的实施，家庭结构的变化，家族文化遭遇内外夹击。时至20世纪末，神州大地已经难以见到中国传统家庭四世同堂、子孙满院的景观。

20世纪90年代至今，随着改革开放和科教兴国战略的实施，中国对科技和人才的重视程度前所未有，迎来了科技发展和人才成长的最佳机遇。同时，随着时局的稳定，和谐社会的发展，人们在享受现代科技带来的现代化便捷生活的同时，也渴望回归自然，怀念旧日民族文化传统。从20世纪乡土文学受到热捧，到同乡会、恳亲会、姓氏寻根、家谱赓续等活动，无不带有浓郁的中华民族传统文化色彩，同时也为家族文化的凝练创造了良好的氛围。中国家族文化在和谐发展的当世焕发出勃勃生机。

随着人类社会的不断进步，特别是以习近平总书记为核心的党中央带领全国各族人民奔小康，开创了建设中国特色社会主义新时代，家族文化发展也迎来了新的春天。虽然嫡亲家族还需等待时日，而松散的家族联系必然也能够成就新兴的文化世家，成为新的人才成长的独特环境。况且，随着国家计划生育政策的调整和综合国力的不断增强，人们进入小康社会后生活水平的不断提高，以及和谐社会的健康发展，新时代中国特色文化世家也必然以新的形态呈现并在人才成长链中发挥出榜样和示范的作用。

中国现代文化世家根植于中华民族的肥沃土壤，深受民族文化浸润，有着鲜明的特色。

中国现代文化世家中的家族文化根基源自中华民族传统文化。我们选入的所有现代文化世家，都弥漫着中华民族的文化氛围。不管是新会的梁氏家族，还是无锡的钱氏家族，或者是唐河的冯氏家族、湘乡的曾氏家族、义宁的陈氏家族，他们首先是以中国传统文化为主要特征的书香门第。这些家族的杰出人物不仅有着良好的家风和深厚的家学渊源，而且其中的杰出代表人物从私塾开始多有大师引路，并大都出国留学，深受异域文化的影响，可谓学贯中西，所以在他们身上总能闪现出新异文化的光芒，通透着文化的锐气。如东至周氏家族中的周一良，在其出生的次日，母亲萧琬即患急病猝然离开人世，幸被父亲周叔弢的德国朋友、牧师卫礼贤抱回家让夫人用牛奶喂养了一年才送还周家，再由周一良的三姑母（旧式的文化女性、孀居而又无子女）扶养。周叔弢对儿子煞费苦心，不惜重金请来名宿大儒坐馆家塾。周一良的老师如张憩、毓康、温肃、唐兰等，或为当世鸿儒，或是文化名流，或与"大清天子同学少年"（陈寅恪语），而且还有外籍教师教学外语，使其通晓英、德、日等国语言，后来他成为中国著名的历史学家。又如，义宁的陈氏家族中，陈寅恪是中国现代最负盛名的诗人之一，还是中国现代历史学家、古典文学研究家、语言学家，被称为"清华百年历史上四大哲人"之一。其父陈三立是著名诗人，"清末四公子"之一，其祖父陈宝箴曾任湖南巡抚。因陈寅恪身出名门而又学识过人，在清华任教时被称作"公子的公子，教授之教授"。

综观中国现代文化世家展示的家族文化，有着明显的世代传承特色。每一个家庭中的杰出人物都不是单打独斗的，而是呈现出群英荟萃、相映生辉的局面（这一点在梁启超的子女中展示得更加明显）。他们或是科举精英，或是乱世怪才，有人甚至当上了皇帝的老师（翁同龢曾是同治、光绪两代帝师）。这些家族成员文化层次极高，职业新潮，特色明显。比如东至周氏家族中的周馥为一品监生，周学海为两榜进士的良医，周学熙曾任民国时期的财政大员，周明夔（叔迦）为佛学大师，周绍良是著名的红学家、敦煌学家、佛学家、收藏家和文物鉴赏家，周一良是著名的历史学家。又如新会梁氏家族中的梁启超是国学大师，他的子女梁思顺、梁思成、梁思永、梁思忠、梁思庄、梁思达、梁思懿、梁思宁、梁思礼等，也都成为当世英才。再如唐河冯氏家族的冯沅君、冯友兰、冯景兰、冯宗璞分别在文学、哲学、史学、地质学等方面成就卓者。这些代表人物堪称时代精英，他们从事的职业、徜徉的领域都留下了时代光辉；他们的成果都能够荣登当世的最高境界。他们身上的人文精神也成为时代楷模，激励了一代甚至数代人，并在后人的追捧中不断发展、完善。

中国现代文化世家中的家族动辄几十甚至几百年的家族史，在当地声名显赫，德高望重，也大多恭行自律，家教严谨，讲究门风，形成独特的家训。如无锡钱氏家族的"姓钱但不爱钱"，常熟翁氏家族的"读书""为善"，湘乡曾氏家族的"耕读传家"等。中国现代文化世家以姓氏血缘为纽带，各个家族都有自己严格的宗祠家谱，家族特色明显；重视独特文化的凝练和世代延续，在传承中注重创新。如湘乡的曾氏家族能够在继承中兴名将遗风的同时，不仅人才辈出，还使良好的家风得以传承和创新。家族文化的兴衰与家族精英关系密切，一个家族的文化兴盛往往离不开精英人物引领潮头、发扬光大。

中国现代文化世家的兴盛年代处于晚清、民国向现代转型时期，许多世家总有家学深厚、贤良德高的优秀女性扮演重要角色。旧式中国社会，虽说女性的地位总体不高，但人们往往又把家风的树立、门户的筑垒寄望于良家女子，所谓"妻贤夫祸少，子孝父心宽"。这些家族中的女性不仅践行家族文化，而且以卓越的成就承担起家族文化的传承与创新。那时，相对稳定的大家庭模式和女性主内的家庭管理方式，客观上给女性施展管理才能提供了平台。殷实的家境使妇女可以免于生计所迫，让她们安心在家操持家务，教育孩子；有些女性从幼年开始即经受先进文化的熏陶，接受良好教育，成为女中豪杰。同时，女性受到的良好教育形成更加浓郁的文化氛围，以其无微不至的人文关怀、女性崇高的品德和良好的言行举止，影响家族成员健康成长。

在家庭成员成长过程中，女性发挥作用最典型的当属曾氏家族中曾国藩次子曾纪鸿之妻郭筠（字诵芳）。郭筠1岁即由父亲郭沛霖（曾国藩好友）做主许配曾家，12岁不幸丧父，幼年已成曾家女主人。因忙于家务无暇读书，直到和曾纪鸿完婚郭筠才有饱读诗书的机会。更为不幸的是，郭筠34岁又丧夫成寡。令人钦佩的是，郭筠持家教子有方，成为曾家富厚堂拿得起放得下的第一夫人。在富厚堂，曾家子孙几十口人都听她的号令。郭筠写有《曾富厚堂日程》，并有以自己的艺芳馆书斋名目、王闿运作序而传世的《艺芳馆诗存》。郭筠晚年立有6条"家训"，策勉男女儿孙谋求自强自立，同时不要求年幼女性缠足，不赞成八股文章，也不愿孙辈去考秀才，却要他们学外国文字，接受新式教育。① 正是曾家有了这位贤惠的郭夫人，才使得曾氏家族能够在曾国藩等长辈虽过世经年仍然呈现一派繁荣昌盛的景象，并且这种景象在传承曾国藩治家精神的同时，又有新的、与时俱进的历史性转变。

中国现代文化世家开放的文化心态使得家族文化深受异域文化浸染，形成文化锐度，宜于人才的脱颖而出。由于其时间跨度正处于中国社会的转型时期，时局的动荡、中西文化的碰撞，彻底颠覆了国人一贯的保守矜持、故步自封的性格；生存的需要逼迫他们在被动了解西方文化（其实早期更应该是科学和宗教文化）的同时，审视中国传统文化。他们发挥了自己的聪明才智，溅出奇异的光华，形成高锐度的思想和科学成果。这样，这些家族的子弟往往能够在同一时代、同一群体中或特立独行，或脱颖而出。

中国现代文化世家的精神动力来自兼容并蓄的开放心态和中西贯通的文化精神，这种精神催生人才的花丛枝繁叶茂；同时，其宽阔的文化视野形成兼容并蓄的文化发展路径，从而使得家族文化总能跟上时代的步伐，文化生命力强健。经济实力的增强往往能够带动视野的开阔和精神境界的进一步提高，国家是这样，民族是这样，家庭也同样如此。成长于跨世纪的中国现代文化世家，由于其世代显赫，随着经济、政治地位的提高和家族影响力的增强，其文化心态也逐步开阔。其家族代表不仅对中国传统文化批判、审视和合理吸纳，也同时关注西方文化，做到兼容并蓄；同时，新的事物、新的思想也成为他们的关注对象。所以他们总能成为时代的弄潮儿，紧跟时代步伐，在守成的同时不乏创新，使家族文化具有极强的生命力。现代文化世家群体彰显的中国家族文化，是中国现代文化的主要组成部分。其涵盖的勤奋进取、艰苦奋斗、自强不息、修身齐家、亲情友谊等人类先进文化的重要因素，将跨越时空，成为民族富强、家庭兴旺、个人成才的重要动力。

从 2013 年开始，"中国现代文化世家丛书"列入国家出版基金项目。根据策划者的总体目标，这套丛书计划汇集 20~30 个在中国现代史上文化渊源比较深厚、影响力巨大的家族。目前，已受国家出版基金

---

① 岳南：《南渡北归·南渡下》，湖南文艺出版社 2013 年版，第521~522 页。

资助并成功推介20个家族。这是一项内容丰富、任务艰巨的工程。为兼顾学术高度，丛书所选作者大都在各自承担家族传承的研究方面积累有丰富的史料和扎实的学术功底，具有较强的书稿撰写和文化品位把握能力。在承担丛书任务时，他们对前人已有的研究成果认真梳理，并多有创新。广大读者在阅读购买丛书的同时，对丛书的进展给予高度关注。许多人向策划者热心推荐自己中意的文化世家，有些家族成员积极提供珍贵文献资料和重要历史人物、线索。这些，都为丛书的品牌形成打下了坚实的基础。

"中国现代文化世家丛书"将影响中国现代历史进程的文化世家集中整理并大规模展示，以史学和传记文学的视角进行研究，意义重大。以家庭作为社会细胞进行文化解剖，以大量鲜活的中国现代杰出人物群体和翔实的史料展示跨世纪文化环境，表现健康向上、和谐进步的优秀文化，必将丰富和创新社会主义先进文化内容，对整个社会产生积极的影响。以展示影响中国历史的文化家族及其杰出人物群体为追求目标，不仅对国人产生示范效应，在世界范围内也会引起关注，从而丰富国际文化内涵，具有更加长远的文化战略意义。以时代、家族、人物作为研究、建设和传播中国文化的方法和路径，不仅创新了文化研究和文化传播的方法，也为民族文化的传承与创新提供了参考依据。深刻挖掘家族文化的伦理内涵，凝练和传承家族文化中的优秀文化，通过家族文化与现代文化的冲突与融会，能够全新缔造中国人文精神，丰富国学内涵，推动民族文化复兴。

文化世家中的家族文化是中华民族优秀传统文化的重要组成部分，它源自中国传统文化，又富于创新，是民族文化传承创新的重要典范。从目前关注的这些文化世家看，其之所以能够在所处时代世代显赫，最重要的原因就是这些家族沉淀了最精华的民族文化，吸收了最富于生命力的民族精神；同时，这些家族往往又能够冲破中国传统文化藩篱，吸收异域文化精华，其家庭成员往往能够进取守成，跨世系、跨时代延续发展。可以毫不夸张地说，中国现代文化世家的存在和发展，最典型地体现了中国文化的传承与创新。

中国现代文化世家展示的人才群体及其依存的文化形态，是国家和谐文化建设的重要载体。文化世家在历史上的成长和发展，曾经为中国社会的和谐稳定以至崛起发挥重要作用，也是传统文化中不可或缺的构成要素。这些家族中优秀人物的荣辱沉浮以及家族的兴衰变迁,从一个侧面展示了中国近现代社会发展的轨迹,透视了中国知识分子忧国忧民的心路历程。我们完全可以通过中国现代文化世家的发展史去了解中国社会生态发展演变的梗概和脉络。

家庭教育、家族文化传承及其凝成的文化环境等,对培养和造就杰出人才的重要作用,传承和创新民族文化,在更广阔视野下探寻优秀文化对人才的影响,都是当今不可忽视的文化命题。"中国现代文化世家丛书"首次以家族文化的形式作为切入点,系统挖掘中国传统文化和世界先进文化碰撞产生的独特文化,探究在这一背景下的中国家族文化及其对人才成长、家族兴起、国家富强的影响,推动我国学界对中国现代家族文化的重视和研究,其学术意义非同寻常。

党中央高度重视包括中国优秀传统文化在内的先进文化建设,确定了文化大发展大繁荣的宏伟目标,肯定了家族文化等优秀传统文化在"文化强国"战略中的基础性地位,倡导传承与创新文化。2017年1月25日,中共中央办公厅、国务院办公厅印发《关于实施中华优秀传统文化传承发展工程的意见》,强调"文化是民族的血脉,是人民的精神家园。文化自信是更基本、更深层、更持久的力量。中华文化独一无二的理念、智慧、气度、神韵,增添了中国人民和中华民族内心深处的自信和自豪"。

习近平总书记非常重视中国优秀传统文化视野下的家庭文化建设。2015年2月17日,中共中央、国务院在人民大会堂举行春节团拜会,习近平总书记发表重要讲话,他明确指出:"中华民族自古以来就重视家庭、重视亲情。家庭是社会的基本细胞,是人生的第一所学校。不论时代发生多大变化,不论生活格局发生多大变化,我们都要重视家庭建设,注重家庭、注重家教、注重家风,紧密结合培育和弘扬社会主义核心价值观,发扬光大中华民族传统家庭美德,促进家庭和睦,促进亲人相亲相爱,促进下一代健康成长,促进老年人老有所养,使千千万万个家庭成为国家发展、民族进步、社会和谐的重要基点。"2016年12月12日,习近平在会见第一届全国文明家庭代表时说:"中华民族历来重视家庭。"正所谓"天下之本在家"。尊老爱幼、妻贤夫安、母慈子孝、兄友弟恭,耕读传家、勤俭持家,知书达礼、遵纪守法,家和万事兴等中华民族传统家庭美德,铭记在中国人的心灵中,融入中国人的血脉中,是支撑中华民族生生不息、薪火相传的重要精神力量,是家庭文明建设的宝贵精神财富。"历史和现实告诉我们,家庭的前途命运同国家和民族的前途命运紧密相连。我们要认识到,千家万户都好,国家才能好,民族才能好。国家富强,民族复兴,人民幸福,不是抽象的,最终要体现在千千万万个家庭都幸福美满上,体现在亿万人民生活不断改善上。同时,我们还要认识到,国家好,民族好,家庭才能好。""广大家庭都要把爱家和爱国统一起来,把实现家庭梦融入民族梦之中,心往一处想,劲往一处使,用我们4亿多家庭、13亿多人民的智慧和热情汇聚起实现'两个一百年'奋斗目标、实现中华民族伟大复兴中国梦的磅礴力量。"

党的十九大报告中明确指出,"文化是一个国家、一个民族的灵魂。文化兴国运兴,文化强民族强。没有高度的文化自信,没有文化的繁荣兴盛,就没有中华民族的伟大复兴"。"坚持全民行动、干部带头,从家庭做起、从娃娃抓起。深入挖掘中华优秀传统文化蕴含的思想观念、人文精神、道德规范,结合时代要求继承创新,让中华文化展现出永久魅力和时代风采"。

我们试图通过"中国现代文化世家丛书"的出版,并通过遴选出来的在中国现当代具有代表性的文化家族群体,挖掘中华民族传统文化中的精髓,展现中国文化在近代社会的传承与发展,厘清中国传统文化血液流淌和分布的脉络,进而为新时代中国特色社会主义文化大繁荣大发展提供有益的借鉴和参考,为实现中华民族伟大复兴的梦想发挥积极作用。

骆玉安
2013年10月一稿,2015年8月修改于郑州
2018年12月再改于郑州大学盛和苑祥园拙耕斋

目　录

楔子　四灵山水是吾乡 ——————————— 〇〇一

第一章　邓姓与怀宁邓家 ————————— 〇〇七
第一节　源远流长话邓姓 ————————— 〇〇八
第二节　邓氏家族概况 —————————— 〇一三
第三节　怀宁邓姓播迁史 ————————— 〇二一

第二章　书坛大师邓石如 ————————— 〇二七
第一节　吾家四灵山水间 ————————— 〇二八
第二节　挚友贵人助成功 ————————— 〇三四
第三节　开创书艺新天地 ————————— 〇四七
第四节　写意印风的启示 ————————— 〇六三
第五节　赢得桃李满天下 ————————— 〇六五

第三章　薪火相传灯不灭 ○七一

第一节　子承父业邓传密 ○七二

第二节　倾心教育邓艺孙 ○七八

第四章　邓以蛰及其兄弟 ○八七

第一节　美学大师邓以蛰 ○八八

第二节　医学专家邓仲纯 一○九

第三节　教育名家邓季宣 一一六

第五章　两弹元勋邓稼先 一二七

第一节　邓家麟儿初长成 一二八

第二节　留学海外求新知 一五二

第三节　愿得一心不相离 一六一

第四节　白手起家创伟业 一六九

第五节　再造辉煌立新功 二○九

第六节　攀登科学无止境 二二○

第七节　艰难困苦玉汝成 二二五

第八节　临终殷殷寄深情 二三○

第九节　邓家子女承父志 二三四

第六章　邓氏家族启示录 二三九

第一节　传承祖训，家风熏陶 二四三

第二节　严守德性，以身作则 二四五

第三节　注重气节，率先垂范 二四七

第四节　厚德载物，心系家国 二四九

附录 ~~~~~~~~~~~~~~~~~~~~~~~~~~~~ 二五三
怀宁邓氏家族世谱图 ~~~~~~~~~~~~~~~~~~~~ 二五四
参考书目 ~~~~~~~~~~~~~~~~~~~~~~~~~~~ 二五五

后记 ~~~~~~~~~~~~~~~~~~~~~~~~~~~~ 二五七

楔子

四灵山水是吾乡

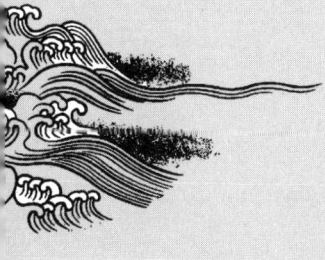

万里长江,浩浩荡荡,从遥远的唐古拉山的格拉丹东主峰奔流而下,流经安徽省境内的安庆市时,蜿蜒数十里的大山犹如巨龙一般盘踞于安庆市的北边。此山,便是远近闻名的大龙山。

层峦叠翠,山清水秀。千百年来,钟灵毓秀的长江和龙山,滋润着生活在这里的人们,从这片热土中走出了无数的文化名人,其中也不乏对中国文化产生深远影响的文化世家。特别是明清两代,这里的文化大家不断涌现,因此,便有了大龙山地区"五里三进士,隔河两状元"的美誉。从这里走出去的名人雅士,他们的名字不仅在当时为人传诵,至今仍闪耀在故乡的这片热土上。

在明媚的春天里,我们身披暖暖春风,从长江沿岸的迎江塔上走下,在欣赏了美丽古城安庆的风姿之后,向北穿过太平天国的古战场集贤关后,又继续北行数十里,便来到了绿树葱郁、鲜花盛开的大龙山。

从大龙山继续北行,不多久便来到了闻名全国的白麟畈。白麟畈南望大龙山,西傍白麟山,北依赤龟山,东邻凤凰河,古称四灵山水,又称龙山凤水。这里地处龙、凤、龟、麟"四灵"的中央。大龙山不仅有一个美丽动听的名字,也因是闻名遐迩的风水宝地,所以更令人神往。旧时,白麟畈属安徽省怀宁县所辖,现划为安庆市宜秀区五横乡。宜秀区五横乡的白麟畈上,有座古老的庄院式建筑,名曰"铁砚山房",又称"铁研山房",目前还完好地保存着,这里便是邓石如、邓稼先等文化名人的故居。

白麟畈之所以闻名天下,为中国读书人所景仰,不仅因为它坐落于风景秀丽的群山环抱之中,还因为从这里走出了一个闻名遐迩的文化世家——邓氏家族。数百年来,邓氏家族在这里繁衍生息,瓜瓞绵延。邓家以耕读传家,人才辈出,相继走出了以邓石如、邓传密、邓艺孙、邓以蛰、邓稼先为代表的优秀人才。直到今天，邓石如、邓以蛰、邓稼先等一脉六世人生活的故居还完好地保存着，旧称铁砚山房，现称邓石如、邓稼先故居纪念馆。

据《怀宁邓氏家谱》记载，邓石如的先祖邓君瑞自明朝初年从江西迁到这里后，就一直居住于此，并在这里开枝散叶，逐渐形成邓家老屋、邓家大屋和邓家燕屋等村庄。

白麟畈为龙、凤、麟、龟"四灵"或"四瑞"的集聚之地，它南依大龙山，东有凤凰河，西有白麟山，北有赤龟山，故称"四灵山水"，又称"龙山凤水"。邓石如一生浪迹江湖，自清乾隆五十九年（1794年）由武昌毕沅幕府归乡，次年营建房屋，以湖广总督毕沅所赠的铁砚将新居命名为"铁砚山房"，并亲书匾额悬于门前，这便是邓石如常对人所说的"四灵山水是吾乡"的小院，足见邓石如对居室的珍爱。同治六年（1867年），铁砚山房由邓石如的儿子邓传密重修。后来，邓石如的五世孙邓以蛰、六世孙邓稼先等先后出生于此。

铁砚山房系传统的砖木结构、两层阁楼式建筑，正屋三进，加厢房共60余间。如今，铁砚山房已辟为邓石如、邓稼先故居纪念馆，并被列为安徽省重点文物保护单位。现内有古今名人如李兆洛、曾国藩、何绍基等人题写的匾额、楹联和字画，内又辟有"守艺堂""天极阁""挹翠楼"等。院前有荷花池，屋后有花园，竹树环合，绿荫葱茏，环境十分优美。1986年，安徽省人民政府将铁砚山房列为省级重点文物保护单位。1987年，文化部又对铁砚山房拨款重修，保存了邓氏故居的主体部分。

邓氏家族自邓石如开始，代代有名人，辈辈俊彦出，先后走出了书画家邓传密、教育家邓艺孙、教育家邓季宣、美学大师和美术史教育家邓以蛰，以及"两弹元勋"邓稼先，他们都诞生于铁砚山房。其中，邓石如、邓以蛰和邓稼先三人，是家族中最杰出的代表。

安徽省怀宁白麟畈铁砚山房的邓石如、邓稼先故居。（王雄斌摄）

邓石如出身于清寒书香门第，终身布衣，但"胸有方寸，身无媚骨"、刻苦自励、勇于创新，在清代书坛披靡之际，起而救弊振衰，打破帖学一统天下的局面，树起碑学的大旗，走上一条创新求变之路，成为推陈出新、雄视千古的书法家、篆刻家、金石学家以及邓派书法暨篆刻的创始人，被誉为"千年来之集大成者"和"千年一人"。

邓稼先是著名的核物理学家，我国核武器理论的重要奠基人和开拓者之一，我国研制核武器的技术专家之一。20世纪他甘当无名英雄，把自己宝贵的青春岁月融入中国核防御力量的发展事业之中，将自己的全部智慧、个人幸福乃至生命，毫无保留地贡献给了我国的国防事业。他为我国核武器研制事业兢兢业业、呕心沥血、孜孜不倦地奋斗了28年，从原子弹、氢弹原理的突破、研制两弹实体试验成功及其武器化，到新型核武器的重大原理突破和研制试验，都做出了重大贡献，被誉为中国的"两弹元勋"。

2012年11月1日,安徽省安庆市宜秀区举行"两邓故居"重新修缮布展对外开放仪式。在仪式上,邓稼先之子邓志平代表邓氏家族,向两邓故居捐赠了邓稼先生前的手稿、衣物和照片等珍贵物品。

如今,安庆市宜秀区正推进邓氏故居文化旅游产业园建设,整修邓石如墓园,建设邓稼先科技广场、邓石如碑林,新建现代农民书画一条街等,着力将邓氏故居打造成知名的文化旅游园区、国家级爱国主义教育基地、国防教育基地和全国知名书画研究基地。

怀宁邓氏绵延数代,人才层出不穷,后世子孙的成就也不局限于先祖邓石如的书刻艺术领域,而是在各行各业都做出了不菲的成绩。作为书香世家,怀宁邓氏家族能够经得起百年的考验,延续至今,与其家族文化有着密切的关系。家庭对于一个人的成长成才起着至关重要的作用,"孟母三迁""岳母刺字"等古代典故也充分说明家庭教育对于培养人才的作用。"近朱者赤近墨者黑",家庭环境的熏染,就像空气一样无时不在。探寻安徽怀宁邓氏家族发展历史,不仅可以让今人了解到更多关于艺术、科学上的知识,更为重要的是,在人才培育上会启发人们更多、更深层次的思考。

第一章 邓姓与怀宁邓家

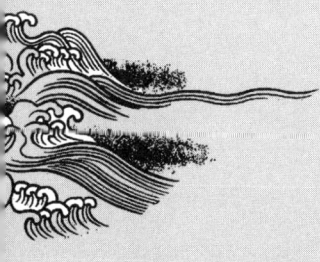

中国人的姓氏源远流长,很早就有"正姓氏,别婚姻"的说法。先秦时期,姓与氏是两个不同的概念,随着时代的发展,才出现了姓、氏合一的现象。特别是到了春秋战国时期,姓氏与血统的关系才逐渐稳定下来,并一直延续到今天。

邓姓是中国历史上一个悠久古老的姓氏,位居全国三十大姓氏之一。求其本末,溯其渊源,邓姓系出黄帝之孙颛顼高阳氏。

2013年公安部人口管理局调查的数据显示,邓姓在我国姓氏排名中位列第二十七位。我国姓氏由单字姓、复字姓和双字姓、三字姓以及四字姓组成,这些姓氏合计起来,多达上万个,邓姓位列前三十。

邓姓自立姓以来,经过历朝历代的繁衍生息,成为一个颇具规模的氏族群体。自然环境的变迁以及为躲避战乱,邓姓族人散布全国各地,逐渐派生出几个大的邓姓分支,安徽怀宁邓氏就是其中之一。纵观古今,邓氏家族中走出了很多的历史名人,而见于史传者就有数百位之多,成为行业领域的佼佼者。安徽怀宁邓氏一支更是人才辈出,历经数代而不衰,这与其家族文化有着莫大的关系。一心向学,不慕名利,是怀宁邓氏固守的家学精神,正是这份信仰令怀宁邓氏俊杰辈出。

第一节　源远流长话邓姓

— 。 —

邓姓是中华民族的大姓之一,也是一个古老的姓氏。据史记载,邓姓由国名发展而来。

《元和姓纂》一书载云："曼姓,殷时侯国也。春秋时,邓侯吾离期朝鲁,后为楚文王所灭,子孙以国为氏。"

《广韵》载云："殷武丁封叔父于河北,是为邓侯,后以为氏。"

《姓氏急就篇》中称："邓,古国名,本曼姓,其后称邓氏。"

由此可见,邓姓始祖就是由颛顼帝高阳氏赐姓曼氏的金天氏后裔。相传,少昊金天氏的一个儿子有功德,颛顼帝很是欣赏,于是从为数不多的原始姓氏中选择曼氏赐予他。曼氏世代繁衍,并分出许多支系,邓氏便是其中之一。

到了殷商时期,商王武丁封其叔父曼季于邓国曼城(今河南省邓州市),世人称曼季为曼氏。后来,曼氏又改封邓国(今河南省孟州市西南部地区),并在此地繁衍生息。邓国在历史上存续时间比较长,到了西周时期,成为周朝在南方一个重要的异姓诸侯国。鲁桓公七年(前705年),邓国因朝鲁不断而名登《春秋》。后来,邓国与楚国交恶,鲁庄公十六年(前678年),邓国被楚国所灭。邓侯子孙为了纪念故国,"以国为姓",史称邓姓正宗。

"系承曼氏,望出南阳",这是姓氏书中对邓国地理位置的记载。今天河南的"邓州市",便是当初邓国的所在地。邓氏自上古少昊金天氏以后,一直以该区域为中心繁衍,逐渐向全国各地播迁。因此,分布于全国各地的邓姓之人也均以"南阳"作为祖地。根据《邓氏家谱》记载,南阳邓姓已经发展至114代。"汉文帝时,官至上大夫的邓通,是邓氏家族的第42世祖;光武帝刘秀的军师邓禹,是邓氏的第47世祖;三国时魏将邓艾为邓氏第54世祖;晋时镇国将军邓羌,是邓氏的第62世祖。"[1]

长期以来,由于战争、灾荒、出仕等社会因素,邓氏后裔人口流动频繁,各姓氏族中的成员数量也在消减或增加中延续发展。邓氏家族的发展也是如此。除了本族群体的繁衍之外,一些其他姓氏的加入也为其本族人

---

[1] 朱洪斌:《寻根问祖:中华姓氏源流》,团结出版社2007年版,第214页。

口壮大增加不少力量。

据《安化邓氏祖谱序》中记载，五代十国时期，南唐后主李煜将他的第八子李从镒封为邓王。宋太宗赵光义消灭了南唐政权后，为防止南唐宗室复辟作乱，下令追缴捕杀南唐王室后裔。李从镒的儿子李天和为了保全族人，逃至湖南安化地区，以自己父亲的封号为姓氏，改李为邓，以逃避追杀。

另外，少数民族不断加入，也是壮大邓姓氏族不容忽视的重要力量。据史籍《清朝通志·氏族略·满洲八旗姓》记载：蒙古族珠尔奇氏，亦称朱尔奇氏、珠勒沁氏，成吉思汗四世祖合布勒的长子斡勤巴儿合黑，他以长子地位挑选百姓中最勇敢善战的人建立了主儿乞氏族。清中叶以后，朱尔奇氏多冠汉姓为邓氏、朱氏。满族的汉化也影响了其他边疆少数民族，不少氏族纷纷改姓为邓。满族德敦氏、栋阿氏（或称东鄂洛氏）、董佳氏（亦称董家氏、栋佳氏），其后人多以邓、董、陈等姓氏冠之。在我国西南地区的壮族、哈尼族、土家族、苗族、瑶族等少数民族中，也分布着数目不小的邓姓人群。这些邓姓人氏大多是由于唐朝至清朝时候中央政府推行的羁縻政策[1]及改土归流[2]政策而形成的。此外，大量的中原邓姓移民迁至西南地区，汇入少数民族中从而形成强大的派系。

邓姓自开姓以来，其后裔在历史上人才辈出，俊彦纷呈，涌现出了很多的历史文化名人，他们在许多领域中都做出了斐然的贡献。以下，兹将邓姓著名人物做粗略的介绍。

邓九公，生卒年不详。商末周初名将，曾任殷商三山塘管总兵，因不满商纣王的横行暴敛而改投周氏政权。在讨伐殷商的战斗中奋勇当先，为

---

1 "羁縻政策"：秦朝以来建立郡县制是中央王朝笼络少数民族使之不生异心而实行的一种地方统治政策。
2 改土归流：此政策开始于明代中后期，即将原来统治少数民族的土司头目废除，改为朝廷中央政府派任流官治理少数民族。这是加强中央对西南一些少数民族聚居地区的统治的一种政策。土司：即原民族的首领，流官由中央政府委派。

西周的建立立下汗马功劳,殁后被姜子牙封为青龙星,居众星之首。

邓析(前545—前501),河南新郑人,郑国大夫。春秋末期法家先驱,他创办私学,以"竹刑"来教人学习法律知识,著有《无厚篇》和《转辞篇》,并提出"两可说"的辩说理论。

邓通,生卒年不详,邓姓第四十二世裔孙,为汉文帝的嬖臣,官至上大夫等。邓通的父亲邓贤,祖籍蜀郡南安[1],生于南阳郡义阳县棘阳[2]。邓通颇受汉文帝宠爱,被赐予蜀郡严道铜山,许其铸钱。邓氏家族所铸的钱币质量上乘,因此,受到各地百姓的喜爱,得以在全国流通,邓家成为富甲一方的巨商。

邓禹(2—58),字仲华,东汉中兴名将,著名军事家,豫州南阳新野人,曾辅佐东汉光武帝刘秀打败王匡、刘均等军,名闻天下,居功不骄,位居中兴诸将之首。刘秀建立东汉政权后,邓禹被封为大司徒、酂侯,后改封为高密侯,位居"云台二十八将"之首,进位太傅。汉永平元年(58年)病殁,谥元侯。

邓艾(197—264),原名邓范,字士载,豫州南阳郡义阳棘阳人,邓氏家族第五十四代裔孙。邓艾深谙兵法,是三国时期资兼文武的军事家,曾与名将钟会分兵率军消灭蜀国。

邓世昌(1849—1894),原名永昌,字正卿,广东番禺人。邓世昌早年入福州马尾船政学堂驾驶班第一期学习,毕业后被船政大臣沈葆璋奖以五品军功,继而任命为"琛航"运输船大副。翌年,改任"海东云"炮舰管带,不久,又被调"振威"炮舰管带并代理"扬武"快船管驾,获荐保守备并加都司衔,奉命扼守澎湖、基隆等要塞。1880年,李鸿章为建设北洋水师,因邓世昌"熟悉管驾事宜,为水师中不易得之才"而将其调至北洋属下,先后任"飞霆""镇南"炮船管带。1887年春,邓世昌升副将加总兵衔并任"致远"舰管带,次年又以总兵记名并加提督衔,旋升中军中营副将;1891

---

1 今四川省境内。
2 今河南省新野县境内。

年，李鸿章检阅北洋海军，邓世昌因训练有功而获得"葛尔萨巴图鲁"勇名。在1894年9月17日的大东沟海战中，邓世昌指挥"致远"舰奋勇作战，后在日舰围攻下，"致远"舰多处受伤全舰燃起大火，最后与全舰官兵250余人一同壮烈殉国。邓世昌牺牲后，举国震动，光绪帝垂泪撰写了"此日漫挥天下泪，有公足壮海军威"的挽联，赐"壮节公"谥号，追封"太子少保"，并入祀京师昭忠祠，御笔亲撰祭文、碑文各一篇。邓世昌英勇抗击入侵日军、誓死不屈的英雄壮举，成为我国近代史上著名的爱国典范。

邓颖超（1904—1992），祖籍河南光山，生于广西南宁，是我国伟大的无产阶级革命家、政治家和社会活动家，曾任全国政协主席等要职，为中国人民的解放事业和新中国的建设与发展做出巨大的贡献。她与周恩来夫妇二人齐心协力，共同致力于社会主义建设事业。

邓小平（1904—1997），四川广安人，中国共产党第二代领导核心。邓小平针对国情，提出"一国两制"的伟大构想，妥善解决了港澳问题。同时，他提出的"改革开放"的伟大理想，带领封闭的中国走向世界，使我国经济获得了迅猛发展。邓小平曾被英国前首相爱德华·希思称为"塑造现代中国的一位杰出领袖"。

邓稼先（1924—1986），安徽省怀宁县白麟畈人，著名核物理学家，被誉为"两弹元勋"。在他的组织带领下，我国相继研制出原子弹、氢弹、中子弹等核武器。我国核工业的出现，成功打破了

邓氏家族的重要先祖邓禹像赞

美、苏垄断核武器的局面,同时也提升了我国在国际舞台上的威望,邓稼先功不可没。

邓丽君(1953—1995),祖籍河北邯郸市大名县,生于台湾省云林县,著名歌唱艺术家,20世纪重要华语歌手之一。其代表作有《甜蜜蜜》《我只在乎你》《月亮代表我的心》等,皆为流行乐坛的经典作品。

除了上述名人之外,扬名华夏的邓姓人物不胜枚举,上至古时西汉大将军邓骘、三国时期蜀汉大将军邓芝、东晋大臣邓攸、宋元之际大学者邓牧、清朝书刻家邓石如及与林则徐协力查禁鸦片的两广总督邓廷桢,下达现代邓氏名人,无产阶级革命家邓发、邓中夏、邓子恢、社会学家邓拓以及历史学家邓广铭、邓之诚等。173名邓姓名人收录在《中国名人辞典》中,占名人总数的0.38%,排至第六十一位。其中,邓姓文学家占历代文学家的0.4%,排名第五十九位;邓姓医学家占历代医学家总数的0.42%,排名第五十三位;邓姓美术家占历代美术家总数的0.25%,排在第七十九位。[1]这些邓姓名人用自己的卓越成就,赢得世人的敬仰。

第二节　邓氏家族概况

——○——

因朝代更迭,邓姓后裔也在不断地流动、迁徙。在这个过程中,众多的邓姓后裔开枝散叶,在不同的地域生活而分成了不同的支流,各迁徙支流也都有自己的始迁之祖。其要略如下:

邓伯龄:生活于元朝天历年间(1328—1330年),曾任常州府教谕[2],

---

[1]　袁义达、邱家儒:《中国姓氏·三百大姓——群体遗传和人口分布》(上),华东师范大学出版社2007年版,第113页。
[2]　古代官名,宋代开始设置,负责教育生员。

因为筑室潞城而居,遂为潞城邓氏始祖。

邓世通:字亨远,号艮山,原籍河南南阳府登州钳卢陂人。南宋淳祐壬子年(1252年)考取进士,曾任著作郎兼国史院编修,为长沙邓氏始祖。

邓扶念:原籍江西万年县,后任广东平远知县。随后转迁湖南宜章的八里排道士湾,并在此定居,为南湘邓氏始祖。

邓友义:原姓熊,籍贯湖北孝感县(现孝感市),自孝感避兵到荆门象山,娶邓氏,生子,后蒙外氏姓,为徐汇邓氏始祖。

邓登班:清雍正元年(1723年)由祁阳城山头徙居重庆北部,为渝北邓氏始祖。

邓少十六郎:南宋初由九岩迁居桂阳上溪,桂阳州上溪邓氏始祖。

邓尔瞻:南宋初跟随帝王南迁,在无锡的兴道被赐予宅邸,世代在此居住。

邓瑞祯:从广州迁往湖南郴州,之后他的后世子孙又迁居于湘潭,为湘潭塔岭邓氏始祖。

邓信:明嘉靖年间(1507—1566年)从茶陵迁居湘潭严衡,为湘潭严衡始祖。

邓光布:唐朝末年从河南固始随义军首领王绪进入福建,他的子孙后代邓遂定居于剑沙,邓光布便成了剑沙三元邓氏始祖。

邓姓的名门望族分布在南阳郡。汉朝中期,邓况从楚国迁居于南阳郡的新野一带。到了邓氏第四十七世邓禹,字仲华,因辅佐汉光武帝刘秀建立东汉政权建有大功,因此被封为高密侯,位居"云台二十八将"之首。他的祖籍即在新野,邓氏家族当时因此也成为名门望族,并远远超过了朝中位居高官的其他姓氏。当时,社会上流传着"天下邓姓出南阳"之说。

后来,南阳邓氏又派生出六个著名的支系,即高密邓氏、安定邓氏、平阳邓氏、陈郡邓氏和洛阳邓氏等,皆为邓禹的后人。史载,邓禹有十三子,皆为高官,邓氏望族便以河南新野为中心,向其他各地辐射。邓姓早期主要以河南省境为繁衍的中心,随后迁入山东高密一带。到了东汉安帝时期,邓弘、邓悝兄弟被人诬陷欲废除安帝另立平原王刘翼为帝,从而引起了安帝不满，其子孙遂被贬为庶人，没收邓氏家族的资产后，又将其家属发配边疆。为了躲避灾难，邓氏族人纷纷背井离乡，迁徙他地。南阳邓氏后来多迁移到湖南、湖北、山西以及甘肃等地，并在那里繁衍生息。东汉末年，大将军邓骘的曾孙邓芝，字伯苗，因避乱由上蔡入蜀，后为蜀汉的重臣。西晋末年，邓姓的一支从河南迁往南方，直达广东、福建。东晋十六国时期，中原邓氏南迁的大潮仍未结束，他们开始散落到江南各地，其中尤以在江西、苏南等地定居者为多。

李唐时期，邓姓后裔主要分布于河南、湖南、山西和甘肃等地，其他地区也散布着或多或少的邓姓后裔。宋朝时期，邓姓后裔继续南迁，散布于江西、湖北、福建和广西等地。当时邓姓约有36万人，占据着全国总人口0.46%的比例。湖南是邓姓人口分布的第一大省，当时湘、赣、川的邓姓占据全国邓姓总人口的70%，成为邓姓聚集的中心地区。

邓氏家族南阳宗祠

明朝,邓姓人口增至46万,所占全国总人口的比例也由0.46%升至0.49%。这时有近30.2%的邓姓人口分布于江西地区,于是江西成为邓姓第一大省。宋元年间,人口不断往南方和东南地区迁移,福建成为邓姓迁移的主要省份。除此之外,湖南、广东、广西、江苏和湖北等省也是邓姓密集的地区。明末,福建人邓显祖移居台湾后,闽粤一带的邓姓族人纷纷迁居台湾和海外。

袁义达、邱家儒主编的《中国四百大姓》一书称,邓姓人口约821万,占全国总人口的0.62%。今天分布的密度,邓姓人主要集中于中原地区、长江流域以及沿海地带。其中,四川、广东以及湖南分布的邓姓人口占邓姓总人口的56%,而四川成为当代邓姓分布最为广泛的地区。

纵观古今,邓姓族人出现的历史名人,散布于世界各地。这些海外邓姓名人多以"南阳"的堂名传家。邓姓郡望[1]主要有南阳郡、安定郡和高密郡等。

南阳郡:战国秦时置郡,治所在宛县(今河南省南阳市)。此支邓氏以居新野而著称,其开基始祖为邓况。

安定郡:西汉时置郡,治所在今高平(今宁夏回族自治区固原)。此支邓氏,其开基始祖为汉末武威太守邓晋生。

高密郡:西汉置郡,治所在高密(今山东省高密南),开基始祖为东汉太傅、高密侯邓禹。

平阳郡:三国魏置郡,治所在平阳(今山西临汾西南),其开基始祖为两晋时期的邓攸。

长沙郡:战国秦置郡,治所在临湘(今湖南长沙市),开基始祖为东晋荆州刺史邓粲。

陈郡:秦朝时置郡,治所在陈县(今河南省淮阳县),开基始祖为晋代

---

[1] 郡望:又称姓望或地望,"郡"是古代行政区划分,"望"指的是望族世家。郡望相连意思即为某一地域范围内的名门望族。

广州刺史邓岳。

洛阳郡：秦时置县，治所在洛阳（今河南省洛阳市），开基始祖为东汉大将军邓骘后裔。

宜春县：西汉时期置宜春县，治所在宜春（今江西宜春市）。

南雄县：治所在今广东省南雄市。

邓氏家族的著名堂号[1]如下：

由于邓姓分布较广，因此，各地邓姓族人均设立各自的堂号来纪念本族的先人，借以传承该族的特色文化，以便更好地让后世子孙继承祖先精神，将家族发扬光大。其中，南阳堂、讲学堂、集文堂、两秀堂、平寿堂、谦恕堂、宜春堂、南雄堂和陈郡堂（又称为陈国堂和淮阳堂）等，均是以地望立堂的；而位于安徽怀宁县白麟畈邓家大屋的邓氏后裔，则是以"百忍堂"为自己的堂号。

谦恕堂、平寿堂：史传，东汉大将军邓禹的第六子邓训，官至郎中，为人谦逊且胸怀广阔，礼贤下士，当时的士大夫都敬佩他。《后汉书》载："训乐施下士，士大夫多归之。"因此，他的后人为传扬他的美德，便以"谦恕堂"来缅怀他。邓训在边疆屯兵担任乌桓校尉和张掖太守时用恩惠和信义来对待周边少数民族，从而赢得少数民族对他的拥戴，从而使得边疆安定。朝廷为表彰其功绩，封他为寿平侯。邓训兢兢业业，最后死在任上，边境的少数民族有数千人前往他的灵前吊唁，场景十分感人，足以看出邓训受人爱戴之深。

古人常借楹联来传播家族文化，以明本族之志。现今流传的邓姓楹联也比较丰富，其中有五副甚为重要。

南阳望族；新野芳踪。

---

[1] 堂号：多源自本姓祖上某一历史名人的典故事迹或趣闻佳话。堂号产生的宗旨大致有三：一是牢记祖先的郡望，二是彰扬祖先的功业道德，三是训诫子弟继承发扬先祖之余烈。堂号包括郡望总堂号和自立堂号。

云台首列；谏院知名。

平叔常能下士；伯道胡为无儿。

邓曼智能料事；太后夙本好书。

世长势短，宜忘世而处世；人多仁少，须择仁以交人。[1]

在古代的中国，家训是家族和家谱的重要组成部分，它代表着一个家族为人处事的原则。邓氏作为大姓之一，也留下了许多家训格言："檐头滴水从高下，逆子还生忤逆儿。""志不立天下无可成之事，虽百工技艺，未有不本于志者。志不立，如无舵之舟，无衔之马，漂荡奔逸，何所底乎？""书不记，熟读可记；义不精，细思可精。惟有志不立，直是无著力处。"（引朱熹语）"论人无舍短而弃长，论技无登技而忘本。"

"万花盛处松千尺，群鸟唱中鹤一声。"这是清代书法大师邓石如撰写的对联。这副对联表明了他不随波逐流、追寻自我的人生理想。

孟子曰："人有恒言，皆曰天下国家。天下之本在国，国之本在家，家之本在身。"他将国、家、个人有机地联系起来。在我国几千年的传统文化中，"修身、齐家、治国、平天下"一直是华夏子孙理想的处理家庭、国家与自我关系的模式。"家"是构成"国"的小单位，"国"是"家"的延伸，正是这千千万万的小"家"才组成了一个大"国"。国无家无以立，家无国则孤，因此，家与国之间是相互依存的。一个家族的兴衰与国家密切相关，家族命运虽受国家和时代环境的制约，但是家族为国家培养出一批又一批栋梁之材，也同样推动着国家的兴盛发展。

我国姓氏的出现以及氏族作为一种重要的力量在封建社会中曾发挥重要的作用。宗法制在周朝已经出现，当时朝廷还设有专门掌管世系发

---

[1] 袁义达、邱家儒：《中国姓氏·三百大姓——群体遗传和人口分布》（上），华东师范大学出版社2007年版，第113页。

展的史官,用以记述世家大族的发展状况。六朝时期,朝廷更是以姓氏来作为划分社会阶层的依据。宋朝之后,科举取士制度发展,这使得旧式望族大姓渐趋没落,读书人家渐增,尤其是在经济富庶的江南地区,文人墨客聚集,书香世家开始盛兴。在这种时代浪潮中,安徽怀宁邓石如家族也逐渐崛起,与当时兴起的其他书香门第一同成为中国古代文化发展的重要力量。

安徽怀宁邓氏家族,属于东汉名将邓禹的后裔,其氏族先人邓君瑞自明朝初期从江西的瓦屑坝带领族人迁至安徽怀宁的白麟畈。怀宁邓家世代以耕种为生,但是家族每一代都重视读书,重视对后人的教育。

这种好读重教的家族文化感染着每一个家族成员,使后世子孙深受影响,在勤劳耕种的同时不忘读书学习,修身养性。重视知识、喜好知识的教育理念在怀宁邓家世代相传,历经百年岁月的沉淀,邓家的育才之树上终于结出了丰硕的果实。邓石如作为怀宁邓氏的第十三代后人,可以说是家族孕育优秀人才的开始。邓石如少年时家境贫寒,只好早早辍学。但是,离开正规教育的邓石如并没有放弃学业,他受祖父和父亲的影响,对书法和篆刻艺术产生了浓厚的兴趣。当农事清闲的时候,邓石如常在家中独自临摹、篆刻碑帖。渐渐地,练帖、篆刻成为邓石如生活的一部分,他也因此走上了书刻艺术之路。为了追寻完美的书刻艺术,邓石如背井离乡去访碑问帖,临摹练习,边学边思考,终于在书法和篆刻艺术上开辟出一片新天地。他所开创的书法流派"邓派",对我国古代书法、篆刻艺术的发展以及后继者们的艺术创作产生了深远影响。时至今日,邓石如的书法和篆刻作品仍然是艺术界的瑰宝,是学者们竞相研究的重要作品。

邓石如逝世之后,其子邓传密承袭父业,在书法与篆刻的道路上刻苦钻研,成为清朝后期有名的书法家。至此,怀宁邓氏在书法界的名气不仅响彻江南一带,其声名也在全国传播开来,邓家逐渐成为远近闻名的文化世家。为了使家族中这门独特的书法、篆刻技艺和孜孜不倦追求艺术的精神能够被家族后人所继承，每一代人都不忘将此理念传达给自己的子孙，使其传承家学。邓传密的儿子邓解也是一位智慧贤达之人，曾为曾国藩的幕僚，只可惜英年早逝，没有在历史上留下太多痕迹。人才的断层是常态，对于一个家族而言，也是如此。虽然邓解成就不及父辈、祖辈，但他的儿子邓艺孙却是民国时期推动教育进步的重要人物。当年，邓艺孙为安徽的教育事业四处奔走，鞠躬尽瘁，被世人敬重。邓艺孙对孩子的家庭教育也相当重视，他不仅要求子女们学习优秀的传统文化知识，也顺应时事，让子女们出国留学，了解世界形势，他的几个儿子都取得了不凡的成就。除了长子夭折；次子邓仲纯留学日本学医，归国后成为医学界精英；三子邓以蛰是我国当代著名的美学家，与美学家宗白华先生并称"南宗北邓"；四子邓季宣子承父业，成为民国时期的一名教育家。邓以蛰的儿子邓稼先是我国的"两弹元勋"，为中国的核事业做出了重要贡献，儿媳许鹿希是民国时期著名爱国人士许德珩的女儿，在北京医科大学任教授。他们为新中国的建设事业立下了汗马功劳，广为世人称颂。故邓季宣在其《自传》中云：

> 家居怀宁北乡大龙山之麓，上溯祖先七代，皆属知识分子，多从事于文艺及教育工作，故命堂名为"守艺堂"（指文艺技艺而言，为清名学者李兆洛书匾，悬为庭训）。恪守明末遗老之民族思想，从不参加有清一代之科举考试。乾嘉之际，朝野上层知识分子，多称先高祖邓石如为高士，或称江南布衣。先曾祖守之公，长湖南衡阳书院多年，与张皋文、刘太古、龚定庵、魏默深、何子贞诸人相交游。先父生平亦仅服务教育，为清末之维新分子，在安徽方面，对辛亥革命，致力殊多。如此家庭传统，对本人少年意识，影响颇深——养成个人清高思想，不求仕进，故于政治意识，亦较为淡薄。

纵观怀宁邓氏的发展，自邓石如开始人才辈出，且大多取得了举世瞩目的成就，这与其家族文化有深切的渊源。由此也说明，良好的家庭教育对人才培养的重要性。探究怀宁邓氏发展的历史轨迹和深厚的家族文化，对教育的改进有重要的启示作用。希望可以通过此书，给更多热心教育事业的人以启发。

第三节 怀宁邓姓播迁史

据安徽《邓氏宗谱源流序》记载，汉朝末年，作为高密侯邓禹后世的这一支，因躲避战争而迁徙至距离南昌城三十五里的梅南涯，在一个名叫三元里的地方定居下来。

岁月流逝，时光荏苒，一千多年过后，轰轰烈烈的元末农民大起义爆发，天下陷入战乱。在起义战争中，陈友谅打败了徐寿辉，占据了江西和湖广的大片土地，并于公元1361年攻占了安庆。随后，陈友谅联合张士诚准备歼灭长江下游的朱元璋军队，却不料陈、张联军被朱元璋击败，陈友谅本人也中箭而亡，其子陈理在武昌归顺了朱元璋。公元1367年，朱元璋和张士诚在苏州交战，随着张士诚兵败，朱元璋统一全国，建立了明朝。但是，由于连年征战，江南地区百姓流离失所，人口锐减，外迁至边疆的人口也不少。明朝初年，政府为了重新补充劳动力，朱元璋下令将人口稠密的江西、江苏、浙江、河南等地人整批地迁往安徽的长江北部。

明朝初年，大批人口迁移，原生活于江西鄱阳县瓦屑坽的邓君瑞，率领邓氏族人渡江北上，历经千辛万苦来到安徽的怀宁一带，并定居于大龙山西北部山水秀丽的白麟畈。

于是，生活于安徽省怀宁县白麟畈的邓氏家族的后裔，便称邓君瑞为邓氏家族的鼻祖，也称始迁祖，邓君瑞即为白麟畈邓氏的一世祖。

怀宁是一个历史悠久、人杰地灵的地方。它坐落于安徽省西南部，滚滚长江流经它身旁，巍巍大别山是它的天然屏障。怀宁东邻安庆，西接潜山、太湖，南近望江，北接桐城。山环水绕的地理优势，为怀宁营造出四季分明、温润宜人的气候环境。俗话说，一方水土养育一方人，在这样适宜人繁衍生息的地方，其历史文化也源远流长。据《名胜志》中载："晋安帝以永嘉之乱后立县，以怀宁兹土也。"可见，如今的怀宁早已是一座历经上千年的沧桑变化，遍观朝代更迭的古城。每一座古城都有属于自己的传说，繁华古都见证的是歌舞升平的兴盛和风云突变的衰败，而无名小城更多的是作为历史的旁观者，静静地看着周遭的变化，随着时代的大浪潮改变自己的步调，以在社会的不断变迁中适应、生存下来。怀宁在这种社会变迁中，将当地优秀的文化传统和民间艺术保留下来，从而营造出充满古朴馨香的"文化园地"，以滋养生活在它怀抱中的人类。那婉转动听、优美抒情的黄梅戏在此发祥，"孔雀东南飞，五里一徘徊"的凄美爱情传说至今广为流传……风光秀丽的自然环境以及充满厚重文化气息的怀宁养育出众多杰出的人才。居住在这样的地方，邓氏家族也受其不少润泽。邓家虽以耕种为生，但其家学源远流长，世代不忘读书。这种独特的家族文化及精神在子孙后代的成长、成才中发挥着巨大的作用。

随着历史不断向前发展，从江西迁徙到白麟畈的邓姓氏族也得到了较为稳定的发展。及至清朝中期，居住于白麟畈一带的邓氏家族后裔，形成了三个相对比较集中的村落，分别是邓家老屋、邓家大屋和邓家燕屋。而邓家大屋面朝巍峨俊秀的峰峦，此峰便是有名的"麟峰"，山脚下又有一块形似磐石的土地，因而被称为"白麟畈"。

白麟畈依偎在秀若芙蓉的大龙山怀抱之中，享受着来自高山的天然屏障。大龙山的山腰树木郁郁葱葱，山下是炊烟袅袅的人家，附近的一条溪流像透明的玉带一样从凤凰桥下潺潺流过。到了春夏之际，一派"绿蒲水暖鱼儿戏，红杏花明燕子归"的田园美景。邓家自搬迁至白麟畈之后，世代以耕读生活为主，过着淳朴闲适的田园生活。他们读书并不为出仕，只是以此作为修身养性的方法。在这样风景秀美的乡野生活，每逢农事稍闲之时，邓家老少便人手一本书，品着香茗阅读古籍，大有一种闲云野鹤、潇洒从容的雅士之态。

邓君瑞率邓氏族人在白麟畈生活到第十二代时，清代最著名的书法篆刻艺术巨擘邓石如诞生。

邓石如自小受祖父和父亲的熏染，对书法、金石以及诗文产生了浓厚的兴趣。成年后他游历全国各地，访碑问帖，刻苦钻研，逐渐形成自己独特的篆刻技巧，终成一代大师。自此，邓氏名人不断涌现：著名教育家邓艺孙，当代著名美学家艺术理论家邓以蛰，还有邓以蛰的长子——我国两弹之父邓稼先等。安徽怀宁邓氏名人的接连出现让我们不禁去想，怀宁邓家取得的成就与氏族文化和家庭教育是如何相关的？因此，研究家族背后的氏族文化教育将会对今天青少年的培养有重要的参考价值。

沿着氏族发展的轨迹，我们将目光聚焦在邓石如之前的三代人身上。

其一，邓应朝，字若周，号梅渚，世称梅渚公，邓石如的曾祖父。邓石如在《邓梅渚内碑铭》中写道："公先世鄱阳瓦屑坍人，为汉高密侯禹之支属。朱晦翁首详序之。自鼻祖君瑞公迁皖怀之白麟畈，遂世为怀之耕民，至公已十世也。"[1]

邓氏宗谱中，关于梅渚公的史事不多，只称他还有一个弟弟邓克纯，但他们年少丧父，由母亲抚养长大。成年后，梅渚公娶桐城大族龙氏之女为妻，育有四子。梅渚公殁后，家人将他安葬于白麟畈不远处的桐邑谷墩山。邓石如还镌铭曰：

  惟山有木，叶落归根；惟水有源，贵循其径。

---

[1] 清道光三十年重修《白麟畈邓氏宗谱》。

> 我公之人，冀昌厥后；人亦有云，善藏其咎。
> 惟公子孙，日失其序；恙傲其行，乱杂行次。
> 惟私其心，惟欲其志；公其奈何，悯兹屏庶。
> 维桐之鬼，不可与处；是聚是谋，庶其御予。
> 横山苍山，佳城允臧；藜藿之荐，惟公之光。[1]

梅渚公与妻龙氏育有四子十二孙，其中第四子邓士沅便是邓士如的祖父。

其二，邓士沅，字飞万，号澹园，世称澹园公。邓士沅生性聪慧好学，读书不辍，书法颇有功底，为邑庠生。九岁那年，母亲病故，但他颇懂事礼，故邓石如在《邓澹园内碑铭》中道："龆龄，而能上事父及诸兄，克尽孝弟，暇则刻意书史，以至成人，侃侃治家事族事，井井有条，人皆重之。"[2]

邓士沅成年后，娶邻县桐城大户人家的龙氏之女为妻。龙氏与婆母龙老夫人是同族，她明于事理，将家事料理得井井有条，颇有大家闺秀之风，从而腾出了大量时间以供丈夫读书写字，教授诸子。邓石如称其祖母龙氏："为桐之巨族，家世多古读书君子，进退以礼，乡党常拘拘焉，无放肆之行，故孺人化之，颇娴诗书之训。逮事吾曾祖，寝门视膳，多谨循古礼法。居常惟以中馈是务，能承吾祖之欢心，而顺适其性，淑德式里闾间。"[3]

史载，邓澹园"精于书史，娓娓成诵。书法浑茂，如其为人"。他在世时，尝在宅西辟地数亩，另建楼舍，居于其上，并名之曰"挹翠"，以为专门教授诸子读书写字之所。他一生注重节俭，常布衣蔬食，以守田园之乐，无忧时之戚，颇有名士风范，甚为乡里人称道。对此，邓石

---

[1] 清道光三十年重修《白麟畈邓氏宗谱》中的《邓梅渚内碑铭》。
[2] 清道光三十年重修《白麟畈邓氏宗谱》中的《邓澹园内碑铭》。
[3] 清道光三十年重修《白麟畈邓氏宗谱》中的《龙孺人内碑铭》。

如也恭称乃祖曰:"老年步履犹健,仰而观山,俯而听泉,至今龙山凤水间,犹仿佛见公之风度也。尝于诸孙中独器重琰,则公之生平而琰能不略表懿行哉。"[1]虽然过了古稀之年,但邓澹园的身体依然硬朗,精神矍铄,粗衣饘食,对"酒食货利,皆非所好",唯对明史和书画情有独钟。

邓士沅一生以耕读为业,以享田园之乐,与龙氏育有六子三女。邓石如幼年聪慧好学,因此在众孙当中,深受祖父喜爱,得以接受祖父较多的书刻指导,邓石如成年后在书法篆刻艺术上能取得突破性的成就,与邓士沅的教诲与影响是密不可分的。所以,邓石如后来在《邓澹园内碑铭》中写道:

梅水悠悠,公尝泳游;昔繁聚处,今藏松楸。

梅水汤汤,鲂鲤泳扬;嗟嗟孙子,同奠壶觞。

梅水其清,先祖攸宁;同聚斯处,允矣佳城。

梅水虢虢,丽兹沛泽,惟祖幽宫,孙子是福。[2]

---

[1] 清道光三十年重修《白麟畈邓氏宗谱》中的《邓澹园内碑铭》。
[2] 清道光三十年重修《白麟畈邓氏宗谱》中的《邓澹园内碑铭》。

第二章 书坛大师邓石如

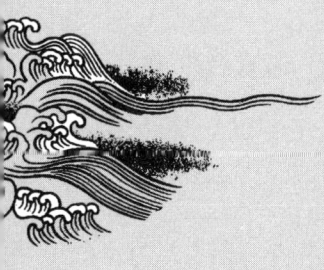

第一节　吾家四灵山水间

邓石如(1743—1805)，清代最有名的书法、篆刻艺术家，"邓派"的创始人，安徽省怀宁县白麟畈人[1]，系白麟畈邓氏家族第十三世孙。

安徽怀宁的白麟畈不仅是一个山清水秀、风景俊丽之地，也是一个龙盘虎踞、人杰地灵的地方。龙、凤、麟、龟，古称四灵，古人认为，"龙能变化、凤能治乱、龟兆吉凶、麟性仁厚"，这四灵都是吉祥的象征。四灵聚集，历来是十分罕见的。但是，白麟畈这个地方恰恰是个四灵聚首的宝地。它南有山势雄伟的龙山，东临流水潺潺的凤水，西靠层峦叠嶂的白麟山，北依树木丛生的赤龟山。在这块充满灵性的土地上，长期居住着邓氏和杨氏两个大姓人家。邓氏家族除了耕种以外，平时不忘学习文化知识。往往农闲之时，或捧读诗书，或练字篆刻，这种重视文化、热爱读书的家族优良传统代代相传，日积月累，到邓家的第十三代时，邓氏家族出现了一位文化名人——邓石如。

清乾隆八年(1743年)四月二十九日，邓石如出生于长江北岸怀宁县白麟畈，即今安庆市宜秀区五横乡白麟村邓家大屋，卒于清嘉庆十年(1805年)十月初四日，享年六十三岁。

邓石如原名邓琰，字石如，因避清嘉庆皇帝爱新觉罗·颙琰名讳，遂以字行世，并更字顽伯。又因邓石如生于皖公山下，故又号完白山人，或称皖白，又自号笈游道人。因为邓石如为书法篆刻艺术大家，故名号甚多，除上面提到的，还有凤水渔长、古皖子、古浣子等。

1　邓石如的出生地白麟畈邓家大屋，现属安庆市宜秀区。

邓琰的"琰"字,在古代指的是一种美玉,北宋著名诗人黄庭坚在《奉和王世弼寄上七兄先生用其韵》中写道:"披榛拢芝兰,断石收琰琬。"邓石如的家人为其取名为"琰",寄托了全家对他拥有冰清玉洁品质的期望。

邓石如的父亲邓一枝(1721—1787),字宗两,号北林,又号木斋,复号窨道人或迥道人。邓一枝并非全部以农耕为主,而是兼任私塾先生去各地讲学,在父亲的影响下,邓一枝自小爱好读书。他阅尽家藏,对各种书籍均有涉猎,因而博学多识,工诗能文。此外,他尤精于书法和篆刻艺术,对书法四体造诣颇深。《白麟畈邓氏宗谱》中称其:"性不谐俗……居常歌咏,若出金石。左图右书,萧然一室,盖其天性然也。"[1] 相传,他曾刻过一枚印章,上面的文字是"其人瘦而傲",熟识的人都认为这是他自己的相貌和人格的写照。"学而优则仕",这是古代读书人的理想,早年的邓石如也曾对"仕途"有过幻想,但"至老尚不能一襟"。为了生计,他常年奔波在外,以教书课徒为生,"苦老穷庐,尝自悲之"。虽然从邓石如的祖父邓士沅开始,邓家就开始思考怎样向书香世家转变。但是,邓氏作为一般的农民家庭,经济上仅够糊口,没有多余的经济条件去追寻精神理想。即使到了邓一枝这一代,也只能过着半读半耕的生活。自科举制创立以来,普通百姓只能通过科举考试来获取功名,从而进入士族阶层。邓士沅父子没有参加科举考试,与他们不好名利的性格有着莫大的关系,他们把读书作为愉悦身心的事情而不是升官发财之道,父子二人都热衷篆刻和书法艺术,他们追求的是艺术之真、之美。

邓一枝成年后,娶妻陈氏,系同邑陈玉若幼女,育有两子和三女。邓石如在兄弟姐妹中居长,他还有一个弟弟,名寿,字永玉,号璞轩,发奋勤学,废寝忘食。邓寿钟情诗书,他写的诗文清新脱俗,有其父木斋先生之风。如他在哥哥代父赴安徽寿县教书时,曾赋诗一首为哥哥送行:

月落晓集蹄,行人正憔悴。

---

[1] 清道光三十年重修《白麟畈邓氏宗谱》中的《邓北林及陈孺人内碑铭》。

兄行莫回首，回首肝肠碎。[1]

上面这首诗，既写出了邓石如家中当时所面临的困境，又道出了兄弟之间的真挚感情。不过，邓寿知道哥哥的理想和才华，即使在家境贫寒的情况下也支持哥哥外出求学。邓石如之所以可以长期远游，访碑问帖，追求艺术，原因也在于弟弟在家中做他坚强的后盾，使他能一心向学。但是，邓寿四十四岁便撒手人寰，令邓石如悲伤不已。邓石如的三个妹妹中，大妹夭折，二妹嫁给方九畴，三妹嫁与张大宇。

邓石如自幼家贫，生活的酸甜苦辣无不尝遍。但是，祖辈"潜德不耀、低调行事"的品格和邓家"学行笃实"的门风对他影响至深。这种品格的熏陶也塑造了他一生的行事作风。邓石如九岁随父读书，但由于家境困难，他仅读了一年便辍学了。对此，他后来还说："我少时未尝读书，艰危困苦，无所不尝，年十三四，心窃窃喜书，年二十，祖父携至寿州，便已能训蒙今垂老矣，江湖游食，人不以识字人相待。"

为了解决家中的经济困境，年幼的邓石如辍学后不得不以砍柴和卖烧饼挣钱糊口。每次砍完柴回去，小小年纪的邓石如总是累得气喘吁吁。但是，因为在封闭的山村里，仅靠耕种庄稼，连支撑家庭的日常开支都比较困难。父亲深知他爱读书，但是，在严酷的生活面前，不得不狠心让儿子砍柴换取钱财补贴家用。除了砍柴，邓石如也摆了一个小摊卖烧饼，且风雨无阻。在这样艰苦的条件下，邓石如并没有放弃对知识的追寻。祖父和父亲的熏陶，让他对书法、金石以及诗文产生了浓厚的兴趣。一有空闲的时间，他便躲在一个清净的地方独自琢磨书法和诗文。十七岁那年，他为"潇洒老人"创作的篆书《雪浪斋铭并序》，赢得了许多人的赞赏。因而，十里八乡的乡绅望族皆请他前去书写堂匾挂联，自此，邓石如便以卖字、刻章代替了砍柴贩饼，开始了篆刻的艺术生涯。当对兴趣的研究深入并有造诣时，兴趣往往会发展为正式的职

---

[1] 穆孝天、许佳琼：《邓石如》，安徽教育出版社1983年版。

业,为人带来金钱、名誉等,邓石如的书法技艺使年纪轻轻的他成为当地渐有名气的有为青年,但他没有沉浸在别人的赞美吹捧中,也没有在金钱、名利中迷失,相反,他选择了一条充满艰辛的路,为了书法艺术,他离开家乡,寻碑问帖,刻苦学习,亲尝探索的苦楚与欢乐。

关于邓石如的相貌和性格,《邓氏宗谱·左辅序》中曾有这样一个概略的描绘:"山人美髯须,寡言笑,严取予,性耿介,落落不苟合。喜怒窘穹,忧悲愉快,怨恨恩慕,酣醉无聊不平之气,悉举而寓之于书。"可见,邓石如是一个相貌堂堂、气度不凡之人。

正是这样一位英俊潇洒的后生,在年满十八之时,邓一枝夫妇便为儿子操办了婚事,因为邓家家风清正,十里八乡的媒人都愿为其牵媒搭线。邓家在择媳时,为人善良、贤惠大度是重要的标准,经过深思熟虑,邓家选择了同样家风淳正的同乡潘容度家的女儿作为儿媳。

潘氏虽然比邓石如年长四岁,但温柔贤淑,与邓石如相濡以沫,两人的感情极好。十九岁那年,即邓石如结婚的翌年,他的祖父邓士沅因病去世。邓石如内心难过,夜深人静想起祖父对自己的疼爱和谆谆教导,他的心里愈加悲苦。三年之后,妻子潘氏也被无情的病魔夺走了年轻的生命。生活的无情逼迫他远走异乡,以缓悲痛之情。四十二岁时,邓石如已经成为有名的书法家,经友人之介,他续娶了盐城士绅沈绍芳的女儿。

沈氏自幼饱读诗书、琴棋书画无所不通,是盐城有名的才女。相传,沈氏到了婚嫁年纪,附近不少王公贵族子弟前来求婚,但都遭到拒绝,她曾经自誓非海内名士不

邓石如画像

嫁。后来，经过徐嘉谷的撮合，沈氏与邓石如相识。沈氏欣赏邓石如在书法篆刻方面的才华，于是决定嫁他，而嫁给他时沈氏只有二十一岁。这样一位花样年华的姑娘丝毫不嫌弃邓石如家境贫寒又比自己年长，只因钦佩邓石如的才华。

邓石如与沈氏婚后，直到他五十三岁才得一子。老来得子，邓石如自然是喜不自胜，将儿子视为珍宝，欣喜不已地打量着襁褓中的爱子，并为儿子取了尚玺的谱名，后改名为传密，字守之，号少白。邓石如的次子名曰小望，刚出生不久便夭折，邓氏夫妇都很心痛，很久才从悲伤中走出来。邓石如很重视儿子的教育，只要不外出，便亲自辅导邓传密识字、读书，妻子则在一旁做家务，一家人其乐融融地生活着。然而，好景不长，邓石如六十一岁时，妻子沈氏重病离世，让邓石如再度陷入悲痛。沈氏对自己生活以及艺术追求上的理解与支持，是他不断前进的动力。更让他心疼的是儿子，传密只有九岁便失去母亲，他看到儿子因为妻子的离世而悲伤的神情，内心像是针扎似的。为了使年幼的子女能够得到照料，邓石如在沈氏去世的第二年，续娶同乡程氏，生一子取名尚保。在尚保出生的第二年，邓石如去世，而尚保活至八岁也因病夭折。

传说，邓石如曾在家中豢养了两只仙鹤，这两只鹤至少都有一百三十岁，一雄一雌，平时相互唱和，一起结伴在院子里漫步，俨然是一对恩爱夫妻。两只仙鹤为邓家增添了不少的乐趣，邓石如更是将它们视为孩子。然而，有一天，雌鹤与一恶蛇相斗而死，雄鹤哀鸣不止，似乎在呼唤伴侣回来，声音充满了无垠的悲伤。邓石如看到形单影只、孤鸣不断的雄鹤也伤心不已。但更令他伤悲的是，雌鹤死后没多久，其妻沈氏便染上重病，不久便撒手而去。妻子的离世令五十九岁的邓石如更是悲伤不已，雄鹤也不停地孤鸣，似乎在呼唤自己的同伴。邓石如不忍看到与之相依为命的雄鹤悲悲戚戚的样子，于是就将雄鹤寄养在离家三十里外集贤关的佛寺引鹤皈依佛门，让好友——寺中的长老代为照看。邓石如每月担粮前往寺院中饲鹤,就像照顾自己孩子一样照顾雄鹤。同时,他也常在此与铁砚为伴,与白鹤为伍,过着"朝朝两件闭功课,鹤放晴空理钓舟"的平静生活。因为邓石如名震全国,求书问道者络绎不绝。其中,当时的安庆太守为了附庸风雅,多次派人上门求书,邓石如因为看不惯其为人屡次拒绝。太守恼羞成怒,派人趁邓石如外出时将其白鹤囚禁起来。远在他乡的邓石如得到这一消息后怒不可言,立即从外地赶回,用行书写下了《陈寄鹤书》,义正词严地向知府大人索要仙鹤,最终,知府被他的真情厚意所打动,将雄鹤归还于他。白鹤失而复得,邓石如欣喜不已,感慨万千,遂作绝句《鹤归志喜》以表达自己的心情:

黄堂画阁丽三台,饰羽修翎并快哉!

底事樊笼关不住,空庭又见尔归来。

阆苑蓬莱漫起予,且随鹿豕度居诸,

丁宁莫更重干禄,免使山翁再上书。

邓石如的游历生涯长达四十年之久,他将生命的大部分岁月都花费在了书法和篆刻艺术上面。晚年,他过着与铁砚为伴、和白鹤相依的平淡生活。嘉庆十年(1805年)九月,63岁高龄的邓石如被邀请到皖南的泾县作书,可惜作品未能完成就患重病。他匆忙赶回家中,一个月后,驾鹤仙去。遗作有《完白山人篆刻偶存》《完白山人印谱》《邓石如印存》等,成为极具价值的艺术珍品。

邓石如去世后,家人将其安葬于怀宁县五横乡虎山村梅冲李庄,现属安庆市宜秀区五横乡。此地为自北面金山而下的平岗,形如大鸟展翅昂首伏地,故当地人谓之"乌鸦伏地"。邓石如墓为土冢,正面遥对其故居龙山凤水,墓前为丘陵环绕山冲,小河道横贯冲间,梯田层迭,流水潺潺。《白麟邓氏宗谱》中尚载云:"邓石如葬乌鸦伏地,八世祖石太君墓右,十一世祖墓左,辛乙向。"邓石如与原配潘夫人、继配沈夫人合葬于一起,目前还存有《完白山人潘、沈孺人墓志铭》,系著名艺术家李兆洛所撰,湘省道州籍著名书家何绍基书册,名臣曾国藩篆盖,邓石如之子邓传密"附葬考妣墓左",现被安徽省人民政府列为省级重点文物保护单位,此为后话。

邓石如去世时,邓派书篆艺术的雏形尚未完全形成,后来经过他的学生包世臣以及后辈师承者对邓派艺术理念以及技巧的推广,邓派书法篆刻艺术方才名扬天下。

第二节 挚友贵人助成功

邓石如一生游历山水,漫游天下,广交天下名士。他的才华也受到这些名士的欣赏,因此,邓石如被朋友们举荐给书法界和篆刻界的大师级人士,邓石如的才华也因此得到更为深入的挖掘。

乾隆三十九年(1774年),邓石如跟随其父到安徽寿州开设书馆教书。抵达寿州之后,邓石如有两个打算:一是教书挣钱养家糊口,二是希望能有机会见到大书法家梁巘并向其请教书法。当时,梁氏早已过了花甲之年,是公认的大名鼎鼎的书法家兼学者,而邓石如则只是一个初出茅庐、籍籍无名的乡村穷教书匠。不论是资历还是年龄抑或学识修养,两人都相差甚远。况且,想拜见这样一位名士,谈何容易?有好几次,邓石如即将见到自己仰慕已久的这位前辈高人时,都被各种事情耽搁下来。有一次,他在路旁正好看到了梁巘,正打算上前拜见。恰巧此时,有人来告诉他,他家中妻子病重,危在旦夕。邓石如听后,就急忙折身回到住所,开始收拾行李。在交代完相关事宜后,第二天他便踏上了回家的路。

邓石如回家后不久,他的妻子潘氏就亡故了。潘氏知书达理,支持丈夫出门求学,平时在家料理家务、照顾老人,是邓石如游学期间稳定的"大后方"。邓石如见潘氏生病,他不忍妻子太过劳累,决定暂时在家耕种,分担家中事务。但善解人意的潘氏,素知丈夫胸怀大志,心想如果丈夫是为了自己而屈身乡野,就会耽误丈夫的前途。于是,潘氏就极力劝丈夫不要放弃自己的理想追求。在潘氏的再三劝说之下,邓石如方才依依不舍地与妻子作别,并发誓要好好求学,决不辜负爱妻的一片真心。然而,世事难料,他刚到寿州不久,妻子便撒手人寰。邓石如听闻贤妻遽然去世,内心悲恸不已。他和潘氏伉俪情深,潘氏为人体贴、善良,不仅在生活上疼惜自己,在精神上还无悔支持自己那虚无缥缈的理想,一想到这些,邓石如的眼泪便扑簌簌地落了下来。

回到家后,邓石如伤心欲绝地安葬了妻子,他脚步沉重地回到自己与潘氏曾经居住过的房间,企图能够重温妻子留下的记忆,睹物思人的邓石如禁不住再次掩面而泣。一段时间后,邓石如再次离开家乡前往寿州,因为他想坚持自己的信念,同时也为实现亡妻对自己的期待。再次回到寿州,几经周折,邓石如还是没有见到梁巘。后来,他为梁巘的循理书院的学生免费篆刻印章,梁氏看到学生的印章精致且章上字迹非凡,这位素以"工李邕[1]书名于当时"的大书法家,爱才心切,对邓石如的书艺十分欣赏,尤其是梁氏在看到他的小篆时,十分惊讶,没想到一位乡村教师的书法功力竟是如此深厚。于是,连连称赞道:"此子未谙古法耳,其笔势浑鸷,余所不能;充其才力,可以凌轹数百年之巨公矣。"[2]

梁巘是独具慧眼的伯乐,见邓石如在书法、篆刻艺术上有着过人的不凡才华,于是就将邓石如留在身边作为助手,并亲自指导他研习书法,为其指点迷津。"海阔凭鱼跃,天高任鸟飞",人才的发展需要大的

---

[1] 李邕(678—747),字泰和,鄂州江夏人,唐代著名书法家和篆刻艺术家,唐代著名学者李善(曾为《文选》作注)之子。他在入仕后曾任左拾遗、户部员外郎、括州刺史和北海太守等职,故又称"李北海"和"李括州"。
[2] 引自包世臣的《完白山人传》。

空间才能激发其深藏的潜力，梁巘深知这个道理。一段时间过后，他觉得邓石如的书法水平增进了不少，但其作品缺乏视野和深度，而小小的寿州提供不了他更宽广的发展空间。因此，梁巘便决定将邓石如引荐给金陵的文化世家梅氏家族，让邓石如进入一个更为广阔的书法天地去磨炼。

正是在梁先生的引荐下，邓石如不久便成了金陵梅家的贵客，并与梅镠、梅鈖兄弟结下了深厚的友谊。

金陵梅氏家族是江南望族，也是名副其实的书香世家。梅家祖籍是安徽宣城东南七十余地的柏枧山口，据《梅氏宗谱》记载，宣城梅家是宋初著名现实主义诗人梅尧臣的后裔，邓石如客居梅家时的当家人梅镠，则是宣城梅家的第三十七世后人。北宋初年，梅尧臣在诗文创作上主张写实，力求诗作风格平淡含蓄，倡导"状难写之景，如在目前，含不尽之意，见于言外"，对诗坛影响甚大，是后来的黄庭坚等人开创江西诗派的前声。因此，梅尧臣又被誉为宋诗的"开山祖师"，且与欧阳修并称"欧梅"。

明清时期，安徽皖南走出了许多闻名于世的数学名家，但以成就和影响而论，则数宣城的梅家最大。宣城梅家，历史上曾出过不少官吏、诗人、画家和学者，特别是从梅士昌之后，梅家人才辈出，俊彦纷呈，成为我国历史上著名的数学世家。梅氏家族在明末清初之际，祖孙六代中先后涌现出十多位数学家，并以卓越的成就和影响，推动了我国数学的发展，这种数学世家在世界上也是独一无二的。

邓石如客居梅家时，梅镠是这个书香世家的掌门人，梅氏兄弟是数学家梅谷成的儿子，他们对邓石如的到来都抱以热情的态度。

当时，梅家藏有大量的"秘府异珍"和历代珍稀的金石善本。梅氏兄弟对邓石如非常慷慨，拿出府中所藏供他纵观博览，悉心研究。对于这么丰富而又珍贵的碑帖资料，邓石如如获珍宝，像是进入藏宝库似的欣喜。这些在社会上难以看到的藏品，极大地开阔了邓石如的眼界，在他面前展现出一番新的天地。邓石如很珍惜这来之不易的机会，认真学习、研究。梅家兄弟除了拿出家藏珍品供邓石如研究外，还帮扶他的一切生活开支，从而减少他在生活方面的忧虑，得以安心研究书法和篆刻艺术。邓石如感念梅氏兄弟的深情厚谊，每天天未亮就起床，然后开始研满墨汁，一直临摹练习，直到墨汁用完方才停止。无论寒暑，他都坚持不懈。

在江宁梅家客居长达八年的时间里，邓石如前五年临摹篆书，后三年专心学习隶书。此一时期，他下很大功夫，将李斯的《泰山刻石》《峄山碑》，汉魏六朝的《敦煌太守碑》《开母石阙》以及李阳冰的《三坟记》等，都临摹了不下百遍。在学习隶书时，又将《史晨碑》《华山碑》《张迁》《校官》等碑临摹各五十本。此外，为了加深对书法艺术的理解，邓石如又将许慎的《说文解字》抄写了几十遍，还把秦汉以来出土的瓦当和碑额拓片都拿来学习、研究。正是这种博采众长的练习，使他逐渐从中提炼出自己的思想，在书法创作上逐渐形成自己的特色。

在梅家生活的这段时期，可以说是邓石如一生重要的转折点。正是这段时期的学习使他在学问上脱胎换骨，也刷新了原有的知识结构，他的书法和篆刻技术也出现了质的飞跃，为他今后达到书法和篆刻艺术的高峰奠定了坚实基础。在这一时期，因为梅家名声显赫，有许多社会名人前来拜访。客居在梅家也为邓石如提供了机会去结识当时的名士，如：以诗文闻名天下的叶天赐，名扬四海的画家毕兰泉，画家"黄钺"，"扬州八怪"之一的罗聘和"乾隆三大家"之一的才子袁枚等。与这些文人雅士结交，丰富了邓石如的人生阅历，同时也对他的书法、篆刻艺术思想产生了重要的影响。

乾隆四十三年（1778年）春，邓石如一直在各地游历访碑问迹。当时，树木刚刚吐出新芽，春暖花开，群蝶起舞，大地呈现一片生机盎然的景象。邓石如心情舒畅，心中盘算趁此良辰美景，好好欣赏一下祖国的大好河山。当他行至安徽广德时，遇到一位温文尔雅、气度不凡的中年男子,正在路边一个供行人休息的小亭中,手执毛笔,时而抬眼望望眼前怒放的花凝神深思,时而俯首挥笔疾书。那男子身旁站着一小书童,在为他砚墨,书童默不作声,似乎怕打扰诗人的思路。邓石如知道遇到了一位书画或是诗作的高手,这对求学若渴的他来说,无疑是请教学习的大好时机。于是,他兴冲冲地走上前去,看到执笔者正在绘一株墨兰。邓石如在他的身后默默观看,只见作者纸上的墨兰,叶子青翠、花的色泽纯正,花骨朵直立,似含苞待放,像一位高雅脱俗的君子。一旁的邓石如看得入神,情不自禁地吟诵起唐代著名诗人张九龄的诗:

汉上有游女,求思安可得。

袖中一札书,欲寄双飞翼。

冥冥愁不见,耿耿徒缄忆。

紫兰秀空蹊,皓露夺幽色。

馨香岁欲晚,感叹情何极。

白云在南山,日暮长太息。[1]

听到旁边有人吟诵出这样的名诗,执笔者一怔,停下笔来,回头一看,发现身后站着一位面目清秀的年轻人。这时,邓石如立刻上前自报姓名,并询问作画者尊姓大名。当他得知眼前站着的就是赫赫有名的经学家、书法篆刻家程瑶田时,心里激动万分。自己苦苦想要请教书法篆刻的名家,竟在路上不期而遇。对于这位年长自己18岁的前辈,邓石如虚心求教,对其敬重有加。程瑶田也慷慨地传授其书法经验和篆刻技巧,给予这位勤奋好学的年轻人以帮助和指导。

乾隆四十五年(1780年)秋,邓石如前往扬州并住在当地的地藏寺僧舍,一心研习篆、隶二体。程瑶田发现邓石如的书法技能有了不小的提升,为了他的才华能得到充分挖掘,便将自己几十本帖书悉数交给邓石如,供其临摹练习,同时又将自己所作并手录的五篇书学文章赠予他。

---

1 张九龄:《曲江集》,系《感遇》十二首中的第十首。

次年，程瑶田在给友人的信中，曾提及邓石如的印风道："怀宁邓君字石如，工小篆，已入少温之誓。刻章宗明季何雪渔、苏朗公一辈人。以瑶田所见，盖亦罕有其匹。明复上错元人，刚劲婀娜，殊擅一场，秦汉一种则所未暇及者，然其年甚富，一变至道，至道不难也。"1 从中可以得知，程氏虽称邓石如的印风"刚劲婀娜"，但也中肯地指出了邓石如还需要从汉印中汲取更多的营养和智慧。邓石如虚心聆听程氏的教诲，朝夕临摹名帖。对于程瑶田的帮助，邓石如在后来的回忆中还感激地说："余书始获张主。今余篆隶书见称于世，皆先生教也。"2

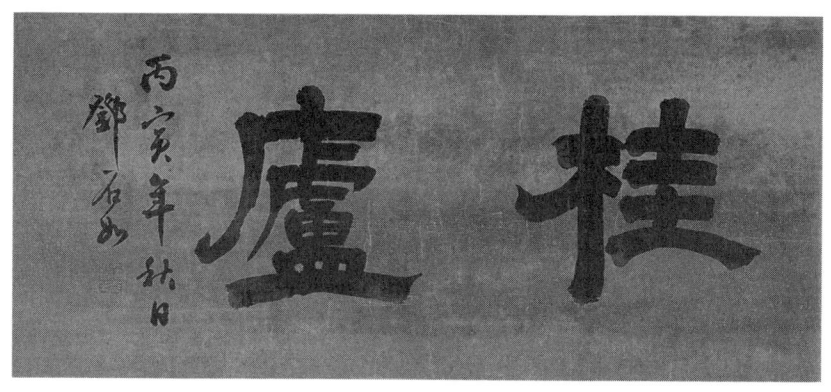

邓石如手书的"桂庐"

后来，邓石如经程瑶田的举荐与援引，又获得了其他社会名流的青睐，先后结识了汤扩祖、张惠言、张翰风、方密庵、金榜等社会名流。

据传，邓石如与状元出身的金榜的相识最具戏剧性。金榜（1735—1801），字蕊中，又字辅之，安徽徽州府歙县岩寺镇3人。乾隆二十九年（1764年），乾隆帝南巡时招试举人，授予内阁中书；乾隆三十七年（1772年）高中状元，后授翰林院修撰，曾任山西省乡试副考官、京都会

1　王家新：《邓石如书法篆刻全集》，天津人民美术出版社2005年版。
2　王家新：《邓石如书法篆刻全集》，天津人民美术出版社2005年版。
3　今安徽省黄山市徽州区。

试主考官等职。金榜曾拜在经学大家江永[1]的门下学习经学，与后来成为儒学名家的戴震和书法家程瑶田均是同门。此人书法虽以"二王"为宗，却精于篆镏，并著有《礼笺》十卷，在学界和上流社会均有极高的声望。同时，他也是一个爱才惜才之人。有一天，邓石如在歙县市场上卖字时巧遇张惠言，张惠言书法内行，当时正在金榜家中当塾师。在街头，张惠言偶然看到邓石如写的篆书和隶书，内心惊呼自己遇到了书法奇才，他知道金榜惜才，于是，匆忙赶回家立刻将此人告诉了金榜。金榜问明缘由，便和张惠言一起前往街市上寻找邓石如。当时，天下大雨，金榜、张惠言冒雨到街市却发现没了邓石如的踪影。但他们并没有泄气，向邓石如摆摊之处的其他商铺多方打探，得知邓石如居住在荒郊的野寺中。于是，两人备了厚礼来到荒寺中，找到邓石如并将其请到金家探讨书法艺术。包世臣在《完白山人传》中记载了这个故事：

> 山人客于梅氏八年，梅氏家益匮，不复能客山人。山人乃复如前草履担簦，遍游名山水，以书刻自给。山人游黄山至歙，鬻篆于贾肆。武进编修张惠言教授歙修撰金榜家，编修故深究秦篆，为修撰所器。编修见山人书于市，归与修撰曰："今日得见上蔡真迹。"修撰惊问，语以故，遂冒雨偕诣山人于市侧荒寺。修撰即备礼客山人。

由此故事可见，金榜折节下交、爱惜人才的古贤之风，同时也可看出邓石如此时的书法技艺确已相当精湛。

当晚，金、邓、张三人围坐在一起，共同畅聊书法、篆刻艺术，话语投机，相谈甚欢。酒酣耳热之际，东道主金榜吩咐命人铺毡展纸，磨好墨汁，恭请邓石如当场书写，以瞻其风姿。邓石如也不再客气推辞，遂写下了"翰墨因缘旧，云烟供养宜"的篆书联语。金榜观其书法有古

---

[1] 江永(1681—1762)，字慎修，又字慎斋，徽州府婺源县人。清代著名经学家、音韵学家、天文学家和数学家，皖派经学创始人。

人名家之风，然则结体略长，将隶属之体融合在篆书之中，却又不嫌造作之感，字体线条圆涩厚重，营造出一种雄浑苍茫的意境。之后，张惠言便拜邓石如为师学习书法。金榜特地命人将自家对联和匾额拆掉，邀请邓石如为自己家重写匾额楹联。不久，金榜看到出自邓石如之手的门匾题字时，连连称赞其书法技艺高超。

在与金榜相交的这段时间中，金榜也倾尽家中所藏的真书遗迹，供邓石如学习，并与其共同探讨书法艺术。后来，金榜去世，邓石如为其书写挽词，以感念先生的知遇之恩——先生忘其贵，余忘其贱，款款相接，颖滨一室，寝斯食斯，不厌不倦，此情亦足千古也。由此也可得见，金榜对邓石如的推崇和帮助之大以及金、邓之间的深厚友情。

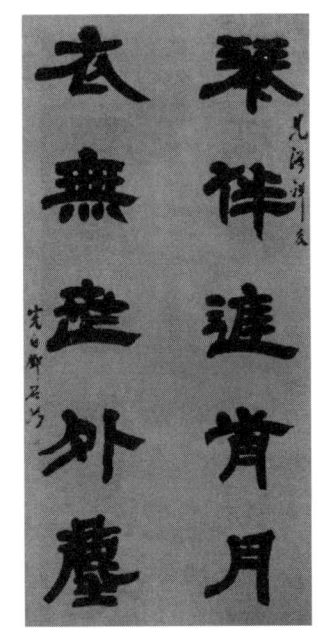

邓石如的隶书

有一天，桐城籍学者兼诗人姚鼐来访金榜。金榜便将邓石如介绍给姚鼐相识。这位与方苞、刘大櫆并称"桐城三祖"的文坛领袖，在细看了邓石如的篆书以后，赞不绝口，并为邓石如写下了"道与艺合，天与人一"的书轴相赠。邓石如也为姚鼐刻制了两方白印文作为回赠，分别是"桐城姚鼐之印""惜抱居士"。

为了让邓石如这位才华横溢的乡野书法家不被埋没，金榜在生前隆重地将他引荐给曾任户部尚书的曹文埴。

曹文埴(1735—1798)，字竹虚，号近微，安徽歙县人，与金榜是同乡好友，乾隆二十五年(1760年)中进士，后在朝为官，教习皇子。他在担任左都御史时，兼管顺天府，深受乾隆的器重与赏识。他与儿子曹振镛皆为当朝宰相，世称"父子宰相"。曹文埴自乾隆一朝开始历经三朝，其父子二人在朝为官长达75年之久。他除了为官，也是喜文善书之人，尤其是他的书法当时享誉书坛。曹氏将邓石如请到府邸，请其用四体书写《千字文》的长卷，因为曹文埴听好友金榜对邓石如的书法屡次给予高度评价，因此，他很想亲眼验证邓石如是否真如传闻中那般富有才华。而今邓石如端坐于书桌之前，以不疾不徐之速运笔，真、行、篆、隶四体，仅用一天就完成了。曹文埴是书法的大行家，他看到邓石如书写的篆书有纵横捭阖之势，与秦汉碑拓上的真迹相差无多；观其隶书貌丰骨劲，大气磅礴，有汉碑之痕；其楷书结字紧密，笔法坚韧；行草笔法迟涩而飘逸，有晋唐之风。落款处所用的印章，更是点睛之笔，使整体添加了刚劲婀娜、意境苍茫之气势。曹氏对邓石如的书法大加赞赏，后邀邓石如同游杭州西湖，共赏美景。恰逢乾隆皇帝八十大寿，曹文埴入都为皇帝祝寿，便邀请邓石如一起前往京城。

曹文埴邀请邓氏入都，对于一般人而言，已算得上是受宠若惊。但是，邓石如则说："京都繁华，高手如云，执牛耳者文如纪昀，书如刘墉、翁方纲等，皆为一时瑜亮。石如乃一介草莽，恐不入大人发眼，亦不愿委屈以侍人，故请辞。"[1] 极力推辞。邓石如虽然渴望与业界大师们相互切磋，但是他不愿意接近位高权重者。后经曹文埴的多次真诚相邀，邓石如感到盛情难却，这才答应与曹氏同往京城。但是，他提出了"戴草笠，靸芒履，策毛驴，后日三行"的条件，不愿讲虚荣，曹文埴允诺了。

途经山东时，遭遇洪水，道路泥泞不堪，邓石如骑着毛驴更是行进困难。他身穿蓑衣坐在毛驴身上，毛驴在泥泞的道路上一步一滑地艰难行走，有几次他险些从毛驴身上摔下来。曹文埴担心好友，便差人邀请邓石如乘坐轿子前行，但被邓石如婉言谢绝，由于曹文埴是朝廷要员，因此所经之地，地方官员纷纷殷勤款待曹氏。山东巡抚听说曹氏到达境

---

[1] 蒋频：《印人逸事》，人民美术出版社2015年版。

内，赶忙率领地方官吏热情迎接。曹氏因此更敬重邓石如的傲骨，邓石如和曹氏一起，官员们看到一个衣着破旧、身骑毛驴的乡野村夫跟在曹氏气派华贵的轿子后面，面面相觑，不知是什么人。正当大家迷惑之时，曹氏介绍邓石如给众人认识，称其为当朝大书法家，要大家对邓石如以礼相待。众官员见曹氏对邓石如这般毕恭毕敬，也不敢有丝毫怠慢。他们提出为邓石如准备舒服的轿子，但被邓拒绝。此后，邓石如一路上依然戴着草帽，穿着芒鞋，骑着他的小毛驴，背着文房四宝缓缓而行。

当曹文埴一行抵达京师后，时任相国的刘墉和鉴赏家陆锡熊等官员前来拜访，曹氏将邓石如引荐给这些爱好书法和文学的朝廷要员。"见山人书大惊，踵门求识面"，众人争相与之结交。邓石如也很高兴，自己可以有机会与名家会面，彼此切磋、讨论书法艺术，甚是痛快。他明白自己只是一介草民，他到北京并非为结交达官贵人，只想和同道中人切磋技艺，学习借鉴。所以，停留在京城期间，他不谙官场之道，只是和那些有相同志趣的官员自由交游。然而，邓石如在北京因为没有及时拜见当时书坛上的风云人物翁方纲，遭到了翁氏及其门人的攻击，他们称邓石如的书法脱离了正宗的艺术方向，根本登不了大雅之堂。翁氏一派对其极力排挤，使其在北京无法立足。邓石如本是一名布衣艺术家，他对权贵没有高看几分，单纯地想交流艺术思想而已，他没有想要去挑战翁氏在书坛上的权威。但是，他的单纯想法却与翁氏相反。翁方纲作为朝廷重臣，又是京师书法界的领军人物，达官贵人们都对他毕恭毕敬，所以他早已享受惯了自己独居书坛霸主的荣耀。如今一个从南方山村里走出来的平民百姓竟然无视自己的存在，这压根是不把他放在眼里，这也是对自己书法的亵渎、对自己权威的挑战。如果任由他恣意妄为，那么自己以后在京师书坛如何服众，自己的尊严与名誉也会受到极大损害。因此，翁氏对邓石如开始极力地排斥、打压。

在当时的书坛上，如果将金榜、程瑶田以及刘墉、曹文埴等人看作是革新派的话，那么翁方纲代表的就是守旧派，他以传统的"六书之旨"作为正统书法，而将布衣地位的艺术创新看作是喧哗取众，不符合书法主流的旁支而已。翁方纲以书法闻名于世，其书质朴厚重，功力深厚，尤其擅长小楷。据传他年届八十仍可在瓜子仁上书写小楷。又据相关史料记载，翁方纲去拜访曹文埴时，曹将邓石如引荐给他，并称邓石如的金石书法为国朝第一。介绍过后，翁方纲就让其门生与邓石如纵论碑学与帖学孰优孰劣的问题。之后，邓石如遭到以翁方纲为首的"在朝派"的排挤、打压。世上的事情就是这样，任何新生事物都会遭受这样或那样的挫折，但是时间会是最好的证明，优秀的作品终不会被埋没。

此次进京，邓石如深刻地感受到令人窒息的官僚做派，也受到翁氏一派的排挤、打压，这让平民出身的邓石如感到身心受到了约束。不久，他向曹文埴表明了自己想要离开京师的想法。曹氏让其前往武昌，给时任湖广总督的毕沅做幕友，邓石如欣然答应。

毕沅(1730—1797)，字缧蘅，又字秋帆，苏州镇洋[1]人，曾从沈德潜于苏州灵岩山，故自号灵岩山人。乾隆二十五年(1760年)廷试第一，状元及第，授翰林院编修。乾隆五十年(1785年)任河南巡抚，翌年，被提拔为湖广总督。毕沅是苏州人，状元出身，精于诗文自不待言，也是书法大家，且喜好收藏与鉴赏，并主修过《续资治通鉴》。在毕沅府邸的三年中，邓石如多数时间是教授毕沅的儿子学习《说文解字》，然而他并未放弃自己"书倦必游，游倦必书"的爱好，仍然经常同当地的文人名士聚会，相互饮酒赋诗。毕沅也是爱惜人才之人，胸襟宽广，不曾对邓石如在家里不按规矩行事有所指责，还视他为自己幕府中的"清凉剂"。尽管邓石如深得毕沅的赏识和包容，但是他依然觉得自己与那些裘马华丽的名士和阿谀谄媚的衣冠公卿的交往格格不入。长期周旋于

---

[1] 今苏州太仓市。

王公大臣中间,使邓石如对官场的形形色色有了更深的认识,也加深了他对这种场合的厌恶。他给老友写信(《复徐家谷书》)时讲道:"琰不能数致书问,则楚中之况味可知矣。来此坐食无事,日见群蚁附膻,阿谀而佞,此今之所谓时宜,亦今之所谓捷径也。得大佳处,大抵要如此面孔。而谓琰能之乎?日与此辈为伍,郁郁殊甚。奈何奈何,琰将弃此而归。"

终于,在寄居毕府三年后,邓石如向毕沅提出归乡的要求。毕沅闻,再三挽留,希望他能继续留在府中并与之谈诗论艺,但都被他婉拒了。邓石如虽然对毕沅心怀感激,感谢他对自己的照顾,甚至包容自己自由散漫的性情,但回家是势在必行的事。最后,毕沅看到邓石如去意已决,且归心似箭,遂同意了他的要求。为表达对邓石如的深情厚谊,毕沅除赠送邓石如一些旅费外还为他设宴饯行。

临别之时,毕沅对邓石如说:"山人,吾幕府一服清凉散也。今行矣,甚为减色。"使得四座的客人都惭愧不已。

乾隆五十八年(1793年)冬,51岁的邓石如终于回到了他的老家安徽怀宁白麟畈。归乡以后,邓石如在乡里购置田地四十余亩,翌年盖新宅一院,并以毕沅临别时相赠的一方铁砚来命名书房,即"铁砚山房"。他还自题匾额,借此纪念自己与毕沅之间的深厚友情。

关于邓石如辟建的新宅,其形式和规模现已无考,只是在此基础上,邓氏后裔曾多次修缮。据邓传密在自书花园篆额跋语所叙,归时应有花园。而现在的铁砚山房,据《白麟邓氏宗谱》记载为同治六年(1867年)邓传密所建。

铁砚山房地处群山环抱、清溪如带的龙山凤水之间的白麟畈上,因东有龟山,北有虎山,又称"四灵山水"。山房与明末崇祯年间所建邓八世祖堂西侧毗连,为封闭式四合宅院民居,计有房屋大小30余间,建筑面积近1100平方米。宅院的正门面南,主体建筑为一条中轴线上三进穿斗式厅堂和西侧斋馆院落。第一进为门厅,面阔五开间,进深一间，上悬邓传密手书的"铁砚山房"匾。 第二进为"守元堂"，面阔六开间，进深二开间，明次间为大厅，西侧分为左、右两间木板楼居室，署邓传密临邓石如录书朱伯庐治家格言八扇屏。 后厅为"燕誉居"，面阔五开间，进身三间，明间为通道、楼梯，余为居室，邓传密手书匾额。 走过正厅以后，最后则为仓房。 前、后厅除了大厅外，均为木板楼，厅间天井均设穹顶过道。 正厅东侧为厨房脚屋，西侧为斋馆院落，木板楼房八间，间有小院，设"求声馆""天极阁""抱翠楼"等，中间置有完白山人及何绍基、李兆洛等著名书法家所书的楹联、匾题、挂屏等，颇见境界。 斋馆面西为花园，且有荷池，面积约1400平方米，三面围墙，由正厅向西围绕花园筑碎石甬道，至东北为院门，整个房屋布局严谨，封闭严密。 旧时园内尚植有翠竹、金桂、银桂、木瓜、红梅、绿梅、牡丹、芍药等花木数十余种，竹林森森，花香四季，情趣盎然，邓绳侯、邓以蛰、邓稼先等，均出生于这座宅院当中。 现为安徽省重点文物保护单位，并被辟为邓石如、邓稼先故居纪念馆。

　　邓石如一生交友不断，晚年结交包世臣，并在书法、篆刻上给予包世臣悉心指导。 邓石如辞世后，包世臣将其书法篆刻艺术发扬光大，并大力推广邓氏的艺术理念，还专门为邓石如写了传记，即传诵后世的《完白山人传》。 这一传记，成为后人了解邓石如的重要著作。 包世臣还在自己的作品《艺舟双楫》中称邓石如的篆、隶二体书是"神品"，这对于邓氏在书法界地位的确立起到了重要作用。

第三节　开创书艺新天地

邓石如的一生处于清朝中叶的"乾嘉时代",当时的社会表面盛世繁华,实则暗藏着各种社会矛盾。中国的封建制度一步步走向没落,民族矛盾、阶级矛盾日益加剧。乾隆年间,文字狱兴起,朝廷企图将知识分子钳口结舌,以维护封建统治。知识分子中有的害怕政治迫害,只好对时局沉默寡言,埋头钻研八股,专攻考据;有的只参加一些诗酒集会,附庸风雅。然而,即使在这样的情况下,还有一批正气凛然的民族斗士站在时代的风口,发出了振聋发聩的声音,意在唤醒沉睡的民众。

在这样的时代背景之下,邓石如既不是热血激昂的时代斗士,也不是看破红尘、遁入空门以逃脱现实的隐士。他在贫困潦倒的处境中凭着一腔热爱之情,花费一生的时间来学习、研究书法、篆刻艺术,在艰难追逐理想的道路上,依然保持着自己那颗纯净、朴实之心。

邓石如隶书

当时适逢金石出土越来越多，于是，很多文人士大夫转而从事金石考据。金石考据本为经史的考证和诠释，两周时期的金文、秦汉刻石、南北朝摩崖、造像记和唐朝碑版书法体现出的或古朴天真，或雄强纵逸，或浑厚遒劲的意趣和山野气息，使看腻了纤弱绮靡的士大夫感到耳目一新，备受其推崇。金石拓片也成了当时书法临摹的范本，研究的学者甚多。于是，帖学渐衰，碑学崛起，这为邓石如研究书法并对他形成自己的书法艺术风格提供了广阔的空间。

书法艺术是中国传统文化的重要组成部分，是中国特有的艺术形式。除了作为日常应用之外，它也是绘画艺术中不可或缺的有机组成部分。书法有令人神清气爽、修身养性的作用。因此，历代知识分子都比较重视书法。从东汉末年到魏晋南北朝，我国的书法界在这一时期涌现出了一大批的书法大家，如蔡邕、钟繇、王羲之、王献之等人。唐代，是晋代以后书法艺术发展的又一高峰，在真、行、草、篆、隶诸体艺术上都出现了影响深远的书家，其中尤以真书、草书的影响最甚。唐代的书法艺术发展可分为三个阶段：初唐、中唐和晚唐，各个时期都有自己的特点。初唐时期，由于唐太宗大力倡导王羲之的书法，虞世南、欧阳询、褚遂良和薛稷等书家，皆崇尚"爽健"之风；中唐时期，由于社会经济的发展，书法风格由初唐的方正劲健趋向雄浑肥厚，真草更彻底地摆脱了王家书派之束缚并形成自己的风格，张旭、怀素和颜真卿、柳公权在狂草和楷书方面开创了新局面；晚唐时期，书法家们崇尚帖学，多在帖书上下功夫。在创作上，柳公权和沈传师是主要的代表人物，而柳公权楷书影响最大，与颜真卿合称"颜柳"。书法艺术发展到清代，公正的楷书成为取士的重要标准，"光、滑、方、正"之风盛行，并形成所谓的"馆阁体"，"柔媚甜俗"成为这一时代的风尚。元代书法家赵孟頫与明代书法家董其昌的风格受到了康熙皇帝的喜爱，于是"一登龙门，身价百倍"，一些趋炎附势的知识分子纷纷仿效赵、董二人的书法风格。后来，一些书法家企图创新，书体也朝着丰满圆润的方向发展，但是终究摆脱不了帖学的束缚。"扬州怪家"的金冬心、郑板桥使用隶笔，这是书体欲变的征兆。但是，受社会条件所限，书法界的改革并没有出现太大的变化。自乾嘉以后，汉魏碑志的出土也越来越多，开拓了书家和学者的眼界，也为邓石如的书体改革提供了客观条件。

清代学者王澍曾云："篆书有三要：一曰圆，二曰瘦，三曰参差。圆乃劲，瘦乃腴，参差乃整齐。三者失其一，奴书耳！"邓石如摒弃当时书坛盛行的"柔媚甜俗"的格调，选择了自己独特的道路，只为实现自己在篆刻之路上的理想。他既有稳扎稳打的功底，又有超乎常人的见地，因此在篆、隶、行、草方面均有所成就。

在篆书方面，邓石如学习李阳冰、李斯。李斯在书法上主张以小篆为标准书体，秦篆讲究均匀、整齐、平行，从美学角度来看显得轻巧别致。李斯的小篆其笔画停匀，圆浑而遒健，后人称之为"玉箸体"，结体平稳，上密下疏，沉着舒展。唐人对李斯小篆极为推崇，如张怀瓘曾在《书断》一书中赞美李斯的小篆："画为铁石，字若飞动，作楷隶之祖，为不易之法。……铁为肢体，虬作骖騑，江海渺漫，山岳巍峨，长风万里，鸾凤于飞。"唐代的李阳冰可以说是篆书的巨擘，他是李白的族叔，唐代著名的篆书家。当时的达官贵人以请颜真卿写碑、李阳冰以篆书写碑额为荣，足可见他在书法上的地位之高。李阳冰对自己的书法也相当自信，曾言："斯相之后，直至小生。"的确，他在书法上没有停留于篆书的六书造字法[1]，而是敏锐地抓住书法艺术的本质，从"形、度、容、礼、分、理、势"等角度来进行书法创作。

邓石如对"二李"[2]作品的临摹和钻研，对于规范他的字体起到了重要作用，使他的书法水平得到了很大的提升。他早期的篆书作品与李阳冰的铁线篆相似，如他的《谦卦篆书轴》《赠古塘篆书联》《上栋下宇

1　六书造字法：象形、指事、会意、形声、转注、假借。
2　指秦朝的大书法家李斯和唐朝的大书法家李阳冰。

篆书八言联》等，而他的《梅国记篆书屏》《程子四箴篆书屏》则与李斯的《泰山》和《峄山》等碑帖神似。之后，他的作品《集三公山字代毕沅书邓氏祠堂八字联》《赠孟卿篆书轴》和《朱文公四斋铭轴》等作品越加体现他字体渐趋狭长的特点。

近代书画家吴昌硕，在题邓石如的《朱文公四斋铭》时，称："……作篆，雄奇郁勃，铺毫之诀，流露行间，是作犹跌宕。"充分显示出其对邓氏的钦佩之情。康有为在幼年时见到邓石如篆书时，惊叹邓石如的书法"为近世所无"，并认为他成功的原因在于"所见博，所临多，熟古今之体变，通源流之分合，尽存于心，尽应羽手。如蜂采花，酝酿久之，变化纵横，自能成效"[1]。

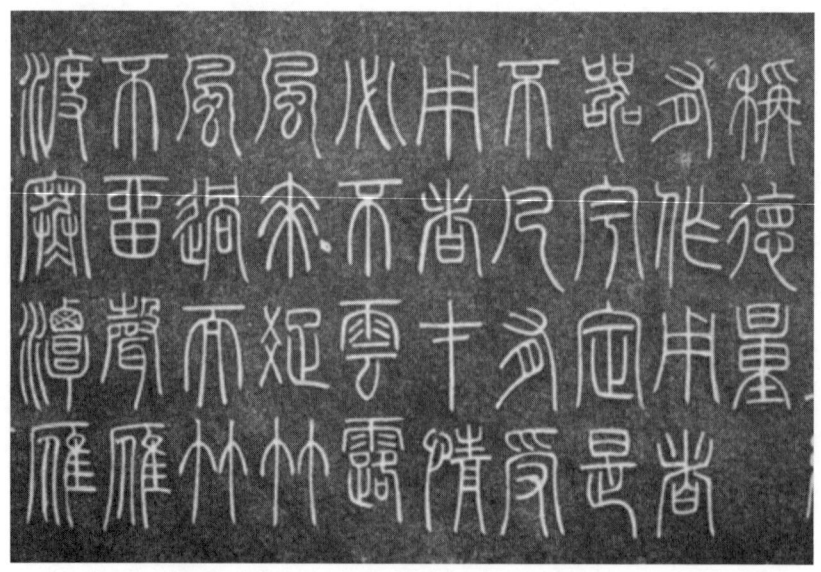

邓石如篆书碑文拓片

---

1 康有为：《广艺舟双楫》，广西师范大学出版社2016年版。

邓石如除学习"二李"之外，他还刻苦研究秦汉之际的残碑断碣，以吸收百家，博采众长，以求达到自成一家的目的。他的篆书以瘦劲取胜，压倒洪亮吉[1]等人骨瘦如柴的造型，并呈现出"茂密浑劲，苍古雄奇、雅健妙丽"的特色。同时，他还以隶笔作篆，起承转合之间，字体表现出微微方正的特色。晚年与他交往密切的包世臣曾说："山人篆法以二李为宗，而纵横捭阖之妙，则得之史籀，稍参隶意，杀锋以取劲折，故字体微方，与秦汉当额文尤近。"[2]

邓石如篆书（一）

隶书在东汉时期形成高峰，"汉碑"过后，在隶书上，几乎没有集大成者出现。邓石如曾经用三年时间将《华山碑》《白石神君碑》《张迁碑》等汉碑临摹五十遍之多。他将隶书融汇于汉刻的浑厚遒丽与自然朴茂，还刀为笔，悉加"笔触化"，形成了既苍浑古朴又清新自然的风格。当时的隶书名家如桂馥、伊秉绶，邓氏与他们相比起来，能够看出桂氏学习汉隶得形似但失其势，而伊氏则有汉隶的意态却用笔与其不同。日本学者伏见冲敬赞扬邓石如的隶书：

> 只有邓石如一人从分间布白直到波势的轻重，都仿佛如汉人再世一般，但是，即使就是汉人，在写这样的大字方面也不是

---

[1] 洪亮吉(1746—1809)，初名莲，又名礼吉，字君直，一字稚存，号北江，晚号更生居士，阳湖人，清代著名的经学家、文学家。
[2] 引自包世臣的《小倦游阁文集》。

他的对手。邓石如生于汉人二千年以后,居然再兴绝学,然而却没有接在其后的继承者,他至今仍作为一座独屹的最高峰屹立于清代书坛上。[1]

在撰写隶书时,邓石如也将草、篆的笔势运用起来,做到"篆从隶入,隶从篆出",以使整体结构紧凑,他的笔法苍劲有力,显得字体有骨有肉。邓石如的隶书取材广泛,融汉、魏晋、唐之风骨于一体,以自己的风格来书写,体方而神圆,毫刚而墨柔,枯润相生,显得骨肉交融,刚柔并济。

对于邓石如的真书,李兆洛[2]曾言:"完白真书,深于六朝人。""真气弥漫,楷则俱备。其手之所运,心之所过,绝去时俗,允俯古初。津梁后生,一代宗师。"[3]另外,邓石如从魏碑切入,以"笔触化"和"自然书写"为结合点来进行探索,以提升笔墨之间形成的境界。他的行草虽不如篆隶那样功力深厚,但也同样有风神,笔势妙趣横生,值得细细赏鉴。草书中蕴藏着篆隶之意蕴,从而形成独特的风貌。比如,他的大字行草作品——"海为龙世界,天是鹤家乡",从这副对联中可以发现邓石如纵笔横掣竖掠,在线条上追求自然苍茫之境,笔法、字形、布白以及气韵上都与历代草书作品不同,充分地显示他"入古开新"的艺术理念。

这副狂草对联除了显示出邓石如高超的书法功底之外,字里行间还透露出作者开阔的胸襟和高洁的志趣。书法的魅力在于不仅由字形构成一种美的艺术境界,也在于寄托作者的情感,或纤柔多情,或大气磅礴。这种气韵流畅、妙不可言的神采,是值得人们经久品味的艺术品。关于这副对联还流传着一段有趣的故事。

---

1 伏见冲敬著,陈志东译:《中国历代书法》,四川美术出版社1987年版。
2 李兆洛(1769—1841),字申耆,晚号养一老人,阳湖人,清代学者、文学家。
3 李兆洛:《养一斋文集》,《清代诗文集汇编》,上海古籍出版社2010年版。

新中国成立的第二年春天,毛泽东邀请我国著名的书画家、篆刻家齐白石到中南海共进晚餐。由于两人都是湖南人,所以毛泽东当晚特地嘱咐厨房做湖南风味的菜肴以款待这位湖南老乡。毛泽东博览群书,对书法艺术也有浓厚的兴趣,他很欣赏齐白石的书画作品,即使在席间,两位也要对书法高谈阔论一番。毛泽东一边吃一边对齐白石说:"齐老,你原名纯芝,我原名为润芝,你我两人的小名都叫'阿芝',咱们可以称得上同乡同名的兄弟!你岁数比我大,我应该称呼你为老哥才对!"毛泽东这一番风趣的话说完,两人都不约而同地笑了。齐白石也很高兴,毛泽东能够放下主席的架子与自己尽兴畅谈,足见其心胸之开阔。之后,毛泽东告诉齐白石,自己爱好白石艺术,对齐老的作品钦佩不已。齐白石将毛泽东的这番话记在了心里,回到家后立即选出1941年所画的精品《苍鹰图》,并以一幅《海为龙世界,云是鹤家乡》立轴,并重新补上署款"毛泽东主席,庚寅十月齐璜"和"九十翁齐白石藏",同时将自己最爱的青石雕花砚也一并赠送给毛泽东。这方砚原是齐白石打算作为传家宝留给子孙的,但是出于对毛泽东主席的敬爱,他还是慷慨地拿出予以赠送。毛泽东在收到齐白石的赠品后,立即将其书画挂起来欣赏,为表示感谢,他派人立即送给齐白石一份丰厚的润笔费。

齐白石赠送书画后没多久,他的朋友张伯驹、王樾等人来家中做客。他高兴地向友人谈起赠送毛泽东书画和青石砚这件事。当张伯驹听到他说送给毛主席的篆书对联是"海为龙世界,云是鹤家乡"时,不禁"啊"地叫了一声,因为他发现这其中有一个字错了。他告诉齐白石,这副对联是清代书刻家完白山人所作,最后一句原句是"天是鹤家乡"。齐白石经张伯驹一提醒,不禁紧张起来,因为毛泽东对中国传统文化也很了解,自己竟然送给他一副有错字对联,他觉得这样是对毛泽东的不恭敬,而且担心此事一旦传出去,会被世人嘲笑,为此齐白石担忧不已。齐老的朋友们宽慰他说,他的改动反而使对联更显和谐、呼应。不必拘泥于定式,也许毛主席还会认为改动得巧妙呢!听了朋友们的劝解,齐白石的心情方才平静了些许。对于齐白石赠送的书画和石砚,毛泽东在观赏了一段时间之后,便将此书画送至有关部门珍藏了,只留下石砚。关于篆书对联上的错字,此后也没有更多的传闻,可能是毛泽东主席日理万机,所以也没将此事放在心上。后来,齐白石九十大寿之际,毛泽东还为齐老送上了珍贵的礼物以示祝贺。

邓石如在书法上以五体见长,但他的篆书比隶、行、楷、草更为精湛。日本学者伏见冲敬认为,邓石如书法的本色是他的篆、隶书,但其行草书虽与作为帖派理想的晋人风韵相距甚远,但也别具一种古朴之趣,这是因为他完全醉心于将自己的内在情感原原本本地表达出来。邓氏的草书,纵观其风格,气势磅礴,有大合大开之感,显得富有张力和表现力。

书法的艺术美主要表现在点画上的用笔美,间架上的结构美,以及由用笔和结构共同形成的意境美三个方面。这三种美对于书法艺术而言缺一不可,因为任意一种美的不足都会影响整体的艺术效果。纵观邓石如的作品,可以从中领会到他的字迹中带有的质感,即使是"细如游丝""薄如蝉翼"之笔,也能使人感受到字体的"浑圆"和蕴藏其中的"厚

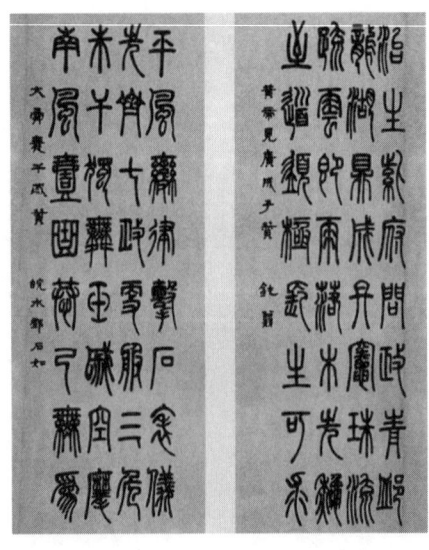

邓石如篆书(二)

度"。从他那富有"力量、韧性和弹性"的字体笔画中,让人轻易联想到"柳丝""银针""金线"和"万岁枯藤"等具体形象的事物。结构上,邓石如既研究独体字结构的搭配,也重视合体字的平衡结构搭配,以求在平正中求奇险,又在奇险中保持平衡,以避免单调无趣。为了防止出现平淡无奇的状况,邓石如注意从字的点画上靠下笔的轻重、缓急、方圆、曲直、刚柔、润燥、疏密、宽窄以及高低上下功夫,以达到"疏处可以走马,密处不使通风"的效果。此外,

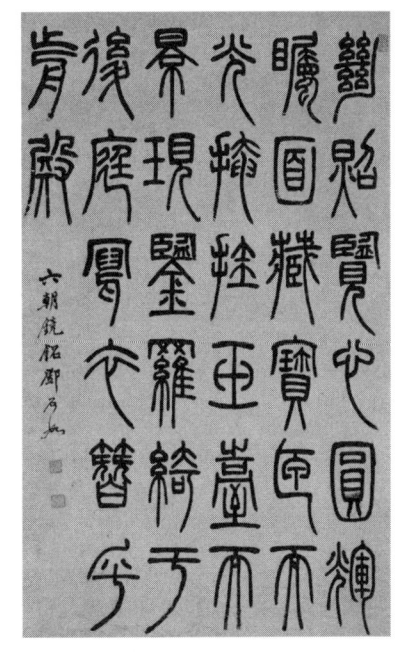

邓石如临"六朝镜铭"篆书

为了显示整体的结构美,他在字与字、行与行、幅与幅之间强调"相呼相应相迎相形"。依靠字体和结构形成的意境,他借鉴文学作品中的情与景,意与境相结合,勾勒出一幅意境优美的画面。书法的精妙之处就在于通过单独的字和字与字构成的结构美来展现出一种使人展开联想的意境美,让人可以细细咀嚼这种美。

  邓石如的书法和篆刻之所以有巨大的成就,与他勤学苦练、不辞辛苦地访碑拜碣、苦学研究有着密切的关系。明代著名书画家董其昌说,"读万卷书,行万里路"是文人打开眼界、培养气质的重要途径。邓石如确实以他自己的脚步去深入祖国的名山大川探寻艺术。例如,安徽的黄山、九华山,浙江的武夷山、天台山、雁荡山,河北的盘山、居庸关和昌平十三陵等都是他常去之地。曾经有人问邓石如:"山人不画山水,何以遍历名川?"他回答说:"我以山川浩然之气融于笔端腕底。"人与自然本就是共生的,游览名山大川,在愉悦身心的同时也打开了人

的眼界。造物主创造了丰富的自然奇观，奇花异草、山川溪流、怪石奇松……事物的美不止一种形态，它以各种姿势呈现，这与书法艺术的创新有密切关系。它促使作者在创作的时候思考作品究竟应以怎样的形式呈现出与众不同的美。邓石如不惧辛苦，常年访川拜迹的原因恐怕也在于此。

为了锻炼笔端腕底的功力，邓石如一年之中，无论是鸟语花香的春天，还是寒冷雪飘的冬季，经常离妻别子，只身一人背着行囊到异乡访碑问帖。搜寻秦汉石刻之路充满艰辛，他饱经风霜，攀崖越岭，经常数月不返，吃了很多的苦，但他都毫不在意。据山人的后代说，因为家境贫寒，邓石如每次出游仅带一天的饭费，但这穷困的境遇丝毫不减他游历的兴致。他两脚经常磨出厚厚的茧子，也要去欣赏祖国的大好河山。那些散落在各地的残碑断碣正是他书刻之路上的良师益友，也是他不竭前进的动力。他曾数次攀登泰山只为访求秦代石刻，也曾在匡庐绝顶上研究碑碣，饿得以采食野果充饥。有一回，在黄山上他发现有一些怪异的石头，觉得很有趣，于是装了两大袋子背回家，结果被压得足破肩肿。路人都笑话他，而他自己却毫不在乎，像是捡到什么宝物似的兴奋不已，大有"他人笑我太疯癫，我笑他人看不穿"之势。他以布衣、斗笠、草鞋、藤杖作为自己最亲密的朋友，在数十年漫长的岁月里去各地访寻碑碣，学习研究。正如张约轩所言："山人每足迹所经，必搜求金石，物色贤豪。或当风雨晦明，弛担逆旅，望古兴怀，濡墨盈斗，纵意作书，以舒胸中郁勃之气，书数日必游，游倦必书，客中以为常。"[1]

这种长期的游历，让他充分地吸取了古人碑碣的优秀成分，而且也促使他将实际的艺术生活与神奇的大自然相结合。自然美景在陶冶他的情操，优秀碑石激发他的篆刻技巧。因此，他在"篆隶真行草"各体上

---

[1] 张约轩：《东园还印图序稿》，穆孝天、许佳琼《邓石如》，安徽教育出版社1983年版，第13页。

都创作出了可圈可点的作品。

晚年与山人交往甚多的云南师荔扉曾说山人"诗文字已成三绝，汉晋唐容萃一身"，可见，邓石如在诗文创作上也有一定的造诣。古人重视诗歌，因为诗歌能够教育、鼓舞人，陶冶人的情操，净化人的心灵。邓石如的诗风自然、质朴，充分展现了其布衣本色。虽然少年时代的他仅读了一年书，但在练习书法和篆刻上多与诗文相接触，在临摹这些优美诗歌的过程中，邓石如受到了潜移默化的影响，也引发他对诗文创作的兴趣。多年出游，邓石如也常参加"文酒诗会"，与文人雅士结交使他的眼界大开，书格渐高，诗境也逐渐向前发展。例如，他几次登"黄鹤楼"作诗：

岷涛万里奔楼堞，贾客千樯集水隈。

雄楼百尺绮窗开，吞吐风云入望来。

隔岸千樯烟树合，摩空一鹤云水隈。

三峡波涛天半落，九疑云物望中浮。

晴川白卷梅花水，芳树青围杜若洲。

正是阳春好风日，莺花无际楚江头。

八百波涛接大荒，水天浩渺合青苍。

谁能气象争河海？但觉神仙渐渺茫。

邓石如晚年，返乡后筑造了"铁砚山房"，曾写长联抒发自己的情怀：

沧海日、赤城霞、峨眉雪、巫峡云、洞庭月、彭蠡烟、潇湘雨、武夷峰、庐山瀑布，合宇宙奇观，绘吾斋壁；

少陵诗、摩诘画、左传文、马迁史、薛涛笺、右军帖、南华经、相如赋、屈子离骚，收古今绝艺，置我山窗。

此后，邓石如又题写了两副对联：

事业垂千古；馨香荐四时。

有名空富贵；无事笑神仙。

邓石如的诗作多以朴实自然的风格呈现，没有奢华的腔调。他作为一名"胸有方寸，身无媚骨"的平民艺术家，经历无数艰难仍然坚持自己的艺术理想，面对功名利禄的诱惑能够保持一颗纯净的心灵，可以说高洁的人格魅力更令人折服、称颂。

中国的篆刻艺术有三四千年的历史，篆刻可以说是我国传统艺术花园里一朵娇艳的奇葩。所谓篆刻，其实是指篆与刻的结合，篆的部分集中体现书法美，而刻的部分则集中表现雕刻艺术的追求。对于篆刻而言，如果仅懂书法三昧或是仅了解雕刻的刀工技巧，都难以掌握篆刻艺术的要旨，只有将两种不同的艺术形式融为一体时，篆刻艺术才能显示出它独特的美。

我国的篆刻艺术诞生较早，先秦和秦汉时期，分居在地方的诸侯国都刻有国玺，而在生活中人们也对印章情有独钟。早期，印章的质地多为玉质的，一是因为玉的质地优良，不磨不磷，不易剥损，易于保存；二是古人认为君子佩玉是一种高雅的象征，可以显示出自己独特不凡的气质。另外，医书上说"玉乃石之美者，味甘性平无毒"，长期佩玉可以使人体吸收玉中的矿物元素，有保健作用。因此，自古有"黄金有价玉无价"的说法。相传，秦国在统一六国之后，所用的国玺都是玉制的。

> 岁月之精坠于荆山化而为玉，侧而视之色碧，正而视之色白；卞和得之献楚王，后入赵献秦，始皇一统，琢为受命玺，李斯小篆其文，历世传之，为传国玺。[1]

到了汉代，金属印风行的同时，铜印也大量出现。但与玉相比，金属制造的印章显得级别低了许多。除了金玉之外，又有以水晶、玛瑙、象牙、犀骨、紫砂、木和竹等作为印章材质。六朝时期，木印出现。随着时间的推移，石印也登上了历史舞台。人们普遍认为，石印是由元朝的诗人王冕所发明的，其实不然，新中国成立以来考古出现的资料显

---

[1] 杜光庭：《录异记》，中华书局1991年版。

示，石质印章早就出现在西汉以前，只是由于年代久远，石器又易磨损，所以很多石印难以识别。明清时期，历代大量的金石文物出现，促使金石学兴起，许多金石学家开始研究古文物。在这些出土的文物中，被埋没已久的印章也被人们发掘出来，印章界的学者们纷纷研究，因此，清朝成为印章艺术发展的鼎盛时期。

中国的篆刻家们认为，对于印章而言，最重要的是印文，篆法的技巧则是印章的生命，因为它直接关系到整个印章的美感。篆好而刻不好的印章，尚可观赏；篆不好，那么刻的部分也难显示出它的精妙之处。因此，篆法的技巧是印章的基础。古人对印章中的篆法是极为讲究的，明清以来的研究者们也连篇累牍地"说篆"。这一现象，足以表明人们对于篆文的重视。对金石研究的热衷，造就了一批优秀的治印专家。我国当代书法教育家陈振濂教授曾说："丁敬和邓石如的崛起，标志着印坛全盛时期的开始。"[1]

邓石如比丁敬晚了一辈，他从另一个角度来研究篆刻，同样取得了巨大成就，成为和丁敬相媲美的印坛风云人物。邓石如的好友曾就他的篆刻艺术予以高度评价，"使铁如使毫，所向无不宜"，"邓翁负绝学，追冰而及斯"。被同时代的人这样评价，可见邓氏在书法篆刻上的艺术造诣之高。

邓石如学习篆刻，最初得于父传，据金天羽《邓石如传》记载："邓士沅于诸孙中独赏爱石如，石如暇又摹其父篆刻及隶书甚工。"随后，他又临摹文三桥、何雪渔及苏朗公的作品，之后大胆地将秦汉金石文字用于篆刻，将两者的优点熔于一炉，形成自己独特的篆刻风格。邓的贡献在于，他开创了一种不同于前朝历代的面貌，而且和浙派风格也截然不同。在篆文上，他使用小篆，去除了玉箸篆中存在的呆滞之气，而增

---

[1] 陈振濂：《篆刻艺术纵横谈——篆刻艺术的历史观与美学观》，上海书店出版社1992年版。

加了流动奔放的韵致；在刀法上，则以汪关[1]的冲刀法为基础，使得朱文[2]苍劲中蕴含妩媚之气，婀娜多姿，匀畅生动，显示出成熟的艺术思考和形式处理的痕迹。他把小篆和冲刀法结合得天衣无缝，形成了另一套印学技术。

邓氏吸收汪关冲刀法并加以改造，使之更加符合自己的审美趣味。朱文印更能体现小篆线条的圆润美感，邓石如那种行云流水的朱文线条和轻柔圆润、富有装饰感的结构，使得印文整体显出轻逸流畅之感。邓石如在印学上的影响力巨大，虽然不像浙派那样形成了一个庞大的追随集团，但是，在其后的几十年甚至上百年间亦有不少后人追随他的步伐。例如：吴让之、赵之谦、徐三庚都以他为楷模，学习和研究他的篆刻艺术，再进行新的尝试。

篆刻是书法的另一种表现形式。书法以柔软的毫笔书写于纸，而篆刻则以刀刻于石。个人的书风直接影响其篆刻的风格，并决定印风的风格。邓石如的篆书吸收了古人书法的精华，融会贯通，篆法深厚淳朴，遒劲刚健，既呈现出抑扬顿挫之感，又显示出行止疾徐。邓石如创立的邓派印家，有以下显著特点：

第一，重视书法。倡导"以书入印，书印融之"。这是他与前人最大的不同之处，也是独具特色的地方。邓石如将自己深厚的篆书功力用于刻刀上，以刀为笔来篆刻。邓石如、吴让之和赵之谦均为清朝著名的书法家。邓石如的篆、楷、隶、行四体书，堪称清代第一人。这些师承者在书画上也颇有造诣，书法和篆刻的紧密结合在邓派更加完美地被融合在一起。

第二，重视书法中的笔意。邓石如的朱文，注重线条之间的递换和首尾相接。摹印篆的出现是为了适应印面，但是这种适应往往会损伤小

---

1 汪关：生卒年不详，原名汪东阳，字杲叔，安徽歙县人，明代著名篆刻家。
2 朱文：印文的文字颜色为朱红色。

篆的一部分美。邓石如以小篆入印意图就是想弥补这部分缺失的美感。用笔美,正是能更好地表现出篆书的结构特征和美。在篆刻艺术上,邓石如开创性地将汉印文字由方方正正变为圆润刚劲,朱印文承接刚劲婀娜的书法之韵,给人耳目一新之感。例如,他的朱印文代表作"逸兴遄飞",刀法冲中带涩,章法上工整间寓洒落,穿插中有揖让,疏密有致的印面显得对比强烈,整个印章的风格令人感受到沉稳中现潇洒。

第三,邓石如为冲刀法增添了许多新内容。由于篆刻技术的发展有限,汪关的冲刀,更多地体现在横平竖直的线条,平易润滑,与切刀相距甚远。邓石如篆刻的线条在给人滑润感的同时也蕴含着斑驳苍茫的特色,而且线条变化不一,显得活泼生动。他的刀法平易中显出奇崛,线条的趣味也比汪关的丰富,这与他准确地拿捏刀口斜度、冲刀速度以及下刀力度有重要的关系。他行刀如笔,柔中带刚。在章法上,将阴阳之妙、计白当黑、疏可走马、密不透风的技巧发挥得淋漓尽致。其白印文"淫读古文甘为闻异言",印从书出,脱尽汉法,淡化刀味,突出"以刀代笔"的笔趣,印面上充分显示笔意之美。孙慰祖曾说:"可以说是邓氏新创的风格,以小篆作白文这一古来的忌律,在邓石如手下被突破,也为后来的吴熙载、徐三庚、吴昌硕开启了一条门径。"[1]

第四,在浙派中,丁敬一人便有很多的创新,其他人再创新就受到了很多限制,很难有大的发展空间。反观邓派,邓石如在朱文中以小篆入印,但在白文中走的却是古朴的路线。邓派朱白文不平衡的状态给后来的追随者留下了创新的空间,比如,吴让之就恰好填补了这种不平衡。吴让之在白印文上利用小篆入刀,但当他感到印面不符合他的心意时,他往往采取把篆字压扁或是拉长的方法,来确保小篆的圆润之感。

正是邓石如在篆刻方面高超的技巧,才使得他的篆刻作品拥有不菲的艺术价值。他刻的印章,方寸之间,无论所刻字有多少,方则方,圆

---

[1] 孙慰祖:《邓石如篆刻》,上海书店出版社2001年版。

即圆，体系统一，毫不杂乱，方圆曲折，以印的形式来搭配，笔底显劲挺，但无怒气。银钩铁画，又尽显流畅之意，以刀法见长，却又含而不露。在印文中自然地流淌出"婉转流畅、刚劲苍厚"的风貌。因此，不论是朱文和白文，还是在篆刻花鸟虫鱼方面，都显示出高超的技艺。例如，他的篆刻作品"笔歌墨舞""江流有声，断岸千尺""寸心言不尽""乱插繁枝向晴昊""人随明月月随人"等都是佳作。他将那些疏密有致、意趣横生的篆刻作品赠予好友以示情谊，如金榜、程瑶田、姚鼐以及包世臣、李兆洛等，山人都曾为他们刻了数枚印章。从"姚鼐之印""惜抱轩翰墨""梦谷"等印章中，可以清晰看出这些由邓氏创作的朱圆文，笔酣墨饱、字体潇洒自如、气势气宇轩昂。山人晚年与包世臣相交甚密，为他刻了不少印章。如"白门倦游阁外史章""农家者疏""包氏慎伯"等，这些印章无一不显出其"大将"风度，其章法布阵自若，刀路迂徐闲适，充分体现了篆刻者"奏刀运腕，饶有慧心"。在南京时，他为梅氏兄弟篆刻的"其家宛陵"却又显示出光洁匀称之美。

邓石如以他"以书入印，印从书出"的艺术理念影响着他的印风审美理念，传统书法篆刻艺术在邓石如那里得到了巨大的发展。总体而言，他对篆刻艺术的贡献在于以下几个方面。

第一，贯彻"以书入印""印从书出"的宗旨，将篆书之法融于印面，又在印文篆法中渐悟和滋养篆书的写法，以达到印书合一的境界。

第二，开创性地提出"记白以黑""疏处可以走马，密处不使通风"的章法思想，在书印作品中虚实结合，合理布局书印作品。采用这种鲜明对比的手法来处理疏密关系。宋人姜宝石在《续书谱》中曾说："必须下笔动静疏密停匀为佳，当疏不疏反成寒乞，当密不密必成雕疏。"邓石如强调的是，疏可走马，但是并非空虚无物，密不透风，但尚有立锥之地。疏密呈现虚实，黑中留白，白中寓黑，方给人留下想象的空间。

第三，强调在理解"规之所以为圆""方之所以为矩"的基础上，将篆隶方圆相糅合，而邓印中"刚劲"与"婀娜"的矛盾统一，也正是"方"与"圆"的统一，从而达到了书印艺术新的境界。只重婀娜，容易使字体无骨，呈现的是柔弱的病态；仅强调骨感，会忽视圆润之美，容易显出有骨无肉的枯瘦之感。因此，邓石如注意将两者相结合，来突出匀称、协调的整体效果。

邓石如的篆刻作品，得到了后人的极大推崇。王灼曾到安庆西门寺拜访山人，当他看到诸多篆刻作品时，曾作了一首七律诗，其中以中间四句来评价邓石如的篆刻技艺之高：

昆刀镂玉蟾脂白，汉敦调脂虎魄红。

书溯冰书穷镏颉，兼篆蛇鸟花虫鱼。[1]

第四节　写意印风的启示

— 。 —

对于印章而言，印风是一种对艺术美的体现，也是作者审美观的直接表达。不同时代有不同的审美风格，这一点在艺术史上体现得更加明显。例如，我国印风的主流风格总是在不断地变化，有时重合。古玺主写意，秦汉重工整，宋元又主写意，而明清则趋向于秦汉时期的工整。

所谓"写意"，写即"输写其心也"[2]。意，即"志也，志即识，

1　王灼：《悔生文集八卷的悔生诗钞六卷》，《清代诗文集汇编》，上海古籍出版社2010年版。
2　段玉裁：《说文解字注》，中州古籍出版社2006年版。

心所识也"[1]。写意重在表现和抒发作者丰富的内心世界。在我国篆刻史上，交替着写意与工整相互转换的印风。

变化是艺术的生命力所在，变中出新，才会给予艺术新鲜的血液。邓石如的印风从审美、篆法、刀法、章法等方面综合进行创新，给写意印风很多的启示。

启示一：丰富写意印风的内容。邓石如突破前人"印中求印"的理念，以笔为刀，将汉碑糅就的小篆和汉隶中隶书的特点相结合，直入印面，既强调刚劲婀娜之感，又注重笔情墨趣的表达。邓派后人吴让之篆法清妍，构造出灵动的印风；徐三庚篆法汲取汉碑精华，冲刀和切刀并行，使得印风显得更加飘逸；赵之谦融汇浙皖，锐钝兼用，印风跌宕；吴昌硕使用"出锋钝角"的刻刀，加上敲击摩擦的技巧，突出印风的奇崛之感。这些创新，使得写意之风有了更丰富的内容。

启示二："以书入印"创新了篆法的写意性。篆刻，毋庸讳言，篆强调书法，刻则侧重刀法。可见篆在刻前，因此书法的功力决定着刻刀的形成。篆书艺术源于古文图案，具有装饰性和美术性，篆书流畅的线条，具有抒情和抽象写意的特点，艺术家将它们融于自己的审美理想，成为入印文字后，就为篆刻艺术加入了书法的多姿之美。纵观历史，入印文字也经历了时代的变化而发生了不同的改变，秦汉印将篆书加以变形后使其适应印面的需要。除此之外，也有隶书入印的现象。隋唐之后，楷书、行书被纳入印文之中。由邓石如"以书入印"而发展到赵之谦的"印外求印"，这种篆法新思维将篆法"印外"取材的范围扩大了许多，从而使得入印文字形式纷呈，利于情感的表达和传递。

启示三：冲刀基础上的刀法创新为写意印风用刀提供了借鉴。对于篆刻艺术而言，刀法是重要的程序。历来一般分为切、冲两大类，并在此基础上衍生出许多种其他的刀法。丁敬的浙派刀法属于典型的切刀

---

[1] 方去疾：《明清篆刻流派印谱》，上海书画出版社，1980年版。

法，此刀法，不止不流、若即若离，形成清爽干练、苍莽凝练的印风。邓派使用的冲刀法，舒展自如，平顺流畅，形成了刚劲婀娜、婉转流畅的印风。"邓派"的吴让之将刀笔相互融合，开启了刀意的新天地，吴昌硕则将吴让之刀法与"浙派"钱松之刀法融为一体，形成浑厚朴实之美。写意印风在刀法上的探索是不断创新、力主抒情。在刀法技巧上采用更多的形式，如单刀直入加复刀、补刀的方法，使得刀的趣味性增加了，而且使印面语言表达十分到位。而这种刀法侧重于"冲"，只有"冲"才能"畅"，而只有情"畅"，才能使作者用刻刀在材料上"写"出自己的"意"。

启示四："疏可走马，密不通风"和"计白当黑"的布局理念指导着写意印风的章法审美观念。邓石如对篆刻艺术章法上的理解是宏观但却不乏精致，而且用形象恰当的比喻将复杂的章法简单地解释清楚。"疏处可以走马，密处不使通风"的审美理念，把艺术作品的疏密对比的章法布置描述出来。除了形式上要注意疏密之外，还要注重虚实结合，才能显示出"奇趣"来。写意印风经常是先亮出章法，篆刻家们也常以线条图案的组合来构筑自己的审美理想，而"图式组合"的本质即写意印风的"美术化"倾向。邓石如篆书直接入印，强化了印面上带给人的美感，淡化了厚重的"金石味"。以诗意入印、以画意入印，以此为新的角度来将印风推出新意，对于写意印风的转变是一种有意义的尝试。

第五节　赢得桃李满天下

邓石如在艺术上的杰出成就受到了世人的高度评价。清人曹文埴叹其"四体书皆为国朝第一"；刘墉惊叹其书法"千数百年无此作矣"；包世臣也评以"篆、隶为神品一人";当代的陈大羽教授称其为"印坛巨擘,邓派先驱"。可见,邓石如在书坛上的地位之高。邓石如在我国书法和篆刻艺术上的贡献对后世有重大的影响,包世臣、吴昌硕以及王尔度等人都以他的作品为摹本进行学习研究,并在此基础上进行了创新。邓石如的书学不仅在国内享有盛誉,其影响也扩展至朝鲜和日本。日本的伏见冲敬曾说:"邓石如的篆、隶书不仅在清朝一代是最高水平的,而且可以说在从古至今整个书法史中也是第一流水平的。"[1] 清道光年间朝鲜著名学者金秋史曾说:"完白山人篆隶,天下奉为圭臬,殆无异辞……不独篆隶,其楷草又甚奇崛……"可见,邓石如的艺术成就之高。

邓石如的篆刻艺术及其审美理念呈现出前人未有的新局面,乾嘉时期倍加流行,师从邓石如或者受他印风影响的后人很多,而这些人形成了一个大的派别"邓(皖)派"。因此有这样的说法:"乾嘉之交,江南北印人号大师者,于浙则钱唐丁氏,于皖则怀宁邓氏。"[2]

与邓氏同时及其以后的许多书刻家都沿着他的路对篆刻艺术进行研究。如释云衫、程蘅衫、包世臣、吴让之、赵之谦、吴育、王尔度、徐三庚、施士龙、康有为、吴昌硕以及其子邓传密等,就连浙派中的书法家赵之琛后来也放弃浙派来学习邓派。在这些书刻家中,释云衫、程蘅衫两人"受业于山人之门数十年",他们住在安庆西门外的天花禅院,经常与邓石如接触,受到他许多指导。邓石如的儿子邓传密的篆隶也是功力深厚,邓传密在书法创作上很大程度上受到父亲的影响,在清同治年间成为有名的书法家。包世臣在邓石如晚年才与之相识,当时,邓石如已经年过六旬,而包世臣只有28岁。两人在镇江相遇。据包氏本人说:"壬戌年(1802年)受法于怀宁邓氏如顽伯,曰:字画疏处可以走

---

[1] 伏见冲敬著,陈志东译:《中国历代书法》,四川美术出版社1987年版。
[2] 引自《邓石如丛刊》第1辑。

马，密处不使透风，常计白以当黑，奇趣乃出。以其说验六朝人书则悉和。"在邓氏的热情指导下，包世臣深感自己才疏学浅，于是拜邓石如为师学习篆隶。在邓石如去世后，为了使邓氏的书法艺术能够传给世人，包世臣在他的作品《艺舟双楫》中曾赞誉邓石如："怀宁布衣，篆、隶、分、真，狂草五体兼工，一点一画，若奋若博，盖自武德以后，间气所钟，百年来书学能自树立者，莫或与参，非一时一州之所得专美也。"此书问世以后，在当时引起了艺术界不小的轰动。在篆刻方面，受邓石如影响最大且在书刻艺术上造诣最深的首推赵之谦和吴让之两人。他们在继承邓派的基础上又进行创新，在书法篆刻史上卓有成就。张鲁盦、王尔度，在临摹了邓石如大量的作品后，分别编写了《仿完白山人印谱》和《古梅阁仿完白山人印》二卷，广为印行。

邓石如开启的篆隶艺术复兴浪潮到清中期发展为一场声势浩大的"碑学运动"，书法界出现了"碑学中兴"的现象，这种艺术的新观念应该说开始于邓氏的艺术实践。包世臣作为碑学运动前期的主要推手，对晚清书法界的发展可谓产生了革命性的影响。这场运动开创了传统书帖之外的新流派，培育出一大批书坛大家，而这些大有成就者在学术上都多多少少地传承了邓氏的学泽。

邓石如的众多师承者组成了"邓派"印风的强大阵容，吴让之也是受他影响巨大的后人之一。吴让之（1799—1870），原名字熙载，字让之，后以字号让翁、晚学居士及方竹丈人等，今江苏扬州人。吴让之是邓石如的学生包世臣的学生，即邓石如的再传弟子，他精于书法、善于作画，他年轻时临摹汉印，当看到邓石如的篆刻时，"尽弃学而学之"。吴让之继承了邓石如的篆刻精髓，并在此基础上加以创新，他曾说："以汉碑入汉印，完白山人开之，所以独有千古。"[1] 阮良之先生认为吴让之对"邓派"印风的贡献在于：在篆法上，身体力行地践行了邓石如"印

1　吴让之：《赵𢡟叔存印》，《吴让之印存》，西□印社1981年版。

从书出"的理念；刀法上，刀冲中有披削，丰富了邓石如的刀法。他以邓石如为宗，但是也善于融合其他学派的优点，因而吴昌硕称赞他："学完白不取径于让翁。"

赵之谦在继承邓石如特长的基础上，还向更宽广的领域探究。他除了在对诗文、书画以及碑帖考证上研究，而且去探寻一些冷僻的领域，尝试把汉镜、钱币、汉诏上面的字体形式，并将其入印，开创前人未开的风气。赵之谦的做法正是对邓石如采取各种篆书入印创造新形式精神的一种延续。关于赵之谦的流派归属，黄淳先生说："应该说皖对他有影响，其中比如巴慰祖、邓石如的影响大些，而且他'印外求印'等思想趋近邓氏倡导的'印从书出'，所以风格上较接近于皖宗。"[1]赵之谦篆刻广取博采，入浙入皖，有独特的印法风格。赵之谦对邓派的贡献在于：更加广泛地选取入印文字；刀法上锐钝并用，丰富表现力；设计新的印章的边款，并提出"有笔有墨"之说。

安徽徽州，这个邓石如曾和程瑶田等师友进行交流的地方，在邓石如去世百年之后，出现了一位与他同样杰出的同行——黄士陵。黄士陵专心致志地学习、研究，并承袭邓的印学思想，在他印学成果的惠泽下成为一代印学大家。

黄士陵生于清道光二十九年（1743年），光绪三十四年（1908年）去世，祖籍安徽黟县，虽然自幼家境贫寒，但他承袭家学，学习书法篆刻和诗文写作，在篆刻艺术上以其光洁峻挺的印风吸引了众多的师承者，从而开创了"黟山（粤）派"。穆孝天在《中国书法全集·邓石如卷》中对黄士陵的印章作品做如下之评：

> 不仅他三十岁以前的《心经印谱》中的作品大多显示了邓派的风貌，就连他的三十岁以后的作品，如"胸有方心身无媚骨""禺山梁氏""石邻翰墨"和"化笔墨为烟云"，以及五十岁以后的

---

[1] 刘正成：《中国书法鉴赏大辞典》，大地出版社1989年版。

"翠岩""一日之迹"和晚年的"逸休堂"等等，都是不折不扣的仿邓之作。

黄士陵以邓石如为模仿对象，践行了邓氏"书从印入，印从书出"的篆刻理念。此外，"邓派"的赵之谦也给予黄士陵许多重要的启示。因此，黄士陵也是受邓石如影响而光耀印坛的后继者。

我国当代书法家沙孟海曾说邓石如的篆刻："他把篆书上生龙活虎千变万化的姿态运用到印章上来，这是印学家从未有过的新事。活力充沛，气象一新。特别是朱印文，光气剡剡，不可逼视，更有创造性的发展。"[1]吴昌硕则开拓了印坛大写意的风气，将篆印艺术推向一个新高度。

沿着邓石如开辟的"以书入印"的大道，一大批后人继续前行，这些崛起的后辈在书法和篆刻史上也留下了浓墨重彩的一笔，因此，邓石如的启后作用是不容忽视的。

---

[1] 沙孟海：《印学史》，西泠印社1987年版。

第三章 薪火相传灯不灭

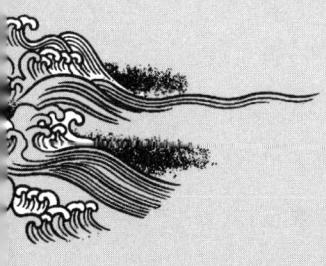

第一节　子承父业邓传密

——。——

邓石如原有三个儿子,长子邓传密,次子小望,幼子尚保,小望、尚保皆年幼而亡,独剩传密存世,方才给邓石如这一支留下了血脉。

邓传密(1795—1870),原名尚玺,后改名传密,字守之,号少伯,又号少白,出生于安徽怀宁县白麟畈邓家大屋。邓传密生于乾隆六十年(1795年)乙卯,其父邓石如时年五十有三,母亲沈氏三十一岁。晚来得子的邓石如更是视传密为珍宝。他在家时对传密疼爱有加,从不轻易打骂,并且亲自教授传密认字习书。邓传密是一个性格与父亲相近且勤奋努力的孩子,对父亲的教诲牢记于心,时时勤加练习书法。

然而,这个勤奋懂事的孩子从少年时代开始便遭受了人生中最悲痛的经历。七岁那年,邓传密的生母沈氏去世,小小年纪的他便尝到慈母离世的悲苦。八岁时,又经历了父亲续弦的家庭变故。及至十一岁这年,慈爱的父亲又遽然离世。关于邓传密的生平,清代《怀宁县志》卷十九"文苑传"中有如下记载:

> 邓传密,字守之,号少白,父石如先生见《隐逸传》。传密生十一岁而孤,卒能绍述先业而昌大之。初,受知武进李兆洛,携游浙粤,教育如子弟然。新城陈用光、仁和龚自珍、(道州)何绍基、邵阳魏源、泾(县)包世臣,皆引重与交。传密藉是搜访其父遗墨,寿金石。咸丰间,转徙江湘十余年,历主濂溪、湘乡、石鼓书院,名益起。其在金陵时,曾为启乞住惜阴书舍,钦奇典核,人以为足踵其父寄鹤书名山,得此增重焉。乱定,居故里数年,年七十余卒。当时,臣公如胡文忠、曾勇毅、彭刚直,无不重其学,怜其

遇,经纪其家。而左文襄以大少(小)篆自重,平生私淑其父,与传密周旋尤至云。

邓石如去世后,其子邓传密一度居住在安庆城西门外大观亭畔的天花庵内,这里也是邓石如早年曾经读书的地方。在父亲生前读书的地方学习知识,对邓传密而言,仿佛父亲犹在身畔,嘱咐他不断奋进学习,故他常在这里读书习字。我国古代男子满二十岁要行冠礼,束发戴冠,以表示该男子已经长大成人,另外还要取字。因为人的名是父母在孩子幼时所取,主要供长辈呼唤所用,而字则为他人呼唤时使用。邓传密长大成人后,前去拜见父亲的生前好友李兆洛,并请他为自己取字。李兆洛根据邓传密名字的含义,为其取字"守之",希望他能继承其父的书法绝学,并发扬光大。

李兆洛(1769—1841),字申耆,晚号养一老人,江苏阳湖(今江苏省常州市)人。少年时天赋超群,书读四五遍,便可熟记,九岁即可作制举之文。乾隆五十五年(1790年)成为庠序生;嘉庆九年(1804年)获乡试第一,次年进士及第,授翰林院庶吉士,后任安徽凤台县知县。凤台土旷人稀,民风粗野,且常发生水患灾害,号称难管之县。李兆洛上任后,对凤台地区的地理环境和百姓状况进行实地调研,建桥梁以便民用。为治理水患,他命人兴修堤坝,防洪减灾,使得百姓能够耕种无碍。相传,当时凤台县盗贼横行,烧杀抢掠,无恶不作。这伙强盗日日作恶,使得百姓苦不堪言。此前的县令都不敢轻易处置这伙恶徒,李兆洛上任后则决定予以严治,还当地百姓以安居乐业的生活环境。于是,他下令缉捕盗贼,将为首之人依法处置,不姑息纵容。盗贼们闻风丧胆,东躲西藏度日。有一天,李兆洛正在审讯犯人,一个名叫周清的大盗贼前来自首。李兆洛问他:"你身为头目过来自首,那你的那帮手下呢?"周清回答:"大人英明,如果您收捕小人,他们自会解散回乡从事本行。"果然,他的党羽们纷纷回家务农,凤台县境内从此安宁太平。此外,他积极提倡教化,设立私塾,聘请教师,鼓励孩童入塾读书,振兴凤台教育文化。李兆洛在凤台县任县令期间,为官清廉且政绩显著,充分显示出了他的"为吏之才"。后来,因为父亲去世,李兆洛回归故里,此后便再未出仕。之后,他在江阴的暨阳书院讲学。李兆洛学识渊博,讲求经世致用,四面八方前来求教的人络绎不绝。他工诗古文,精于考据,且对舆地之学尤为擅长,并有《养一斋文集》《历代地理志韵编今释》等著述。

　　李兆洛与邓石如在江阴相识,两人同为文人,又皆嗜好金石,于是相谈甚欢。邓石如离开江阴时,用自己最擅长的篆书为李兆洛书写了《弟子规》作为纪念。邓石如本以为,日后他们还能再续友谊,但哪里知道,翌年他便在故里患病仙逝。嘉庆二十年(1815年),李兆洛不忘旧情,前往安庆府探孤,收养了寄居在天花庵的邓传密,并对其精心培育,期望他能成就大业。此后,李兆洛就像对待自己的亲生儿子一样,对邓传密关怀备至,并教他学文做人,使邓传密的眼界愈发开阔,学业也得到很大的进步。后来,每当提及恩人李兆洛,邓传密总是感慨地说:"怜其少孤粗鄙废学,因携之读书,教育若子弟然。"

　　邓传密由于父亲的缘故,再加上他自己积极进取,所以书法艺术也取得了不小的成就。虽然他的书学成就不及其父,但他的篆、隶二体功底深厚,笔酣墨饱;行、草二体更是步入乃翁堂奥。他的书法作品显示出父亲邓石如的遗风,受到当时文坛名人龚自珍、何绍基、包世臣等的推崇。

　　为了进一步提高自己的书法篆刻水平,邓传密一有机会便前往父亲住过的地方去搜访家翁"随手遗失"的法书印作。道光年间(1782—1850年),邓传密曾多次往返于北京、山东两地,之后又辗转湖、湘等地,花费十几年。在搜寻父亲遗作期间,邓传密更深入地融入大自然的怀抱,并且在这一历程中注意完善自己的书法技巧,他的学习日益精进,渐渐悟得了书法艺术的要领。邓传密敦朴能诗,篆、隶皆有家法,清代著名书法家何绍基曾写有诗句称赞他的书法,云:"上客有邓子,法绍斯冰严。"邓石如的书法以李斯和李阳冰为宗，故而邓传密的字中自然流露出"二李"之风。

从邓石如的父亲开始，怀宁白麟畈的邓氏家族成员便在芜湖一带活动。邓石如的父亲曾在芜湖做过私塾先生，邓石如则因书法出众而受到芜湖籍诗人、画家、高官黄钺的青睐，经常受邀到芜湖出席那里的文人雅集，从而结识了当地的许多文人名士。及至邓传密，也和父亲一样常在芜湖一带活动。

1983 年，安徽省安庆市市政府在菱湖公园中修建了"邓石如碑馆"，以此来纪念这位伟大的书坛巨匠。这座占地 6353 平方米的纪念馆中，陈列着邓石如的 148 方碑刻，供世人参观。碑馆的廊柱上刻着"处世劳尘事，传家宝旧书"的楹联。在这副拓片上，还刻着这样一段跋文："完白先生法书，自张闻皋、李申耆诸老表章后，海内翕然宗之。友人见诒此联，尤为奇古。因求先生嗣君守之钩摹刊刻，以共同好。同治元年三月曾国藩识。"

曾国藩题中的张闻皋、李申耆，指的就是张惠言和李兆洛。张氏曾随邓石如学习过书法，李氏则是他生前的重要好友，两人均极力推广邓石如的书法，使得邓石如的书法成就被业界广泛认同。文中的"守之"即为邓石如之子邓传密。身为一代封疆大吏的曾国藩，认为邓石如的这副对联"尤为奇古"，并"求"先生的子孙邓守之来钩摹刊刻。这些词句充分体现出曾氏对邓石如书法的推崇，同时也反映出他对邓传密的尊敬。同治元年(1862 年)，邓传密与其子邓解一同被曾国藩聘为幕僚，父子俩皆为其效力。这一年，中国社会并不太平，太平军和清军打得不可开交。当时，身膺两江总督的曾国藩坐镇安庆，李鸿章刚组建淮军，乘坐洋行的商船前往上海，曾国藩的弟弟曾国荃则率领湘军围攻太平天国的都城——江宁，双方战事进入决定性阶段。曾国藩日夜忧心，挂念着前方的战事。同治二年(1863 年)，邓解因病遽然去世，邓传密时年 68 岁，老年丧子对邓传密来说无异于切肤之痛。曾国藩在同治二年五月初十的日记中曾提及此事："邓守之之子解，字作卿，于本日寅正在公馆内去世，完白先生之孙也。余派人料理殓殡，未刻异出。其匀曾敦托我教训培植，余以公私繁冗，久未一省视，不知其一病不起，有负重托，殊为歉仄。"曾国藩的言语中也饱含对这位英年早逝的邓石如之孙的痛惜之情。

俗语说，世间最悲痛的事情莫过于少年丧父、中年丧偶和老来丧子。邓传密的命运也经历了其中的两种大悲大痛。然而，死者已矣，生者依然需要生活。已至暮年的邓传密对邓解留下的年幼儿子悉心照料，依然不放弃对后人的培养。于是，他带自己的孙子邓艺孙去给曾国藩拜年。这个八九岁的男孩，是邓解唯一的儿子，也就是邓稼先的祖父。邓传密先后让儿子和孙子与一方大员的曾国藩接触，足以看出邓传密对曾国藩的学识以及人品的敬重，希望后人可以跟随曾国藩学习并为之效力。

同治四年（1865年），太平军被曾国荃所率的湘军击败，邓传密随曾国藩前往已被湘军占领的江宁城。连年战事终于告一段落，日理万机的曾国藩起了雅兴，想趁春暖花开之际，游览一番山河美景。是年新年过后的二月二十八日，他与彭玉麟、邓传密以及莫友芝等人，一起乘船前往镇江的焦山游玩。曾国藩一行行至定慧寺时，寺中方丈芥航素知曾国藩是个饱读诗书之人，于是就拿出寺中珍藏多年的邓石如篆书的"海日夜色，云帆中天"供大家赏玩。曾国藩手捧墨迹，如见故人，于是欣然为之题词："同治四年二月之杪，余与客同游焦山，怀宁邓传密守之与焉，其尊甫完白先生所书'海日夜色，云帆中天'八字，芥航和尚出以示余，因属守之钩摹，刻石寺壁，与瘗鹤铭并寿于世。湘乡曾国藩识。"而在此时，邓传密看到了父亲当年留于此寺的真迹时，更是备感亲切。曾国藩对邓石如的书法仰慕已久，为了将此佳作保存下来，于是就让邓传密将此书作摹刻于石壁上。

邓传密完成了这幅佳作后，心中仍对另一件事情不能释怀。当年，他曾答应为曾国藩钩摩刊刻"处世劳尘事，传家宝旧书"的楹联，因当年丧子之痛，终日忧郁，再加上战事连绵不断，跟随曾国藩辗转多地，这项工作只完成了一半。此后，他将这个心结告知苏州知府吴云——当时有名的篆刻家、鉴藏家，他在焦山时看到曾国藩对邓石如父子礼遇有加，深知曾国藩对邓氏父子书法的推崇，于是便建议邓传密将此副楹联刻于苏州寒山寺的碑廊之中，一来因为寒山寺中已经聚集了很多名人大家的碑石，邓石如楹联的加入可以锦上添花，二来与诸多碑石同在一地，利于保存。于是，这副发轫于安庆的楹联，最终落在了苏州寒山寺的碑廊之中。

邓传密的诗、文、书皆流传于世，但他的篆刻作品却鲜为人知。印学研究者在谈到邓派的继承人时，多称包世臣、吴让之以及王尔度等人，唯独不言其子邓传密。其实，邓传密并非不会篆刻印章，只是他不以印章作为主业罢了。道光二十六年（1846年）前后，邓传密在江苏常熟为收藏家张约轩和书法家杨沂孙篆刻数枚印章。邓传密出访寻找到父亲的印章"笔歌墨舞"，他对此印章十分喜爱，朝夕把玩，仔细研究。后来，他在给张约轩镌刻印章"约轩过眼"时，其篆刻技巧深受"笔歌墨舞"的影响，只是邓传密在篆刻时更注重"印从书出"的理念。邓传密为杨沂孙刻的"杨"和"子与"两枚印章，更是显示出他在篆刻艺术上的造诣。他将"杨"以正圆状来写，从左到右，由圆润到枯瘦，使字体整体既可以轻重平衡，又可以保持美感，以做到"润含春雨，干裂秋风"的效果。"子与"一印，邓传密注重运笔的技巧，注重线条的曲、直、粗、细，并对其结构上的疏密进行调整，使印章呈现均匀和谐之美。

邓传密在篆刻艺术上的文献记载也不甚多，印学史上也没有对其进行研究，可能是世上流传的邓传密的印章过少的缘故。

同治九年（1870年），邓传密因病去世，留有《广印人传》《柬州草堂诗志》《李玉笔记艺林年鉴》等。此外，他还著有《读书随笔》《诗文稿》《千字文字义详解》等，只是当时未能付梓。

第二节　倾心教育邓艺孙

——。——

　　提及安徽的近代教育家，邓艺孙可以说是举足轻重的人物，他在清末民初之际对安徽的教育事业发展做出了突出贡献。

　　在怀宁邓氏家族发展史上，从邓石如之子邓传密，再到其子邓解，均为单传。而邓解英年早逝，也只留下一子，就是邓绳侯，即邓艺孙。当年，邓解在安庆的两江总督府中突然病亡，其父邓传密伤心可想而知，曾国藩也每每引以为咎。死生有命，富贵在天，步入暮年的邓传密情知其理，当然不会因儿子亡故而责怪曾国藩，所幸儿子邓解还留有一子。清同治二年（1863年）十二月三十日，即旧历除夕，曾国藩在当天的日记中写道："午刻，邓守之来，携一幼孙，仅八九岁，盖完白先生之子孙经存此耳。相对凄然。"除夕之夜，内外忧患，两位白发老人默然相对，情何以堪，读之怎能不让人为之泪下。还好，曾国藩设法安慰独子新丧且只剩下一幼孙的邓传密。邓绳侯就在年迈祖父邓传密的教导下识字读书，但不幸的是，七年之后，他的老祖父邓传密也因病去世。

　　作为邓石如的曾孙，邓艺孙肩负着重振邓氏家族的重任，他后来也果然不负众望，成年后成为安徽省近现代教育的重要开创者之一。邓艺孙不仅才华出众，且又承其父、祖之余荫庇护，曾国藩、左宗棠、曾国荃等人，都对他颇为关照，使他这个孤子能够茁壮成长。光绪末年，邓艺孙曾任安庆敬敷书院院长，后被任命为芜湖安徽公学监督，宣统年间又被任命为安徽优级师范学堂教务长。武昌起义后，他出任安徽省维持统一机关处议长，奔走于安庆、南京和上海之间，为完成安徽省光复与统一出力甚多、贡献甚大。民国肇始后，他被任命为安徽省教育司司长，为起草全省新教制贡献巨大，任期内还创办了几所中学及女师和省立图书馆等。1912年秋，他因母丧辞职回乡守孝。他奉命出任安徽高等学堂校长，上任未及两月就因病去世，享年57岁。

邓艺孙（1857—1913），字绳侯，号世白，著名书法家邓石如的曾孙，美学家邓以蛰之父，两弹元勋邓稼先的祖父，清末著名教育家和诗人。他七岁丧父，随时任湖南石鼓书院山长的祖父邓传密到湖南读书。他幼承家学，善写邓字，诗文书法清迥绝俗，自幼天资聪颖，深受当时贤士们的喜爱。14岁那年，邓艺孙的祖父病逝。邓艺孙又跟随孝廉方正[1]王子诚读书，在此期间，他的志气和文采都日益精进，17岁时便成了怀宁县的新进秀才。邓艺孙喜欢自然风物，常徒步于方圆百里的风景名胜，或寻访美景或游览学习。

邓艺孙常与尊师有道之人来往，结交俊杰。他本身品行高洁，不容污垢。因此，当时安徽省城安庆的名人俗儒对他都非常的敬重。安徽当涂县人唐莹博学多识，精通诗文、历史，被聘为怀宁县学教谕。邓艺孙每次到安庆，定要前往拜见，听其教诲。唐莹去世之后，邓艺孙也常常感念师恩。

邓家世居大龙山之北，周围林木清佳。而且，家中收藏丰富，常常有布衣贤豪、喜爱文学古藏之人前往邓家拜访，与邓艺孙交流，邓艺孙皆待之以礼，来往之人赞许他为雅士。当时的知县鲁梦霆学识渊博、志向高远，为同辈所钦佩，邓艺孙与他交游颇多，并常称鲁氏是继唐先生之后自己的又一良师。邓艺孙对于师生情谊可谓"极见肝胆"。

邓艺孙性情直爽，从不口蜜腹剑，在遇到与自己意见相左的观点时

---

[1] 孝廉方正：清代特设的科举科目，为制科之一。是据汉代孝廉、贤良方正科目，取其意而命名。雍正元年(1723年)，诏直省各府、州、县、卫，荐举孝廉方正之士，赐六品章服，以备召用。

会当面指出，从不在背后中伤他人，故而周围的人都愿意与其结交。对于自己敬重的人，他也总是以诚相待。陈独秀和苏曼殊等人都是他的忘年之交。

陈独秀(1879—1942)，原名干生，又名庆同，字仲甫，号实庵，安徽省怀宁县十里铺(今属安庆市)人，中国现代思想家、政治家和语言学家，他是新文化运动的主要倡导者，早年创办著名白话文刊物《新青年》，也是五四运动的精神领袖，中国共产党重要的创始人之一。陈独秀与邓艺孙是怀宁同乡，且两家又是世交，加之两人意趣相投，因而关系甚密；与陈独秀志趣相投的苏曼殊，是他留日的同学兼文友，也是名声大噪一时的雅士。

苏曼殊(1884—1918)，原名戬，字子谷，广东香山人。我国近代诗人、文学家、画家，精通中、法、日、英、梵五种语言，是将英国大诗人拜伦、雪莱的作品介绍到中国的第一人，同时还是第一个将印度文学引进中国的翻译家。苏曼殊的父亲是中国人，母亲是日本人。他自幼聪慧，但由于他是混血孩子，在封建家庭中时常遭到家人的冷落。他才华出众，却又放浪不羁，于光绪二十九年(1903年)削发为僧。虽然如此，但苏曼殊并未抛弃红尘，而是积极结交仁人志士，投身革命事业。鲁迅先生曾经说他是"心神俱佳"的诗人，他的诗作能在青年中"热气反映"，而美术界的行家认为他的画作"时人无能望其项背"，他的小说作品在当时也颇具文采。因此，在苏曼殊去世后，著名诗人柳亚子整理其作品，汇集成《曼殊全集》五卷。尽管作为出家人，苏曼殊放浪不羁，没有像一个中规中矩的僧人一样修行佛道。他的作为甚至遭到了许多正统人士的鄙视，认为他佯狂玩世，嗜酒暴食，是僧史上的怪人。但是，毫无疑问的是，苏曼殊的艺术成就是不可否认的，他诗、文、绘画以及小说等无一不通，并有"诗僧"之称。

邓艺孙在安徽芜湖的安徽公学和皖江中学工作期间，将自己的儿子邓以蛰带在身边教育。光绪三十一年(1905年)，邓以蛰就读于安徽公学。为了让儿子接触更多的新文化知识，邓艺孙邀请好友陈独秀和苏曼殊对其进行指导。几个博学多才的朋友在芜湖相聚，经常饮酒作诗，邓以蛰经常被父亲带在身边，因而从中受到了很多的启发。虽然邓氏父子不是真正的诗人，但他们与陈、苏之间的真挚情谊却并未受到影响。邓艺孙在苏曼殊离开芜湖后曾写有《忆曼殊阿阇梨》一诗，云："寥落枯禅一纸书，欹斜淡墨渺愁予。酒家三日秦淮景，何处沧波问曼殊？"并以此来纪念与友人深厚的情谊。苏曼殊则立即回诗道："相逢天女赠天书，暂住仙山莫问予。曾遣素娥非别意，是空是色本无殊。"在这些名士的影响下，邓以蛰的思维和眼界开阔了不少，也培养了对中国书画之美的敏锐感触。此后，邓以蛰在留学日本期间也受到了陈独秀和苏曼殊在经济和精神上许多的帮助。

邓艺孙出生于书香之家，他一生热心教育，为近代教育事业贡献了自己的力量。光绪二十四年(1898年)，康有为、梁启超发动戊戌变法，时年41岁的邓艺孙在怀宁老家与乡人倡办怀宁中学堂兼任学堂教务。

光绪三十年(1904年)秋冬之际，李光炯[1]在芜湖创办安徽公学，邀请邓艺孙为学校总办。公学的经费除了学生们的学费，其他学校开支均由李氏一人奔走筹集。他以自己是吴汝纶门下弟子的身份和在桐城派的声誉，结交官场中较为开明的人士，多方筹措津贴和捐助，以维持学校的正常运营。为办好这所学校，李氏又聘请社会名流来校担任教师。一时间，芜湖名家云集，例如国学家刘光汉、革命家陈独秀、文学家苏曼殊以及文学史家谢无量、进步人士张通典和柏文蔚等人皆在此任教。公学的学生多为江淮地区的优秀青年，都是怀着救国大义来读书的。

安徽公学中的教师大多是革命人士，在学生之中宣传革命思想。刘

---

[1] 李光炯(1870—1941)，名德膏，晚年自号晦庐，安徽枞阳黄羹乡李兰庄人，成年后锐意兴学育才，是安徽省近代有名的教育家。

光汉思想激进，暗中组织黄氏学校，主张暗杀，李光炯和柏文蔚都曾歃血为盟，参加该组织。此外，柏文蔚还联合陈独秀以及学生常恒芳，召集优秀学生，成立安徽最早的革命组织"岳王会"，广泛宣传革命思想。李光炯对他们的思想和行动未加阻拦，因为他本人在看到清廷腐败无能、外患无穷的形势后，也认为非革命无以救国。培养革命骨干是首要的任务，因此，他本人亲自给学生们授课，提倡学生阅读进步书籍，宣传民主革命思想。

安徽公学师生在校内校外的活动，引起了省中大吏的注意，这些官员认为公学的师生们故意煽动百姓闹革命，想要抓捕起来以示惩戒。但是，由于邓艺孙在社会上影响较大，政府不便轻举妄动。后来，有人煽动挑拨，也都因邓艺孙的维护而保全了学校。

1902年，马汗青等人在安庆办了一所尚志学堂，由于经费不足和师资短缺而陷入困境。邓艺孙听说后，四处奔波募集经费，并聘请教师，还让他的女婿葛温仲协助管理学校。葛温仲是陈独秀青年时代的好友兼亲戚，在执掌尚志学堂时期，葛氏与陈氏进行爱国演讲，宣传爱国思想，以此来呼吁反对清廷，救亡图存。同时，葛、陈二人还建议将青年励志学社的兵式操练作为教学的内容来增强学生的体质，这一建议也被接受。在他们的影响下，尚志学堂为安徽革命培养了一批人才。

宣统年间(1909—1911年)，安庆成立了安徽优级师范学堂，邓艺孙担任教务长，职责主要是制定课堂规章制度，对学生的品行进行教育，管理学生的食宿问题，类似今天的德育处和总务处部分职责的结合。按照当时师范学堂章程的规定，总务长每天都要巡视各个教室，记录学生迟到早退、请假旷课的情况并记录相应的操行分数，如果有违纪违规现象也要及时记录下来。此外，监管学校的各项工程和学校的后勤人员也是工作的重要内容之一。面对这些琐碎的杂事，邓艺孙不以为重，处理事情放达疏阔，以实际情况为出发点合理地处理，对人也不咄咄逼人，不会强硬地依据陈规处理。然而，他对于自己却"守身端谨，动必以礼法自持"。李光炯对邓艺孙曾这样评价："提振遏德，诸生深服。"

当时，师范学堂中一名学监夏次岩和革命人士徐锡麟[1]是同乡，这引起安徽巡抚朱家宝的怀疑，认为学校的进步活动与夏次岩有关，故而对学校故意刁难，虎视眈眈。在这种情况下，邓艺孙挺身而出，为其疏解。

1911年10月10日，武昌起义爆发。全国各地纷纷响应，各省陆续宣布独立。时年11月8日，时任安徽巡抚的朱家宝在各界逼迫下于安庆宣布安徽独立，并自任都督。但是，朱家宝并不是一个革命党人，作为一个封建官僚，他宣布独立只是为了当地的暂时安定，并非真心实意支持反清革命。所以，当黄焕章后来率领江西军队前来支援皖军，抵达安徽并前往安徽都督府逼要饷银时，朱家宝看来者不善，便匆忙逃窜。黄焕章大怒，遂下令攻占了军械所，然后又令部下洗劫并烧毁了藩署，就连安庆城内的商店都难以幸免。安庆成为无政府状态，群龙无首、秩序混乱。为了扭转这种混乱局面，邓艺孙和韩衍等人及时组织并成立了"皖省维持统一机关处"，邓氏被推选为议长。邓艺孙提议由革命党人孙毓筠担任安徽都督。孙毓筠（1869—1924），字少侯，安徽寿县人，秀才出身。光绪三十二年（1906年），他在日本加入中国同盟会。同年参加萍浏醴起义，是辛亥革命时期安徽革命党人的代表人物，属于资产阶级革命派中的骨干，在当时的安徽颇有声望。

邓艺孙亲自率领代表团，到上海迎接孙氏。12月21日，孙毓筠来到安庆就职，使安徽出现了安定的局面。邓艺孙也被任命为安徽省教育司司长。邓艺孙开办的第一所中学是全皖中学（今安庆一中），他任命自己的女婿葛温仲为校长。次年3月学校开学，前期共招收60名学生，

---

[1] 徐锡麟(1873—1907)，字伯荪，浙江绍兴人，曾积极营救因反清而入狱的章炳麟。1907年7月6日，徐锡麟在安庆刺杀安徽巡抚恩铭，率领学生军起义，攻占军械所，激战4小时，失败被捕，次日慷慨就义。

分为甲、乙、丙、丁四个班级。这些学生大多成人,甚至有的已经结婚生子,但是大家对上学的热情依然不减。全皖中学所开课程有地理、数学、博物等,随后又加入物理、化学、经济与法律等。除了这些文化课程之外,学校还宣传反帝反封建的爱国精神和崇尚科学自由的思想。葛氏治学严谨,因此,陈独秀将自己的儿子陈延年和陈乔年都送入该校接受教育。邓艺孙对女婿的治学思想也给予大力支持,全皖中学为后来的安徽革命培养了不少人才。

邓艺孙上任教育司后便召集安徽省内的教育人士,组织起草新的教育制度。在他的组织领导下,安徽省不久便创立了图书馆,另外开设了一所女子师范大学。对于省内教育出现的赤贫现象,他费尽心思考虑对策。"出于邓的天性,他宏奖风流人士,扶持善类,更加延致绩学高节之士。"[1] 在邓艺孙的努力下,安徽教育事业的发展开始有起色。但是,他任职还不足一年就因家中母亲去世而辞职归乡。

邓艺孙除热心教育事业外,对文学也颇有研究。他认真研究《诗》《书》《礼》等儒家学说以及老庄仙佛之奥秘。对《诗三百》《离骚》和杜甫的诗作也颇喜欢。此外,邓艺孙喜欢将学习心得与朋友相互交流、分享,他的诗文"洞识情微",作品"超逸而有高韵"。

邓艺孙不是一个迂腐守旧的传统知识分子,而是一个顺应时事会相应变通去接受新事物的人物。当"西风东渐"进入中国之时,他开始为国学辩论,希望国学不要在欧风美雨的侵袭下消亡。后来,他发现东西方文化有相互融通的地方时,便又开始接受西方思想,并积极地学习。从这一点来说,他不顽固守旧,而是乐于接受新知。他的这一思想赢得了同时代学者们的敬重。在那种新旧交替的时代里,作为旧知识分子能够大胆接受西方新思想,这是一种勇气可嘉的态度。

---

1 张珊:《群英传》,安徽大学出版社2012年版,第193页。

1913年秋，邓艺孙被任命为江淮大学[1]校长。在职期间，他为了学校的发展殚精竭虑，常常因为处理学校的事务废寝忘食，以致积劳成疾，两个月后离世。邓艺孙为了教育事业，一生都在奔波操劳，为安徽省近代教育事业的发展做出了巨大的贡献。

邓艺孙幼承家学，擅长邓字，他在从事教育之余，一直嗜书向学，笔耕不辍，并撰有《毛诗讲义》《尚书讲义》和《楚辞解》等著述。他的诗文、书法清迥绝俗，对诗、书、"三礼"等均有深入研究，尤其是他的《毛诗·尚书讲义》《离骚解诗》为人称道。他在授课讲学时，所言所论多特立独行，神清气朗，不拘时论，不依门户，不随俗流。他这些卓尔不凡的见识及高雅威严的言行，深为同事和学子所敬服。

邓艺孙为人正直，克己奉公，朋友有难，挺身而出，这种高尚品格受到了世人的钦佩。因此，在邓艺孙去世后，其好友李光炯就撰写了这样一副挽联来悼念他：

息影忆清门，只今恻怆山阳，何处折巾辱郭道；
埋忧无净土。径欲脱离尘绊，为公穿冢近要离。

邓艺孙育有五子，分别是：长子邓寿慈，字伯康，因病早逝；次子邓初，字仲纯，曾留学日本攻读医学专业，一生从事医疗事业；三子邓以蛰，字叔存，先后留学日本、美国，归国后任教于厦门大学、北京大学、清华大学等知名高校，是我国著名的美学家，与宗白华并称"南宗北邓"；四子邓穆，字季宣，留学于法国，主攻哲学与文学，归国后曾在上海光华大学、复旦大学任教，抗战爆发后在四川江津创立国立第九中学，是安徽现代著名的教育家；少子邓以从，曾任职于山东青岛大学。

邓艺孙对子孙的教育相当严格，因此，他们多数都是留学国外的知识分子，因为家庭熏染，个个重情重义、不贪慕虚荣，淡泊名利，在各自的领域勤勉学习、研究，皆是对社会有贡献的人。

1　今安庆师范大学前身之一。

邓艺孙葬于怀宁县五横虎形山，现属安庆市宜秀区五横乡虎山村。墓碑篆书碑文"故世伯邓绳侯先生之墓"，系清末民初著名学者兼书法家沈曾植所题。据称，邓艺孙的墓地气势雄伟，墓前筑有石砌拜台，并有石雕等饰物，但现已废，仅存土冢。

第四章 邓以蛰及其兄弟

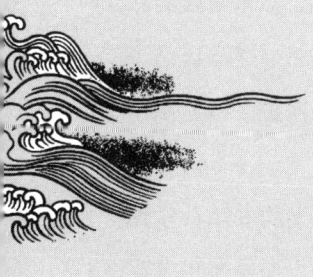

第一节　美学大师邓以蛰

在我国美学界,素有"南宗北邓"的说法。"南宗"即指美学家宗白华先生,而"北邓"则是我国"两弹元勋"邓稼先的父亲邓以蛰先生。

邓以蛰(1892—1973),字叔存,安徽怀宁人,出生于怀宁白麟畈的邓家大屋铁砚山房。有一个有意思的巧合,与邓以蛰同样在美学上颇有成就的美学大师朱光潜和宗白华二位先生,也与他一样,都是安徽人。

邓以蛰曾著有《辛巳病余录》,其中回忆自己少年时代对铁砚山房的印象时说:"皖垣北乡,距城四十里许,有铁砚山房者,我先人之故居也。位平阪之中,四围皆山,而一面为水。水曰凤水,山曰龙山、龟山、白麟山。故吾高祖有印曰'家在四灵山水间',盖纪实也。山房中斋额,有抱翠楼、无极阁、长寿神清之居等,皆为楼上。吾幼时常居楼,坐对行循,起卧恒不去目前者,乃一绝好之大痴之《富春山居》或九龙山人之《溪山无尽》长卷。四时朝暮,风雨阴晴,各呈异态,直不待搜筐箧,舒卷把玩而后适也。"可见,他从小就受到中国传统文化的感染,这些为其以后成为美学家奠定了基础。邓家是书香世家,所以很重视对子孙的教育,邓以蛰8岁的时候进入私塾开始识字读书。四年之后,进入安庆尚志学堂学习。少年时代的邓以蛰十分喜欢文学,他曾在《中日绘画展览会的批评》一文中提及自己少时所作的诗:"薄比梦无质,轻如泪上襟。"可见,那时的邓以蛰已经显示出一定的文学才华。

光绪三十一年(1905年),邓以蛰随父亲邓艺孙入芜湖的安徽公学读书。安徽公学是由邓以蛰父亲的好友李光炯等人创办的,李光炯也是当时一位富有传奇色彩的人物。他于1870年出生在安徽枞阳,本来一心读书想要求取功名,以光宗耀祖。但清朝末年朝廷政治腐败,两次鸦片战争、八国联军侵华战争使清政府处于风雨飘摇的危机之中。一次次的巨额赔款,使一直处于水深火热的百姓更加贫困。李光炯虽然年少,心里却一直惦念着民族命运。17岁那年,李光炯在参加完乡试之后,听说同乡吴汝纶在保定的莲花书院授课。他内心欢喜不已,毅然放弃科举考试,前去保定跟从吴汝纶学习。

风华正茂时的邓以蛰

吴汝纶(1840—1903),字挚甫,一字挚父,出生于安徽省枞阳县的一个小村庄,是李光炯的同乡。吴汝纶的父亲是一个私塾先生,他微薄的薪资只够家里妻儿勉强温饱,再无多余钱财。但吴汝纶天资聪颖,刻苦好学。"书中自有黄金屋,书中自有颜如玉",对于吴汝纶来说,生活上的贫困不算什么,精神上的饥饿才是最令人难受的。一次,他因为乖巧懂事得到长辈们奖励的一个鸡蛋,但是他舍不得吃,立马拿到集市上去换了照明用的松脂,以备夜里读书使用。他的好学精神在当地被传为佳话。正是由于他的勤学努力,加上资质上乘,23岁那年,他在县试中以第一名的成绩考取秀才。次年,他又考取了举人,这接连的中举使他的乡邻引以为豪。"万般皆下品,唯有读书高",在那个以科举考试成绩来选取人才的封建社会,考中举人,就意味着从此以后可以走上仕途。对于吴汝纶而言,也是如此。他去北京参加完会试之后,被授予内阁中书的官职。吴汝纶博古通今、满腹经纶,声名远扬,曾国藩爱慕其才,邀请他做自己府中的幕僚,并经常和他切磋学问。当时,李鸿章和曾国藩交好,曾氏将吴汝纶介绍给李鸿章,他在李府也深受优待。

光绪二十八年(1902年),李光炯随老师吴汝纶前往日本考察教育。那次赴日考察,他感慨颇多,深感日本的教育理念先进,为国家发展贡献了许多的人才。归国以后,他协助吴汝纶在安庆创办桐城学堂,锐意革新教育。时任湖南巡抚的赵尔巽早就听闻李光炯博学多才且有志于教育。于是,他盛情邀李氏到湖南的高等学堂担任历史教习,并创办旅湘公学堂,以兴办教育为革命培植人才。不料,遭到朝廷中反对派的举报,李光炯幸得赵尔巽保护而躲过一劫。但是,由于情势紧张,旅湘公学堂于次年秋天迁往芜湖,并以"安徽公学"重新命名。他与邓艺孙先后担任该学堂的学监。当时,安徽公学聘请了许多革命知识分子做教员来教授学生,像陈独秀、苏曼殊等人都曾在此执教。

邓以蛰在安徽公学读书时,陈、苏二人和其父邓艺孙是好朋友,邓艺孙常带着他和朋友们一起聚会畅谈。父亲和前辈们的指导使他的思想从关注传统到接受新思想有了转变。在安徽公学学习了两年后,邓艺孙觉得革命思想虽然在国内发展比较迅速,但是传统的封建社会思想还是占据上风,他觉得应该将邓以蛰送往国外,真正置身于国外环境,才能打开视野。邓以蛰听从了父亲的建议,与二哥邓仲纯跟随陈独秀一同前往日本留学。在日本,邓以蛰入读东京宏文学院以及著名的学府——早稻田大学学习日语。其间,邓以蛰和友人苏曼殊租住一室,他们平时相互帮助,闲时谈古论今。当时邓以蛰15岁,正处于思想形成的活跃时期,苏、陈二人对这位小兄弟尤为喜欢,苏曼殊曾赠送了一幅水墨工笔兼写意画给邓以蛰。画中一仕女立于山野间,陈独秀特地为此画题诗:"罗袜玉阶前,东风杨柳烟。携锄何所事,双燕语便便。"邓以蛰对此画十分珍惜,一直将其挂在书房里。

宣统三年(1911年),邓以蛰学成归国。当时,安庆的安徽陆军小学恰好缺少一名日语教师,邓以蛰闻讯后前往此校任教。后来,陈独秀担任安徽都督府秘书长,任命邓以蛰为安庆图书馆馆长,负责图书馆日常工作,一直到1914年。其间,邓以蛰的父亲邓艺孙因病去世,邓以蛰怀着无比悲痛的心情回家吊唁,父亲的离世使21岁的邓以蛰成熟了不少,想起父亲对他的期待,他决定今后好好工作,使九泉之下的父亲安心。于是,处理好父亲后事之后,邓以蛰便回馆继续工作,直到1914年辞职回了白麟畈老家。1915年,陈独秀正忙于筹办影响近代思想界的新潮杂志——《新青年》,邓以蛰便往返于安庆和上海,一直与陈独秀保持着密切联系。作为好友,陈独秀建议赋闲在家的邓以蛰前往欧美等国留学,邓以蛰仔细考虑了他的建议,认为可行,他于1917年赴美留学。

邓以蛰抵达美国后,根据自己的兴趣,攻读哥伦比亚大学的哲学与美学专业。哥伦比亚大学是世界著名大学之一,位于美国纽约曼哈顿区,创设于1754年。哥伦比亚大学属于研究性高校,也是北美第一个实现原子核裂变——曼哈顿计划的发源地。哥伦比亚大学(以下简称"哥大")学习氛围浓厚,邓以蛰到哥大后如饥似渴地读书,学习西方哲学和美学的相关知识。这段时间,他受克罗齐、黑格尔以及温克尔等哲学家的思想影响,非常认同艺术审美超功利性的原则,对美学极大的兴趣促使他在哥大从本科读到研究生,这为他以后进行美学研究打下了坚实的理论基础。

五四运动前后,中国有许多知识分子前往国外留学,邓以蛰便是其中之一。在"五四"新文化运动期间,他提倡为人生、为民众的新文学艺术,这些思想极大地鼓舞着艺术家们思考创作艺术的出发点,推动着新文艺的发展。1928年,邓以蛰在《民众的艺术》一文中写道:

> 民众所要的艺术,是能打动他的感情的艺术。……不用说,我们走进博物馆或故宫三殿内,对着那些商、周的鼎彝以及石砚瓷器,那远在古昔的祖先的工作感情都同我们连接起来了。艺术哪一件不是民众创造的?哪一件又不是为着民众创造的?历史尽管为功臣名将的名字填满了,宫殿华屋尽管只是帝王阔人居住的,哪一点又不是民众的心血铸成的?艺术根本就是民众。艺术若脱离了民众,还有什么存在的价值可以使人觉得出的呢?

专注是一种可贵的精神,不论是学习还是工作,能够全身心地投入其中,总会有很多的收获,那其中的快乐也许只有当事人自己最为清楚。 邓以蛰,即是这样一位专注的人。 1919年,年轻的邓以蛰在美国纽约听了著名歌剧演员 Caliouci 演唱《罗密欧与朱丽叶》时，心潮澎湃，激动万分，以至于忍不住多次和朋友分享该剧的精彩，朋友们都笑他"痴"了。当时，他还取出莎翁的原作多次朗诵，如痴如醉，仍觉得意犹未尽，于是又采用中国元曲的表达形式，把此剧中的"花园相会"一段翻译成中文，取名为《莎士比亚〈罗密欧与朱丽叶〉新弹词》，于1924年发表在《晨报副刊》。邓以蛰翻译的这段莎翁经典戏剧，充满了元曲的味道，显得生动有趣，别具特色。

邓以蛰自1917年在美国系统学习了西方美学、哲学后，于1923年回国。时年夏季，他的母亲因病去世，邓以蛰回老家白麟畈奔丧。母亲的丧事过后，他又前往北京大学任哲学系教授，同时在北平艺专讲授美学、美术史课程，一直到1927年。邓以蛰在大学教书的同时，在《晨报副刊》等报刊上发表诗歌、戏剧、美术及音乐等一系列与美学有关的文章。

受邓以蛰的理想艺术论影响，陈独秀的学生、著名小说家杨振声所写的《玉君》于1925年2月出版，该书由邓以蛰评阅后出版。当代著名女作家宗璞在《三松堂断忆》中曾提及；1926年，冯友兰与杨振声、邓以蛰以及一位日本学者在一起畅谈豪饮，当时邓34岁，冯31岁，杨36岁，恰好都正值人生大好年华。四个人当晚谈天论地，把酒言欢，喝去十几斤花雕酒。

1918年，时在国外的邓以蛰得知陈独秀创办《新青年》后，为之兴奋不已，并在是年8月19日的《致陈独秀胡适之函》中写道："独秀、适之两兄惠鉴……兄等近在（北京）大学种种创业革新，皆吾辈日常所辗转思维……对此崭然灵光，既惊且喜。然吾国文艺复兴，要自兄等始耳。不胜感慕！"可以看出，邓以蛰是大力支持新文化运动的，认为其是我国"文艺复兴"的开始。在信中，他对孙中山领导的国民革命也予以高度的评价，并认为"中国革命，究东亚开天辟地之举也"。邓以蛰对陈独秀是敬佩的，虽然他没有像当时那些怀有一腔爱国热情的从国外留学回来的知识分子一样，为推翻帝制、建立自由国家摇旗呐喊，但是他的作品中依然流露着对祖国的深厚感情。他没有站在第一线，一方面与其家族文化有关，因为邓家从邓石如一代开始，始终以布衣艺术家的身份生存，及至邓艺孙，虽然他兴办教育事业，为培养革命人才奔走操劳，但力量也极为有限。邓艺孙在安徽一带富有影响力，一方面因其出身文化世家，但是祖上没有进入仕途的人物，对政治，他们多少有些敬而远之之心。尽管邓艺孙做了安徽省教育司司长，但是时间极短，不足以称为政治人物。此外，邓以蛰在青年时期长时间留学海外，虽然能从报纸上获取国内的消息，但是，没有亲身经历，想要根据实际情况摇旗呐喊并不现实。因此，邓以蛰将他的满腔爱国热情付诸教学和作品之中。

邓以蛰十分热爱祖国，他虽然留学日本和美国，接受的西方教育并不比东方文化少，但在情感上对祖国怀有深沉的爱。他在寄给陈独秀和胡适的信中（《致陈独秀胡适之函》），曾这样写道：

吾月前于日本《太阳杂志》上得见淳田和民氏所著《大亚细亚主义》一文，令人不可卒读，后又友人处得见《顺天时报》，知日本人头山满……想必又是一个日本之中国卖淫妇（或吸血狐狸精），大唱大亚义会……乃彼等忽捏造如此不可入耳之名词……几如闻安庆秽巷中丑女相骂，信口放出之恶声耳。若彼等别有用意，不惮罪恶而作者，自有所谓政治界为百恶之重心，苟见其足以阻碍吾人荣茂之前途，则不得不假传道利器之文字界以扫荡廓清之……又如中国之革命，究东亚开天辟地之举也。视美人对于俄国革命何等称颂，以引国人对此之兴味……

从上面这封信中可看出，邓以蛰的拳拳爱国之情以及他对俄国革命的赞赏。邓以蛰对日本人丑化中国革命的行径深恶痛绝，并吁请陈、胡在报纸上对此加以批驳，"扫荡廓清之"，使国人明白事情真相，不要被蒙蔽。此外，在信中，他提到文学的责任，即"陶冶扶植一国之国民性",要宣扬真实的思想,否则,如果谬说横行,国民性就会受到损毁,而到了那个时候,即使有但丁、易卜生之类的文豪出现,也很难挽回已经受到损害的国民性。这一年,蔡元培开始就职北京大学校长,并在4月8日发表了《以美育代宗教》的讲演,后来刊载在《新青年》第3卷中。在此文中,蔡元培提出,要用音乐、建筑、诗歌、书画之中蕴含的美感来陶冶人的情操、丰富人的感情。也因此,中国现代美学研究在邓以蛰还未回国时便开启了。国内新文化的传播,使得在几年之后留美回来的邓以蛰能够将他的思想顺利传播。

1927年8月,刘哲担任北洋政府教育总长,他提出将北京大学、北京师范大学等九所大学合并为一所学校,重新取名为"国立京师大学校"。他的这一建议遭到了各校的强烈反对,北京大学校内反对改组的声音日益加强,邓以蛰、胡适还有其他教授宣告脱离北大。1927年,邓以蛰前往厦大继续在哲学系任教,而胡适则前往上海创办中国公学。

爱国情怀贯穿于邓以蛰的整个人生,同时也感染着他的儿子邓稼先。1937年7月7日,震惊中外的"卢沟桥事变"爆发,侵华日军开始肆虐中国。华北地区沦陷后,清华、北大及南开大学南迁湖南长沙后又迁至昆明,最终合并为西南联合大学。当时,北京的许多教授和学生纷纷前往昆明,邓以蛰本来也想随校南下,但因身患肺病,只得滞留北平。因此,他失去了教职。没有工作,家里的收入来源一下子没有了,邓家的生活顿时陷入困境。邓夫人为了节省家中开支,在自家小院开垦出一块菜地,自己种菜以供日常食用。1938年,邓以蛰的一位故交来访,在他面前炫耀自己在伪政府中担任要职并且待遇丰厚,劝他一块儿前往为伪政府效力,这样就可缓解家中困境。一向温文尔雅的邓以蛰听后,拍案而起,斥责此人不分是非、卖国求荣,立即将那人逐出家门。他的这一声怒吼,吓呆了正在书房认真看书的邓稼先兄弟,这给从未见过父亲发这么大脾气的邓稼先留下了深刻的印象。由此,邓稼先兄弟感受到父亲强烈的爱国情怀,而这种执着的情感感染了他们,也影响着他们此后走上了为祖国无私奉献的道路。后来，中学时代的邓稼先因为不满日军逼迫中国人庆祝日本侵占北平胜利，一怒之下撕毁日军给学生发的小旗子。他的行为恰日军安插在学生中的眼线发现，随后遭到举报，不得已只好前往昆明避难。临走之际，邓以蛰对邓稼先语重心长地说："稼儿，以后你一定要学科学，不要像我这样，不要学文，学科学对国家有用！"他要让自己的儿子学习理科，学习科学技术，将来报效国家。邓以蛰的爱国之情实践于对儿子的教育上，他用自己的实际行动告诉儿子要热爱国家，学习国家建设最需要的知识。

当时，与邓以蛰一样留在北京，苦等变局，迎来抗战胜利的知识分子还有我国现代著名诗人、红学家俞平伯先生。他们在沦陷的北京苦苦等待祖国山河光复。在当时混乱的社会环境下，多数知识分子始终不向黑暗势力低头、挺直腰杆做人的精神永远值得称颂。

邓以蛰也为先祖邓石如篆刻艺术的推广做出了许多贡献。1933年夏季，日本汉学家滕冢邻以朝鲜京城大学教授的身份来北京访问。这位日本汉学家早在1923年时就曾到中国访问，当时他是日本名古屋大学教授，和鲁迅进行多次友好交流。1933年，滕冢邻采访了邓以蛰，回国整理资料并结合采访的内容，开始研究邓石如书法在朝鲜的流传情况和影响，并写成了具有重要学术价值的著作《邓完白与李朝学人的墨缘》。在这本书中，他详细介绍了邓家世系以及直至邓以蛰这一代邓氏后人的情况，文中提及对邓以蛰的访问："我在昭和八年夏，再游北京时，由旧知钱稻孙君介绍邓仲纯、叔存两君，不期而遇完白之五世孙，且系日本留学生。余屡访其西城北沟沿寓所（即丰盛胡同北沟沿12号），得展赏完白之肖像、遗品，清代、李朝之手札等数十件。意外奇缘，惊喜不知所措。"

1962年，邓以蛰又在《文物》上发表作品《完白山人纪念展览简述》来介绍完白山人的书法和篆刻艺术。同年十月，他又慷慨地将家中珍藏的36件邓石如的墨宝捐献给国家。在"邓石如先生诞辰220周年纪念展览"上，故宫博物院将其拿出供大众欣赏。这批墨宝是他非常珍爱的先祖邓石如的原作，抗战期间全家忍饥挨饿，甚至自己身患重病无钱医治，也舍不得将其卖掉。新中国成立后，邓以蛰却将其捐献给国家，这证明了他的赤子之心。1963年8月，邓以蛰发表最后一篇关于邓石如的文章《邓石如书法选集前言》，文中再次对邓石如的艺术作品进行介绍。此外，邓以蛰所撰写的文章以及与朋友的通信，也是深入研究邓石如的重要资料，具有相当高的学术价值。邓石如的艺术在今天被越来越多的人知晓，与邓以蛰对他作品的价值解读和推广介绍有莫大的关系。

邓以蛰写下论艺术本质的《艺术家的难关》，在书中他态度鲜明地表示站在以鲁迅为代表的革命进步的文艺阵营中。这是一篇价值颇高的著作，邓以蛰在书中谈到很多问题，他认为艺术有一种特殊的力量，可以把人们从自然界中暂时隔离，瞬间达到心境的圆满。他在此文中指出："所谓艺术，是性灵的，非自然的；是人生所感得的一种绝对的境界，非自然中变动不居的现象——无组织，无形状的东西。"艺术是性灵的表现，借助大自然才能表现内心活动的内容，并不单纯是模仿自然就可以的。因此，只有冲破自然的难关，艺术家才能顺利地进行创作。这种"难关"指的是现实中的利益关系，艺术如果被这种关系所捆绑就不能成为真正的艺术。艺术需要创作者以"同情"不断地"净化人生"，艺术不能成为满足欲望的东西。但他反对艺术脱离现实，主张艺术要与人生相结合。正如他在《对北京音乐界的请求》的文章中写道："社会需要艺术家，艺术家也需要社会。我们何不快来握手把臂，刎颈一心，行这个同偕到老的见面礼呢？"

在论诗歌美学的《诗与历史》，邓以蛰以现代美学观点来概述中国绘画历史的《中国绘画之派别及其变迁》。同时，他指出：诗与历史是根植于现实存在的一种"境遇"，均可以反映人生，"诗的内容是人生，历史是人生的写照，诗与历史不能分离"。

视角的多样化对于学术研究而言至关重要，因为从不同角度来解析事物，不仅可以丰富对新事物的认识，同时也利于学术研究的创新发展。邓以蛰的研究视角是多变的，他既从中国传统艺术理念出发研究艺术，又从西方艺术层面切入进行思考，如他的作品《戏剧和道德的进化》就是从古希腊艺术的角度写的。1928年，邓以蛰将自己此前所写的美学文章整理成书，出版了《艺术家的难关》文集。当时，宗白华在上海的《时事新报·学灯》上发表一系列的美学文章，邓恰好与之相呼应。于是，"南宗北邓"的说法在我国大江南北流传开来。王国维是我国近代的美学家，蔡元培大力提倡美学，在他们二人之后，邓以蛰和宗白华是我国"五四"时期在美学方面集大成者。

1929—1937年，邓以蛰在清华大学任哲学系教授，其间为了详细了解西方美学成就，他出国访问欧洲诸国。英国、法国、德国、比利时、荷兰、西班牙等国的名胜古迹、博物馆和艺术馆都留下了他的足迹。同时，他研究西方的绘画、雕塑等作品和文艺理论。回国后，邓以蛰不愿意参加党派斗争，只想专心进行学术研究。于是，他静下心来将游历欧洲时所写的日记整理成册，写成著作《西班牙游记》，后由上海良友图书公司出版。在这本书中，邓以蛰详细地介绍了欧洲的历史文化，并对中西文化加以对比。字里行间，流露着为祖国优秀的传统文化的自豪之情。正是这种对于祖国文化深深的热爱，使他改变了学术研究方向，刚开始是研究西方美学，后来转向对中国书画美学进行探索。

1935年，画家司徒乔主编《大公报·艺术周刊》，他盛情邀请邓以蛰为其撰稿。邓以蛰为其写了很多文章，这些文章成为研究绘画和书法等美学方面的专业学术著作。例如，他从现代美学角度提出"书画同源""以大观小""气韵生动"等观点来讨论画作。他的《画理探微》，从哲学、美学方面来分析中国绘画与历史理论，描绘了中国绘画的美学体系。此外，邓以蛰为《大公报》写的《国画鲁言》(此文原题为"中国绘画源流及演变")，在日本的《改造》杂志上登载，此后，又被《伦敦中国艺术国际展览会特集》收录。他自身有着深厚的传统文化修养，又系统地学习过西方哲学、美学的相关知识，因此，他能以多种视角对中国书画艺术进行研究。1937年，著名美术史家滕固主编《教育部第二次全国美术展览会专刊》，邓以蛰的《书法之欣赏》一文被载入其中，滕氏大力推荐邓的文章："书画艺术，为吾国广大人士兴味之所在，吾国人欣赏书画比任何其他艺术来得热烈……于此我特别推荐本刊刊首所列邓叔存、宗白华、泰宣夫三先生的关于书画（包含西画）艺术的论著，他们都是基于现代学问为明晰周详之发挥，无疑的是对广大人士之一种有价值的指示。"在此书中，邓以蛰讲道："……文字为语言之符号……其进化而成为书法，成为美术，世界美术恐无先例……吾国书法不独为美术之一种，而且为纯美术，为美术之最高境……书乃心画。"他认为中国书法是一种精湛高超的艺术，而这种艺术是中国独有，并支持"古人视书法高于画"的说法。书法是直接诉之于视觉的艺术，它将人的内心情感通过笔表达出来，书法的美也是难以用语言表达的，它与绘画相比需要更高的审美修养。在书体方面，邓以蛰认为，每一种书体都处在历史的变化之中，要辩证地看待各种书体的演变，而不能单纯地考证。此外，各种书体之间也是"一脉相通，孳乳浸多"的，并不是孤立地发展。他重新解释了古人对书体的"八分说"理论，认为从旧书体到新书体的发展过程是"八分旧、二分新—八分新、二分旧—十分新"，这是一个从量变到质变的过程。

书体的改变也受客观条件的影响，书法工具的变化对其改变也有着巨大作用。他说：

> 如谈篆书之形，有所谓悬针、玉箸；甲骨文或籀文收笔却尖如悬针；金文之大篆，秦石刻之小篆，笔致园婉如玉箸。甲骨文、籀文刻以书之，故其形不得不如悬针，金文铸书不得不园如玉箸，小篆师其意，故虽刻于石而犹然。悬针玉箸，初因其所凭借之物质，工具有以致之耳。如汉分有波磔。波者言横笔有波动起伏

之意,磔者言笔之收势,如横笔之作捺势,直笔之作垂势。总之,波磔指分书之姿态不似篆势之均匀平板之处。若究波磔之所由来,则毛笔使之然也……1

对于各种书体的美,邓以蛰认为,篆隶体现为"形式美",而行草则为"意境美"的书体,篆隶的字体间构、行次的整齐端庄,体现了形式美。行草、笔法间构,追求入神,是超脱实质进入虚幻的存在,"'逸笔余兴,淋漓挥洒,或妍或丑,百态横生'之行草书体,照耀一世。……高文大册,若书之必为篆分隶诸体,法帖则只为行草。行草实为意境美之书体也"。书体进化的大境界就是行草书,草书是书家与其书法的统一。同时,他认为"形式"与"意境"是不可分离的关系,"故谈书法,当自行质始"。在书法上,先有字形,然后才有意境出现在字的形式之后,而且美的意境正是借助形式来体现的。形式美也要有意境的美来体现。中国的书法行质能够体现出意境美,正是由于这一点,中国文字的书写才能成为一种高超的艺术。

书法的行质有笔画、结构或是体势、章法和行次以及书法技巧和技术等。邓以蛰认为书法的结体行次体现的是字的动态和气势。"其章法纡余款婉,益见形神内敛","凡篆之形势多为内抱",结体静的为"内抱",而"外抱"指的是"其章法峭拔险峻,形势飞扬""隶则无非外抱"。对于行草,他又指出内外抱皆有之。为了解释这个理论,邓以蛰以古人书帖为例来解释这种理论:"羲之之《快雪时晴帖》近于篆,而献之之《中秋帖》则近于隶,唐之欧近于隶,虞则近于篆,宋之东坡近于篆,而黄米则近于隶。"

在书体章法上,他指出章法气势有内外面,形式为外,内为精神活动。"精神或活动虽无形质,而有往复动静,抑扬顿挫之意,发之于书,自有向背呼应之势",而"势至于断续起止,转换筋节不差,是由无明

---

1 引自《邓石如书法选集》。

而明，由抽象而具体：向以为空幻虚无者，今见其行迹动态焉"。则说的是书法文字的行次的贯穿运动把人的内心活动淋漓尽致地表达出来。人的情感被书法自由地流畅传达，人们感受到的"龙飞凤舞"之感，其实是把平面的书法有了伸缩进退的变化，从而进入三维立体空间。

对于邓以蛰对中国美学的贡献，诚如美学大师宗白华撰文时说："……他写文章，把西洋的科学精神和中国的艺术传统结合起来……所以他的那些论到中国书法、绘画的文章，深得中国艺术的真谛，曾使我受到不少教益。邓先生在美学上的贡献值得我们认真研究。"[1]

1941 年，邓以蛰的《辛巳病余录》登载在沈兼士主编的《辛巳文钞》上。该文录中有《大般涅槃卷九》《钱选桃花源图卷》《无款十指钟馗图》《无款元女授经图立幅》等名画。邓以蛰从美学的角度，对艺术家的作品风格、表现形式以及蕴含的情感进行解读，提出诸多新的观点。1943 年，邓以蛰担任中国大学文学院院长，对《画理探微》《书法之欣赏》和《辛巳病余录》等作品进行删减修改。在文章中他写道："……如文字及一部分书籍于丁丑初焚失已尽，书与画则于病中转他人之手。箱中之物或质或售，无不遭我遣之。今病后所余，不过张爱宾所谓'唯书与画，犹未忘情'之未于情者而已！所见所遣，录而书之，以为不时温此情云。"[2]

在绘画美学上，邓以蛰的《画理探微》《六法通诠》及未完稿的《辛巳病余录》等作品集中表现了他对中国绘画美学思想和理论。"体—行—意""生动—神—意境"则是他的绘画美学理论体系。邓以蛰总是能简明扼要地介绍他的思想，对中国绘画条理清晰地分析，并以美学视角来探讨中国绘画史上出现的各大问题。

1946 年，邓以蛰再次回到清华任教，时年发表文章《论吴道子无款

1　刘纲纪：《邓以蛰美术文集·序》，人民美术出版社 1993 年版。
2　葛康同，邓仲先，许鹿希，等：《两弹元勋邓稼先》，新华出版社 1992 年版。

十指钟馗图》，他从艺术角度对该画进行解读。《六法通诠》是邓以蛰在1947年发表的文章，他从美学角度分析了中国绘画六法论。六法论是我国古代品评美术作品的标准，它最早被南朝齐国的谢赫提出。六法的具体内容包括：一、气韵生动，作品形象要富有活力；二、骨法用笔，骨法饱含用笔所表现的骨力、力量美；三、应物象形，强调作品中的对象要和所反映的事物一致；四、随类赋彩，意在美术作品的着色要恰当；五、经营位置，指的是作品的构思与构图；六、传移模写，指的是临摹之技。宋代美术史家郭若虚评价六法论"六法精论，万古不移"。六法论是我国美术评论界的重要标准。《六法通诠》是邓以蛰在汲取前人思想的基础上对绘画理论的进一步发展。

邓以蛰兴趣广泛，并不局限于阅读自己专业的书籍，他多方涉猎，善于把其他领域的知识运用到自己的研究里。例如，邓以蛰在学习毛泽东的《实践论》之后，从该书的指导角度出发，写出了《中国艺术的发展》。1952年，我国三大美学家齐聚北大，一同执教，为培养中国美学人才做出了巨大贡献。凑巧的是，这三位美学宗师皆来自安徽，朱光潜是桐城人，而邓以蛰和宗白华都是安庆人。

邓以蛰对中国绘画历史进行深入的研究，研究各个朝代的变化。他认为，中国绘画起源于古代具有实用意义的器具，例如，陶器、瓷器以及青铜器之类上面的装饰图案。伴随着时间的推移，它逐渐成为一门独立的艺术。到了汉代，人们纷纷以动物和人物为对象来进行描绘。六朝时期，绘画从注重外在形象生动转入以突出人物内在的"神"。及至唐宋元，对人"神"的描绘已经不再占据主流，画家们更为重视画作中体现出的"意境"，而对于山水画意境与气韵的论述，邓以蛰谈道：

> 意者为山水画之领域，山水虽有外物之形，但为意境之表现，或吐纳胸中逸气，正如言词之发为心声，山水画亦为心画。胸具丘壑，挥洒自如，不为形似所拘者为山水画之开始。至元人或文人画不徒不拘于形似，反情境、笔墨皆非山水画之本色而一归

于意。表出意者为气韵,是气韵为画事发展之晶点,而为艺术至高无上之理。

邓以蛰认为画作是有品格的,但这种品格似乎还没弄清楚。他在《续评中日现代的艺术》一文中谈道:"一幅画往往写实与装饰两性质兼而有之,说它意在写实,则无阴阳浓淡之分;说它是装饰,工在创形用色,则其形疏散;似在取法自然,而色单调,又说不上怡神悦目。"[1]

邓以蛰和自己的父亲邓艺孙一样也热心教育问题,他很关心艺术的教育问题。邓以蛰很早就发现艺术教育的重要性,考虑到当时国民麻木、冷漠、涣散、思想枯竭、精神狭隘、贪欲算计的状态,他认为音乐可以担任改良国民心性的作用。当时的中国需要浓厚的、团聚的、丰润的、疏旷的、隽永的、豁达的音乐来熏陶人们走向至纯至美的境界。

邓以蛰对音乐教育有着深刻的认识。他说:

> 孩童们一团天机,好像蚕蛾下子,正待一粒一粒的吐下来。当此时,若不将这团天机,使之音乐化,他的模形,就要向世故言词方面去收集标本了,终久又不免结成一个个的赘瘤。我也并不可惜他们走到这一途,因为这是迟早免不了的一回事。但只求孩童心境里,世故之外,还有一个性海;实质的宇宙之外,还另有永远在可能中的一个宇宙,不像这目前可见,口中可称道的宇宙,执着得一时翻不过身来的样子罢了。而那可能中的宇宙,唯有音乐能使之对孩童显露。如有能领会它得的孩童,它也是个真实的宇宙,而且有抑扬顿挫,比我们眼前的宇宙,却活动得多了。[2]

音乐对于儿童的教育作用,在于为其塑形,为其定性。音乐会为他们打开另一扇门,在那里,孩子们通过音乐抑扬顿挫的节奏,感受到真

---

1 《邓以蛰全集》,安徽教育出版社1998年版。
2 邓以蛰:《对北京音乐界的请求》,《邓以蛰全集》,安徽教育出版社1998年版。

切与生动,推动其发现真善美。音乐启迪他们在今后的人生道路上关注人性的美好与真诚。邓以蛰在《对北京音乐界的请求》一文中,指出音乐与人的生活戚戚相关。音乐可以洗涤人类习性上的顽疾与污垢,去除人心性中的赘瘤。这些赘瘤往往是名利、计划、条件、交易、利害关节、权势之类的东西,邓认为要摒弃这种杂念,唯有音乐能够做到。

"我们从什么地方,找出一个棕叶般宽大的手——又平和,又疏散,又能摇曳生姿,伸出有法度的一双手,把这些赘瘤连抚带擦,连擦带揉地弄平它们呢?"这是邓以蛰用这种生动的语言来诠释音乐的教育功能。音乐是柔和的、温暖的,有静有动,悄无声息地影响人、塑造人。因此,应该利用音乐来对孩子进行心灵的教育。他写这篇文章是希望北京的音乐家在游人如织的中央公园和古柏参天的先农坛等地方组织几场民众音乐会,来为孩子的性灵滋长提供健康有益的音乐佳作。

邓以蛰少时便与陈独秀结识,本身受其教诲和帮助不少。他对陈氏素来敬重其学识和人品,曾说"独秀是个质胜文的人"。1934年,从欧洲刚考察回国的邓以蛰不顾长途跋涉之疲,冒雨前往南京的老虎桥监狱去探望陈独秀,并为其带去了金钱和生活物品。"最难风雨故人来",邓以蛰的看望,使当时被国共两党排斥的陈独秀心中得到不少温暖。他们用家乡话交谈,共忆两人同在日本留学时的时光。后来,邓以蛰将这次经历写成文章发表在《大公报·文艺副刊》上。邓以蛰交友广泛,不仅与陈、苏二人交好,他和鲁迅也曾相互交流。1924年5月11日,他与鲁迅在中山公园中关于美学相谈很久,深夜才归。这件事在《鲁迅日记》中有记载:"昙。星期休息。午后往厂慧寺吊谢仁冰母夫人丧。往晨报馆访孙伏园,坐至下午,同往公园啜茗,遇邓以蛰、李宗武诸君,谈良久,逮夜乃归。"之后,两人又一同去参观画家林风眠的作品展。1925年,闻一多从美国回到北平,担任艺专的教务长,并在当时著名的报刊《晨报副刊》做主编。其间,闻一多与邓以蛰交往密切。在闻一多的鼓励下,邓以蛰在1926年为其刊写下大量文章。

中年时期的邓以蛰

在清华大学哲学系任教期间,邓以蛰与金岳霖先生相熟,邓以蛰身上浓厚的中国儒家学者的气质中蕴含着一些西方风度,"叔存是朋友中最雅的",金岳霖先生如是说。这种"雅"是中西融合的结果,既雅人深致,又有绅士风度。在清华的时候,他经常和清华大学的教授们参加文化沙龙,谈论哲学问题。金岳霖家一到周六就成了他们聚合地,他们经常从林徽因家的"太太客厅"解散,转头就又到了金家的"周六碰头会"。梁思成和林徽因夫妇、张奚若和杨静仁夫妇以及陶孟和沈性仁夫妇都双双前来参加。邓以蛰因为是旧式家庭,家中男女分工明确,加上邓夫人文化水平有限,所以邓以蛰常独自前往参加。金岳霖祖籍湖南,又在美国留学多年,加之前去的教授们大都有留洋经历,因此,他常以西餐或是湖南菜来招待客人。餐后,他们会讨论一些时局问题,之后就是艺术"频道"。邓以蛰这时将自己携带来的家中所藏的名家书画给大家欣赏。一群学识渊博、通晓中西文化的学者教授聚在一起讨论文艺作品,经常碰撞出各种思维火花。1955年,林徽因去世,邓以蛰怀着无比悲痛的心情与金岳霖为林徽因写下挽联:"一身诗意千寻瀑,万古人间四月天。"短短十四字,以美学家和哲学家的珠联璧合寄予对逝者无限的哀思。

邓以蛰先生一生淡泊名利,一心治学,心无杂尘,"松风水月"最能体现他的秉性。在北大执教期间,他们一家人住在丰盛胡同北沟沿甲12号的一座四合院中。虽然是一座陈旧的院子,但是宽敞的院子却透着一股清新雅致的美感。前院古老的龙爪槐,后院有一棵丁香树,槐树的生机盎然与丁香的芳香静雅正符合邓以蛰的审美趣味。在邓以蛰的书房里，悬挂许多邓石如的名画书作，这些字画经常更换。唯一没有更换过的是正堂中间悬挂的"松风水月"四个大字。邓家将其视为传家宝，这四个字是明朝末年崇祯皇帝的御笔。邓以蛰视若珍宝的原因，并不仅仅是因为这是皇帝的手笔，而是因为他的精神境界和追求恰好与之相契合，不追求功名利禄，恬淡自由地生活才是他的人生哲学。

另外，邓以蛰还将自己的美学理论运用于实践生活中，他先后参与清华大学艺术研究室与新中国国徽的设计。

1947年12月，鉴于艺术研究的发展，梁思成与陈梦家、邓以蛰以"设计艺术史研究室计划书"为题，联名致函时任清华大学的校长梅贻琦，建议设立艺术史系及建立研究室。梅贻琦校长详细地看了这份建议书，随后召开了教授会议，通过投票选举，最终通过了方案。该研究室成立以后，学生们积极地前去学习，这对增进学生对艺术的了解和提高审美水平起了极大的作用。

1949年7月10日，新政治协商筹备委员会在《人民日报》等全国各大报纸刊登公开征求新中国的国旗、国徽图案和国歌词谱的启事，希望在新中国成立之前能够将此事定下来。同时，委员会的负责人还在启事上提出了对国徽设计的要求：必须体现中国特征、政权特征以及外形上要庄严美观，而且截止日期是8月20号。在四十天内设计出这样一个寓意深刻的国家象征物，还要符合其要求，这就要设计者具备深厚的美术功底以及渊博的知识。当时，为迎接新中国的诞生，海内外有才人士看到启事之后，纷纷献出佳作，清华师生也踊跃参加。截至9月27日，国旗、国都、纪年和国歌都已经确定了，只剩下国徽的事情还未敲定。在初次应征的900多幅图案中，中央领导对林徽因和莫宗江合作设计的国徽图案比较中意，因为它极具中华民族特色。但是，领导们觉得还是修改一下比较合适，林、莫花费很长的时间来修改，并请清华大学邓以蛰、王逊、高庄以及梁思成和中央美术学院的张仃、张光宇等集体创作、修改。设计小组经过反复的讨论、修改，终于设计出极具象征意义的图案。国徽采用红黄相间的颜色，透露出喜庆富贵的气息，四颗五角星紧紧环绕一颗大五角星，象征中国共产党领导下全国人民的大团结。齿轮和麦穗象征着工农阶级，天安门的设计则被虚拟化、两边的华表被拉开，以增加平面的开阔感和立体性。1950年，在全国政协第二次会议上，毛泽东宣布通过中华人民共和国国徽，这一消息令所有参与人员感到兴奋。

1952年，邓以蛰居住在北大校园朗润园的宿舍中，平时在北大教书。邓以蛰经常徜徉在未名湖畔，坐在湖畔欣赏着随风起舞的翠柳，观赏刚露尖尖角的夏荷。博雅塔下，未名湖畔，北大学子们总是会遇到这位沉思的老人。他也常到颐和园散步，欣赏无名小花，或坐在山石上远眺天空；或坐在昆明湖畔思索哲学、美学，感受大自然之美，领悟哲学真谛。邓以蛰在《艺术家的难关》中论证自然与艺术的关系时，写道："自然这名词是何等可人，仿佛唯自然对我们吐露宇宙的真消息。艺术若真有存在的价值，必得宇宙的真底蕴它也能吐露一些才算的。"晚年的邓以蛰常徜徉于自然中，去静静思考宇宙的真谛，独自探寻哲学世界里的奥秘。

邓以蛰年轻时身体就不太好，搬到北大后不久，身体状况更加不乐观。学校同事建议他早些申请退休，以便专心调养身体。但他拒绝了，因为他舍不得自己的工作，他仍想用自己的力量去多做一些有用的事情，为中国的美学事业添砖加瓦。那时，他常为一些古代画作校点注释，滕固的《唐宋绘画史》也是他拖着病体校阅的。不论何时，他都极为关心中国美术的发展情况。1958年，北京举行邳县农民绘画展览会，他前去观看并在给自己学生刘纲纪的一封信中讲到此事："北京美协所的江苏邳县农民绘画展览会我去看过，满目琳琅，美不胜收！间或有内容含义太暴露的不耐看者之外，大部分都生拙有趣，朴厚有力，真能令人一醒耳目，非陈腐之作可比！"除此之外，邓以蛰还注意到农民们创作的新民歌,他在信中告诉学生,自己也跟着学习写一写新的诗歌,也劝学生多学并加以创作:"农民的绘画,我老眼昏花,腕力退化,学不成了;但他们的诗,我倒想学学,这里写几首给你看看,好引起你的兴趣,开始来写! 我想旧的形式——格律、腔调,总是农民所熟悉的,因之是爱用它的;至于内容——词汇、感情、思维,你慢慢和他们打成一片,自然遍地皆是,取之不竭。 主要是要身心同他们打成一片这一点上。"邓以蛰说出这样的话,可以看出他丝毫没有将自己知识分子的地位摆得很高,而是平等对待其他阶层的劳动成果,对农民的画作不以阶级的眼光审视。 怀宁邓氏家族到邓以蛰这一代应该说是脱离了农业,因为邓以蛰的父亲便已不以农业为生,及至邓以蛰兄弟纷纷出国留学,均受过高等教育,大多从事脱离农业的工作。 归国后,邓以蛰做了大学教授,他的另外两名兄弟邓仲纯和邓季宣分别成为医生和教师。 五四时期,邓以蛰曾经倡导"民众的艺术",对农民画、新民歌的看法充分体现了他站在民众角度看问题的精神。 进入晚年,邓以蛰虽然年事已高,但他仍然不放弃学习新知识。 他学习马克思主义、学习毛泽东的《实践论》,并从实践的观点来研究中国艺术的发展之路。

邓以蛰很重视对子女的教育,在培养自己的长子邓稼先时,除了让其学习正常的课程知识之外,还让其熟读四书五经,背诵古诗词,并亲自指导他学习英语,这为邓稼先以后阅读外文文献以及出国留学奠定了坚实的基础。 父亲浓厚的爱国之情以及对事业的专注精神深深地影响了邓稼先,正是这种精神的支撑,邓稼先才坚定了自己的报国之志,不计名利,二十八年如一日地为祖国的原子弹事业奉献着。 可以说,邓以蛰对邓稼先的人生道路起着重要的引导作用。 邓以蛰在弥留之际,尽管身体承受着病痛的折磨,但是为了能让儿子们放宽心,他强忍病痛,保持安详欣慰的状态。"父母是孩子的第一任教师",以身作则的父母往往会给孩子树立良好的榜样,激励孩子前进。

后来,邓稼先在《回忆父亲邓以蛰》一文中,曾谈到父亲对自己的

邓以蛰夫妇晚年与子女们合影

影响,他说:

1959年,为纪念"五四运动",邓以蛰应《美术》之邀,写了《回顾》这篇文章。由于体弱多病,邓以蛰61岁时退休,但他还是关心着中国美学与艺术的发展、关心着青年一代的发展。在民盟开办的刊物《争鸣》上,邓以蛰发表《关于国画》的文章,讨论国画的发展。

1962年10月,邓以蛰将珍藏的邓石如36幅精品墨迹捐献给国家,表现出了高度的爱国热情和对文物事业的关心,国家文化部接收并颁发奖状予以表彰。故宫博物院还在他捐献的基础上,举办了"邓石如先生诞辰二百二十周年纪念展览",这也是有关邓石如作品的一次最盛大的展览,邓以蛰还为此撰写了《完白山人纪念展览简述》一文,并发表于1962年第10期的《文物》杂志上面。

1973年5月2日,邓以蛰向儿子邓稼先投去了最后的一瞥,离开世间,享年82岁,中国现代美学的一颗巨星陨落。为追思他对中国现代美学的贡献,北大师生怀着无比悲痛的心情为其举行追悼会。会后,他的长子邓稼先带着家属将父亲的骨灰安葬。"露霜葭苍,宛在澄波千顷水;屋深月满,依稀薜荔百年人。"这是邓以蛰的好友金岳霖为送别他而写的挽联。这副挽联中有水有月,正与他书房珍爱的"松风水月"相呼应,也与他一生追求的精神世界相契合。

宛小平、徐宁在《邓以蛰——成就中国书画以现代美学形态的拓荒者》一文中,高度评价了邓以蛰的美学思想和学术成就,并将其美学思想和学术贡献归为三个方面:提倡新文艺、主张为人生的艺术;书法之欣赏——形式与意境并举的书法美学;绘画美学思想——"体、形、意"和"生动、神、意境"。

第二节 医学专家邓仲纯

邓初(1888—1959),字仲纯,系邓石如第五世孙,邓艺孙次子。

光绪三十三年(1907年),邓初与其弟邓以蛰同赴日本留学,其间与陈独秀、苏曼殊同住。邓初学成归国后,一直以从医为生,并在医界享有相当高的声望。

安徽怀宁的邓、陈两家是世交,故邓艺孙与陈独秀交情深厚,陈独秀与邓仲纯、邓以蛰和邓季宣兄弟也交往甚密。光绪三十三年(1907年),邓初与陈独秀、苏曼殊同往日本,他们相互鼓励,相互砥砺。邓仲纯在日本读医学专科,他在留日期间除正常读书外,常与陈独秀、苏曼殊等人在一起交流思想。因此,他理解西方新思想以及科学与民主理论,支持陈独秀的思想观点。

宣统三年(1911年)，邓仲纯在归国行程中途经杭州，特意选好日子前往杭州的陆军小学，拜访了时任该校地理历史教员的陈独秀。其时，陈氏先从日本回国，两位朋友已很久未曾谋面，邓仲纯决定趁此时机与老友好好聚谈。于是，邓仲纯在杭州小住数日，专门与友人相聚。他们之间除叙谈个人私事外，国家大事也是他们必谈的话题。邓仲纯临别之时，为纪念此次特别的见面，陈独秀还题赠他"我书意造本无法，此老胸中常有诗"的篆联。并另赋诗一首云："垂柳飞花村路香，酒旗风暖少年狂。桥头日系青骢马，惆怅当年萧九娘。"邓仲纯非常珍视陈独秀所赠的这幅墨宝，并常带在身，后珍藏于怀宁老家铁砚山房的东楼当中。

邓仲纯回国后，经人举荐，先入民国北京政府内务部任佥事[1]。1917年，陈独秀任北京大学文科学长，邓氏常到陈独秀那里畅谈，向往新思想。五四运动爆发后，邓仲纯的革命热情像火一样被点燃了，常同陈独秀一起为宣传新思想而四处奔波。

1919年6月11日，陈独秀邀请邓仲纯及另外几个安徽老乡一起到"浣花春菜馆"吃饭。同为安徽籍人又都在异乡，而且当时正处于五四风潮刚过去的余潮，他们几人开怀畅饮，侃侃而谈国家大事。餐毕，陈独秀、邓仲纯和另一位安徽老乡去餐馆附近的新世界游艺场散发《北京市民宣言》传单。邓仲纯则在楼下散发，陈独秀他们在新世界的楼上向下散发，散落的传单像雪花一样纷纷落入行人手中，扩大了人们对新思想的认知。但是，由于时局动荡，当局安插了很多密探来搜捕对政府不利的人。当时，陈独秀身穿白色的礼服和礼帽穿梭在各层，被传单塞得满满的口袋引起了密探的注意。当天晚上密探们上报当局，陈独秀遭到了军警的逮捕。

陈独秀被捕的消息传开后，北京教育界立即行动起来，发起了签名

---

1 佥事：官名，管理一省监察、司法的长官。

营救活动，邓仲纯也积极参与其中。鉴于陈独秀在全国的巨大影响，当局迫于压力，于9月16日释放了陈独秀。邓仲纯和陈德等人都很高兴，大家还在那个餐馆举行了酒席，庆祝陈独秀的自由归来。

1920年，邓仲纯辞去在内务部的职务，又开始干他的老本行——医务工作。1930年，时任青岛大学校长的杨振生因是陈独秀的学生，他上任后即邀请邓仲纯到校担任校医并兼日文讲师。邓仲纯举家迁到青岛后，与杨振声同住在一个楼中。晚年的梁实秋在《忆杨今甫》一文中这样写道："今甫在校长任上两年，相当愉快。校长官邸在学校附近一个山坡上的黄山路，他和教务长赵太侔住楼上，一人一间卧室，中间是客厅，楼下住的是校医邓仲纯夫妇和小孩，伙食及家务均由邓仲纯夫人负责料理。"

1932年，国立青岛大学改名为国立山东大学，邓仲纯继续服务于该校。在山东大学工作期间，邓仲纯与老舍、台静农等人成了知心好友。邓仲纯是学医的，并非文坛人士，但因他是著名书法家邓石如的后代，家学深厚，且又是与陈独秀情同手足的挚友，故对国学也有独到的见解。他与诸位文学名士都能结交更是因为他的侠肝义胆、古道热肠的性格。教授们有什么疾病经常来找邓仲纯诊治。黄际遇先生在《万年山中日记》中有这样的记载："邀邓仲纯视疾，非用泻剂而已，竟日粥食，以半饿之方疗之，亦颇奏效……今日仍素食，谒校医邓仲纯受药，服之。"那时，老舍每次染病，都要到医务室找邓仲纯为其诊治。邓仲纯也心系朋友，每到换季时节，都会特地提醒老舍要注意调养，并赠一副良方让其服用。

梁实秋先生在《酒中八仙》一文中还写道："……山大校长杨振声、教务长赵太侔、文学院长闻一多、外语系主任兼图书馆长梁实秋、新月派主将方令孺女史、校医务室主任邓仲纯、总务长刘康甫、秘书长陈季超（为酒中八仙）。"邓仲纯的妻子系安徽桐城方氏家族的小姐，是方令孺的姐姐，邓仲纯不仅与杨振声交好，与其他几位也有不错的交情。

1934年秋，洪深、老舍、叶石荪先后到山大任教。邓仲纯又同赵太侔、老舍、赵少侯、台静农、洪深、叶石荪、萧涤非等教授结交为新的酒友，这就是所谓的"后酒中八仙"。台静农在其《我与老舍与酒》一文中曾提及老舍与邓仲纯的关系。

1937年7月7日晚，"卢沟桥事变"爆发，中国进入全面抗战，西南地区成为当时躲避战争的地方。邓仲纯携全家离开青岛逃难到四川江津。

邓仲纯携家到达江津后，在邓鹤年叔侄的帮助下，在江津城内黄荆街83号开办了延年医院。邓仲纯在江津安定甫毕，即致信时在武汉的好友陈独秀，力劝陈独秀到四川避难。性格倔强的陈独秀这次却听从了邓仲纯的建议，遂于1938年8月3日携继母、妻子潘兰珍及儿子陈松年来到了四川江津。

陈独秀一行到达江津后，起初与邓仲纯、邓季宣兄弟同住在一个院落。由于陈独秀为人不拘小节，穿着随便，再加上邓仲纯的夫人本来对陈独秀老夫少妻心有不满，认为他这是有伤风化。几家人住在一起，自然不可避免地出现了一些矛盾。

当时，天气炎热，陈独秀总是上身打个赤膊，下身穿一条中山短裤就在院里进进出出。邓夫人对陈独秀的行为非常厌恶，陈独秀知道邓夫人对他心怀不满，为了不让自己的朋友为难，他不久便另觅新居，搬离了邓家。

邓仲纯依旧经常前往陈家探望老友，不仅为他免费治病，还为他介绍了不少的朋友。当时，台静农在编译馆工作，而编译馆正设于江津的白沙镇。邓仲纯此时也在江津地区的延年医院工作。不久，好友老舍来到重庆，他知道后立马联系到了老舍。这一联系使得分别已久的三个朋友在重庆再一次相遇。

重庆在每年的10月至次年5月，总是云雾缭绕。日本战机盘旋在重庆上空，由于雾霾的阻挡使得敌机无法准确投递炸弹，重庆因此没有被日军攻陷。当时，重庆的江津地区聚集了众多的安徽籍人。

1938年，由于日军的进攻，再加上国民党政府腐败，滥发证券，导致通货膨胀加剧，国内物价飞涨，民不聊生，陈独秀夫妇的生活也陷入困窘境地。但是，陈独秀骨气铮铮，不为国民党政府所利诱，对社会各界的资助也不轻易接受，多以"谢绝嗟来之食"为由予以回绝。贫穷加上疾病，使陈家的生活日益窘迫，就连柏文蔚赠送给陈独秀的银灰色鼠皮袍也被他送进当铺，换钱补贴家用。

陈独秀患病后，邓仲纯为了使病重的好友得到及时治疗，多次邀请陈独秀搬进延年医院，以方便及时照顾和治疗他的疾病。在邓仲纯的多次盛情邀请下，陈独秀夫妇终于搬进了邓仲纯的延年医院。邓仲纯就成了陈独秀的义务主治医生，时常为他诊治，但是对患有高血压以及胃肠病的晚年陈独秀来说，治疗也只能缓解病痛而无法根治。邓仲纯待陈独秀如兄长一般，同食宿，共悲欢，尽力减轻陈独秀身体上和心理上的病痛。

1938年底，老舍、台静农从重庆同赴江津，到延年医院拜访老友邓仲纯。他们从重庆到江津需要五六个小时的车程，为了能早些见到老友，他们两人丝毫不顾舟车劳顿，到达延年医院时，恰好陈独秀正在邓家喝茶。老舍与台静农都是第一次见到闻名天下的陈独秀，深深鞠躬表示敬重。之后，他们一起谈文学、谈鲁迅的小说、谈论时局等，几位文学大家聚在一块儿，有着说不完的话题。但是，此次相聚并没有持续很久，因为台、邓两人皆有要事，于是匆忙告辞。

台静农在北大读书时，曾受李大钊和鲁迅等人的诸多教诲，并拜读了陈独秀的大量作品，这对他的思想影响很大。台静农对这位前辈一直怀有崇高的敬意，他曾说："在北京大学求学时，自己是'小不点'，对陈独秀只闻其名，未见其人，但读他作品最多，他是我新思想、新文化的启迪者之一，是我未晤而又十分敬慕的导师。"此次相见，使台静农得以与陈独秀成为忘年之交（台静农比陈独秀小二十多岁）。他们两人相交密切，书信来往频繁，几年内便通信104封。陈独秀未见到台静农之前，邓仲纯常向他提及台静农，陈独秀虽然未见其人，但对台静农的学识、人品已有所了解。台静农后来在回忆中还称陈独秀："我这一天会由重庆来，他就在这儿（邓仲纯家）等我，这使我意外和惊喜。他一到江津城，我就想见他，弥补了我晚去北京不能做他的学生的缺憾，现在他竟在等着我，使我既感动又惊异，而仲甫先生却从容笑谈，对我如老朋友一样。"从此，台静农与陈独秀成了文友、诗友和字友。可以说，陈、台的这段交好，邓仲纯在其中起了关键性的作用。

陈独秀在延年医院期间，邓仲纯就像对待兄长一样对他尽心照顾。由于战时物价飞涨，生活开销庞大，不愿再给朋友增加负担的陈独秀决定离开江津县城，搬至乡下居住。于是他于1939年5月将家迁到乡下的鹤山坪。对此，陈独秀在给台静农的一封信中谈到当时的情况："这里除了空气较城里好，一切均不如意，唯只有既来则安之而已。"由此可见，陈独秀搬到乡下实属无奈之举。虽然好友已走，但邓仲纯仍然给陈独秀介绍熟人且予以照顾。

江津白沙镇，也有一户邓姓望族——邓鹤年家族。江津邓家发迹于邓清涟(1819—1909)，原名洪顺，字石泉。祖籍江西临川，生于四川江北。幼年家贫，读了半年私塾就辍学归家。12岁进入江津朱氏钱庄做学徒，后来定居白沙镇，参与江边淘金。后邓清涟开始做小本生意。多年来四处奔走做生意，因为讲信用，被陈氏盐店吸收为股东，并在其中担任要职。30岁之际开设"洪顺祥"盐号。后来太平军占领了南京地区，使湖南、湖北地区盐市场供货不足，清廷为了缓解两省用盐不足问题，下令川盐东运，邓清涟的盐号此时大发其财。后来由于经营得当，邓家生意一直兴隆。为弥补自己当年读书不多的遗憾，邓清涟对儿孙的学业要求颇为严格，并聘请家庭教师督促邓家子弟读书。因此人才辈出，长子鹤鸣高中举人，次子鹤翔拔贡，六子鹤丹留学日本，其他子孙有成就的也不少。家族日渐形成重视文化、重视教育的传统。同治九年(1870年),邓清涟与人共同捐资创立聚奎书院,借以振兴家乡的教育事业,这个书院后来成为聚奎中学。

邓仲纯与邓鹤年、邓燮康叔侄认同亲族,后又介绍陈独秀与他们叔侄结交。喜欢结交名士的邓家叔侄对陈独秀非常敬重,并时常邀请陈独秀到风光秀丽的黑石山住宅居住游玩。黑石山自然景观独特,人文景观也很丰富。该山处于平畴之中,绿意葱葱遍及全山,山间道路蜿蜒而上,直通山顶,沿途尽是颜色黝黑的石头,故名为黑石山。此山风景秀丽,繁衍着多种珍稀动植物,陈独秀对这里的风光大为赞赏。此后,邓鹤年又邀请陈独秀到聚奎中学为师生们做抗战演讲,使该校的师生备受鼓舞。

在黑石山居住一段时间之后,陈独秀又回到了鹤山坪的石头墙院。此时,陈独秀的病情已重,但他仍然争分夺秒地编写小学识字课本。对此,陈独秀在给台静农的信中,即提及当时每天只能写五六个小时。为不使他伏案写作而导致病情加重,邓仲纯时常制止他过久写作。在陈独秀生命的最后时刻,邓仲纯一直陪伴在他的身边,并用各种医疗手段试图延长好友的生命,然而都未成功。

陈独秀在临去世前,邓仲纯遵照他的嘱咐给台静农写信,交代未完成的书要怎样处理。1942年5月27日晚,陈独秀在江津谢世。在陈独秀避居四川江津的几年中,邓仲纯视陈独秀为兄长,几乎成了他的义务保健医生兼通信员,除对他的身体疾病及日常生活帮助外,还为他介绍了不少知己朋友,减少了陈独秀在晚年的孤寂与贫困。此外,他还与邓鹤年叔侄一起为陈独秀料理了后事。

陈独秀去世后,邓鹤年叔侄出资将其安葬于江津长江岸边鼎山的康庄,其墓的后面是一片茂盛葱郁的橘林,面朝波涛滚滚的长江,葬礼由邓仲纯以及邓鹤年一家和其数位好友出席。邓仲纯面对自小相识且有着几十年交情的好友的离世,悲恸不已。

抗战胜利后,邓仲纯再次来到青岛,被组织上任命为青岛市人民医院院长。直到 1956 年，邓仲纯因年老退休，之后便前往北京，与女儿一同生活，1959 年，因病在北京去世，享年 71 岁。

第三节　教育名家邓季宣

邓季宣(1893—1972)，邓石如之五世孙，教育家邓艺孙之第四子。邓艺孙热心教育，在清末支持维新活动，在辛亥革命期间积极致力于安徽近代教育事业。邓家家学深厚，邓艺孙又注重对孩子的家庭教育，良好的家风对邓季宣也产生了不小的影响，使其形成了清高的品行、不慕仕途的性格。

邓季宣 8 岁开始接受塾师教育。12 岁那年，其父邓艺孙观察他的性格，希望将他培养成为家务的管理者，因此令他随家中的长工学习农事。除学习农业外，邓季宣对各种副业也表现出了极大的兴趣，如榨油、扯面、制作豆腐、熬制糖等，他都不生疏。邓季宣学习农事和副业前后 3 年，对他后来养成平民的个性产生了重要的影响。但是，他并未继续在手工技术或农业的道路上走下去，随后又听从父命学习经商。

随着邓季宣的年岁稍长，邓艺孙将他送到亲戚开设的乡镇杂货店当学徒，借以锻炼他珠算的能力。然而，他当学徒未满一年，有一天即与其中一个老板发生了口角，因年少冲动，他拿起木棍击打其人后立刻卷起铺盖回到了家中。翌年，家中请了塾师，邓艺孙令邓季宣也随同学习。邓季宣非常珍惜此次学习机会，态度认真了许多，因此进步很快，他的父亲颇感欣慰。

1911 年，辛亥革命爆发，邓艺孙的诸多好友都是安庆的革命人士，陈独秀、韩耆伯、易白沙组成青年军，年满 18 岁的邓季宣也入城参加，希望能为革命事业贡献自己的力量。邓艺孙见儿子不甘心于成为家务管理者，于是让他入芜湖甲种农业学校读书。邓季宣在农业学校刚读了一年，因年纪比同学年长，因此在同学中被戏称为"首脑"。其后，他因在学校组织罢考活动被学校开除。回家以后，邓季宣虽然从事农业劳动，但他并未沉静下来满足这种农耕生活，总是在闲暇之余翻阅家中藏书，继续学习。在这些藏书中，他对老子的《道德经》，庄子的《南华经》、《昭明文选》尤为喜欢，常手不释卷地读。除此之外，邓季宣还研习家族传统，练习篆隶书法，因此练就了一手漂亮的好字。在半耕半读中度过了两年后，他姐夫葛温仲见邓季宣性情暴烈，脾气并未有太大的改变，于是劝他阅读佛书以静心。

邓季宣听从姐夫劝说，赴上海入月霞法师主持的华严大学听经诵佛。半年以后，他返回家乡闭关一年，此后又用三年时间研习佛学。其间，邓季宣坚持素食，严格遵守佛家"五戒"。他虽然悟出了佛学的不少道理，但对佛学的兴趣日益消减，不想再继续研习下去，于是前往安徽省实业厅谋职，成为一名普通的科员。

当时，安庆汇聚了很多文人墨客，加之邓季宣自己也有一定的文学修养，他们经常在一起纵酒论诗。邓艺孙对儿子的做法颇有不满，认为他的脾气更适合静心，而不应立即放弃之前学佛获得的平静生活，邓季宣却以人的生活应当丰富来与其辩论，希望家人能够理解自己对生活的思想观念。

民国初年，受《新青年》和《甲寅》等杂志的影响，加上五四风潮席卷全国，使正值青年的邓季宣想要走出家乡实现自己报效国家的理想。此时，他恰好看到政府发布的招募青年人到法国勤工俭学的通告，于是毅然辞职前往法国留学。1919年，邓季宣辞别家人前往法国。

因为怀宁邓家与陈独秀家是世交关系，因此，邓季宣和陈独秀的两个儿子陈延年、陈乔年一起去法国勤工俭学。又因是留学生，经济拮据，为了省钱，邓季宣和陈乔年合盖一床被子。到了法国后，邓季宣先是在中学学习法语，随后进入里昂大学文学院学习。邓季宣在入读里昂大学前，陈氏兄弟准备转赴苏联，他们邀请邓季宣一同前往，被他谢绝，于是邓季宣一人留在了法国。

邓季宣在里昂大学没有待到毕业，便转学进入巴黎大学攻读哲学，辅读心理社会学和教育学。当时，他孤身留学国外，不仅要承受心理上的孤独，还经常要为生活费用担忧。邓季宣知道家中不富裕，所以经常打工挣钱，借以维持生活，同时还抓紧时间读书。邓季宣在毕业之际，为彰显中国的传统文化，以"墨子伦理思想"为题撰写毕业论文。

邓季宣留法九年，个人思想有了新的变化，对哲学、政治、教育和社会活动都有自己的独到看法。在哲学上，他坚信自然科学的因果规律，认为人的认识必须经过理智的认识之后，才能有主观思想去对事物进行改造，这也是实践的原则。在政治上，邓季宣倾向于卢梭的政治观点，赞成民主主义的政治制度。在经济上，他支持社会主义观点，并阅读过马克思等人的著作，他虽对马克思主义没有深入的研究，却认为马克思主义是科学的社会主义。根据《邓季宣略历》记载，邓季宣对于列宁思想的认识，仅从托尔斯泰所写的《列宁》一书中了解，托尔斯泰对列宁革命成就的赞扬和对于坚守原则的精神，对邓季宣的思想产生了不小的影响。

当时，中国青年无论是在国内还是在国外，都心系国家，渴望祖国强大起来。邓季宣作为一名热血青年，也常怀有这样深厚的民族感情。在巴黎期间，他曾与程演生、丁肇青等人组织东方文化协会。该协会以交流文化知识为机缘，借以联合在巴黎的东方弱小民族的知识分子，积极反对帝国主义。1925年，上海爆发"五卅惨案"，邓季宣的民族感情被激起，于是积极参加巴黎中国学生的爱国运动，多方宣传，希望纠正英国帝国主义对案件的歪曲。邓季宣的朋友邓校情问他是否加入该组织，鉴于个人的民族情绪和朋友友情，邓季宣应允了。但是，他加入以后，却发觉宣传的国家主义和党纲口号没有实际意义，且与他本人所憧憬的民族主义大相径庭,又因该组织成员也是以满足个人政治欲望为目的,这令邓季宣大为失望,于是坚决要求退出。1924年至1925年国内局势混乱,邓季宣作为留学生享受的安徽补给的津贴中断。最贫困的时候,他身上所余之钱只够每天吃一顿饭。在此情况下,为维持生活,他到巴黎的一家工厂打工。

邓季宣心地善良,每次发了工资,除给自己预留部分生活费外,就把余钱接济给比自己更加穷困的朋友。本来,他也打算赴苏联留学的,最后却因路费不足而放弃了赴俄计划。1926年,在巴黎的郊区举行世界民主青年同盟大会,邓季宣与安南杨代表东方文化协会参加,并在大会上做了激动人心的发言。当时,欧洲的专制独裁势力膨胀,在巴黎留学的有志青年组成了反法西斯同盟,邓季宣也以会员身份加入其中。

邓季宣从1928年留法归国后,先后担任复旦大学、光华大学的文史教授、四川女子师范大学和安徽大学的哲学教授。之后,他回安徽担任宣城师范学校校长以及安徽省立高级工业职业学校校长等职。全面抗战开始后,邓季宣组织流落于重庆的安徽师生成立国立第九中学。抗战胜利后,国立第九中学迁回安庆并改为安徽省立女子中学,邓季宣继续担任该校校长。

邓季宣留学法国多年,学贯中西,博学多才,决心将强烈的爱国情感给予教育事业,为祖国教育事业奉献自己毕生的力量。

"卢沟桥事变"爆发后,日本发动了全面侵华战争。北京、天津、上海、南京等军事重地相继失守,安徽也未幸免于难。残酷的战争致使百姓流离失所,学校停办、工厂歇业等现象层出不穷,全国各地一片狼藉。当时正担任宣城师范学校校长的邓季宣也逃难至湖北汉口,住在临时搭建的难民收容所中。此时的他,心里仍然念念不忘那些流浪在外的师生。他在考虑,时局动荡,学生们的学业怎样继续?正值学习的大好年华,却遭遇刚刚开始的战争,还不知道什么时候会结束。如果真的要等到安定的那一天,恐怕有很多学生会错失学习的最佳时机。而且,势必造成今后国家建设人才紧缺的问题。 在这种考虑之下，邓季宣开始四处奔走，联络原安庆中学的骨干人士，商量重建学校。 接着，他又去拜见同乡陈访先先生。 陈访先的身份是国民党中央执委，邓季宣希望他能帮助将安徽籍师生转移到四川，当时四川未被日军占领。 陈访先答应了他的请求，帮忙找到了一条船，将流落于汉口的安庆难民以及西迁来的安徽省立第三临时中学师生送到了重庆。 当时，船上有近200名师生，大家一致提议邓季宣为临时负责人。 抵达重庆后，邓季宣给陈访先发了电报并转呈教育部汇报情况。 教育部复电让邓季宣选择一处安全的地方，先将全校的师生安置下来，邓季宣义不容辞地带领这帮皖籍师生，在重庆江津中学校园安顿了下来。

此时，邓季宣知道师生住在江津中学绝非长久之计，因为该校也将于9月开学了。 为使流亡于此的师生能早日开始正常的学习生活，他不辞辛劳地前往重庆向陈访先反映情况。 陈访先向教育部长陈立夫建议，决定在江津德感坝成立第二所国立安徽中学。 原国立安徽中学改为国立第一安徽中学。 陈访先嘱咐邓季宣赶快勘定校址，将筹建新学校的工作交由他负责。

在政府的支持下，邓季宣立即返回江津并及时成立筹备小组，开始学校的筹建工作。 经过多处选址，他最后选定了江津的德感坝为校址，将学校设置本部和几个分部来进行教学。 他们借至善图书馆（今江津二中校内）建立学校本部，同时借三共、四述、竹贤、五福、五桂、云庄六座家祠建立各分部教学基地，并设置接待站，展开教师选聘和招生登记，派遣人员采购相关教学材料。 1938年8月，在江津德感坝上成立以安徽省立第三临时中学为主体的"国立第二安徽中学"，以陈访先为校长，而邓季宣担任总教导主任兼高中一分校校长，并代理校务。 入学之前，学校对学生进行选拔考试，然后根据成绩进行分班，以适应不同学习程度的学生。 在各种准备工作完成后，学校遂于1938年12月15日正式开课。 当时政府规定国立中学一般是一个省设立一所，或者几个省设立一所国立学校，而安徽却设立了两个，这对培养安徽人才起到了巨大作用。国立二中的学生多是随家人一起逃难到四川的，因而经济来源较为稳定，学生也能一心一意地读书学习，这与邓季宣主持校务和对学生严格要求是分不开的。而国立一中的学生多未与家人相伴而来，因而无人约束，学习态度敷衍，且一中课外活动较多，学生思想问题较为严重，从1938年开始，持续到1943年一中校长邵华先生离开才结束。

陈独秀在邓季宣的二哥邓仲纯的邀请下来到重庆，和邓氏两兄弟住在一个院子中，每家各住两间房，同在一个锅中吃饭。陈独秀到四川时，带了继母，还有妻子潘兰珍及儿子陈松年。晚年的陈独秀穷困潦倒，生活十分困难，为了贴补陈家，邓季宣安排陈松年到二中本部事务处工作，平时学校教室的桌椅门窗坏了，陈松年就去修理，他的木工手艺好，因此大家都称他是"小木匠"。

1939年4月，国民政府教育部颁布《修正国立中学暂行章程》，规定禁止以地名作为校名，要求统一国立中学建制，按照设立的先后顺序来确定校名。文件同时指出，国立中学的招生对象主要是流亡区难民，但不限制籍贯，一律实行公费制。在此情况下，国立第一安徽中学改为国立第八中学，邓季宣所在的国立第二安徽中学正式改名为国立第九中学，简称国立九中，陈访先和邓季宣的校职没有改变。

国立第九中学并不是单纯以中学为主，而是包括了初中、高中、师范和女中四个学部，共42个班级，1600余名学生。初中、高中的修业年限均为三年，男、女生分校学习，学校分春、秋两季招收新生。国立九中刚开始是为流亡的安徽师生创办的，因此最初的招生对象也以安徽籍学生为主，但同时也招收部分华侨和川籍学生。战争期间，学生流动性很大，中途休学和退学的现象时有发生，插班过来的学生也不在少数。因此，学校在编制班级时，没有明确人数的限制，同一年级也是根据人数多少来进行，有时一个班的规模就高达60余人，少则也有20人。学校建立了组织严密的行政机构，全校的行政中心是本部，处理全校的行政工作。各分部也配备相应的行政人员，但是分部主要进行教学。九中上下任务分配明晰，构成了连接紧密的行政体。

国立九中的日常管理主要由邓季宣负责，陈访先先生只是个挂名的兼职校长。为了规范学校的管理，提高学校的教学质量并将学生培养成为德才兼备的优秀人才，以邓季宣为首的学校领导班子，从学校的实际出发，为学校发展制定了许多切实可行的规章制度，使学校在战时能够得以正常教学。

国立九中的课程设置和课时安排，都按照战前中学教育体制进行，中学严格实行6学期制的教学计划。学校实行班主任负责制的管理模式，班主任由老师兼任，主要职责在于实施学生的学习、生活管理以及品德教育，及时找出缺陷，并帮助学生改正。为了及时检验学生的学习效果，学校每月进行一次月考，学业成绩由平时月考成绩和期末考试共同组成。同时，学校还规定，对于不合格的学生，不合格的科目不超过三科可以补考，一旦超过，必须留级。

此外，毕业班的学生需要参加四川省教育厅组织的统考，如果考试成绩合格就可以获得四川省教育厅颁发的毕业证书。对于优秀学生也有奖励政策，凡是初中毕业生成绩在前十名者，可以直接升入本校高中部继续学习，不需要再参加统一的高中入学考试。国立九中是在战火纷飞时期建立的，办学条件十分简陋，师生们过着异常艰苦的生活；当时也没有像样的教室，师生们大多是在祠堂或破庙上课，宿舍和食堂也是他们自己搭建的简易茅草屋，一到下雨天常常外面下大雨屋里下小雨。由于物资匮乏、粮食短缺，每日三餐，只有一顿是干饭，剩下两顿都是稀饭。师生们常常吃"八宝饭"——用霉米蒸出来的，然后煮一些胡豆下饭，而且饭菜常常不足，师生们只能吃半饱。为了使学生们养成良好的生活习惯，学校实施严格的军事化管理方式。学生们每天早晨被起床号催醒，只要号声一响，学生们就立即起床。如果有迟到的学生，就会受到管理早操老师的批评。集合号一吹响，学生们需要赶快奔到操场上站好队伍集体跑步,锻炼身体。 宿舍内务由学校安排人员定期检查,以督促学生培养爱干净讲卫生的生活习惯。

国立九中当地的交通极为不便,如果要去县城的话,只能乘坐木舟前往。 然而,江流湍急,流水无情,经常发生事故。 邓季宣的二女儿邓念慈就是在一次渡江中遇难的。

在这种极其艰苦的环境中,邓季宣和师生们并没有被吓退,他高举"教育救国"的大旗,号召学生们要牢固树立"读书报国"的思想。 学生们绝大多数都来自沦陷区,尝尽了国破家亡、颠沛流离之苦,对日寇的仇恨根植于心底,因此他们特别珍惜这来之不易的学习机会,丝毫不怕生活中的艰难困苦,是抓紧时间刻苦学习。 这些学生如饥似渴地汲取知识,决心成为国家的栋梁之材,争取早日为挽救民族危亡贡献出自己的力量。

邓季宣校长经常鼓励全校的广大师生,要他们秉承"读书救国""科技救国"的思想进行教学和学习。 国立九中的老师们大多来自沦陷区的公立和私立学校,不仅拥有较高的学历,也是资深的教育者。 他们热爱国家、心系学校、关心学生,为了能使学生成才,他们兢兢业业,无私奉献。 许多老师将学生视为自己的孩子,不仅在生活上关心学生的饮食和住宿状况,在教学上也注意培养学生爱国、正直、积极进取和诚实守信的品德。

邓季宣治理学校是本着"民族精神、科学精神、法治精神"的三大原则。 为了加强全校师生的爱国情感和民主意识,学校在本部的大门两侧,张贴着学生自己创办的壁报,以此来声讨日本鬼子的罪恶行径,抨击当局的不抵抗政策。 这些报纸大大激发了学生们的爱国情怀,学生一下课就赶来围观。 其中《大公报》最受大家欢迎,每次刚一张贴出来,总是被学生围得水泄不通。 学校对于学生的这些行为从来不加干涉,邓季宣认为这恰好是学生抒发爱国情感的途径。

国立九中校园内充满了民主氛围,当时流行的抗日歌曲在校园里被广泛传唱。 音乐教师瞿安华——父亲是革命家瞿秋白同父异母的兄弟——教学生们唱抗战歌曲，以此激励学生们的反侵略意识和爱国主义情操。 国立九中也创作了自己的校歌，歌词优美，慷慨激昂，充满着让人奋进的力量。

邓季宣少年时代深受家学熏陶，养成了不畏权贵、清高自洁的高尚品行。 平时，对于不合格的教务人员，他不惧权威，即使是国民党政府派驻进校的，也坚持辞退。 在国立九中时，他严格管理学校，不给可疑人员进入学校破坏正常教学秩序的机会。 邓季宣在法国留学期间，信仰国家主义，虽然参加过一些政治活动，但并没有参加青年党或民社党，他对国民党"一个主义、一个政党、一个领袖"的主张极为反感，坚决不肯参加国民党组织。 在安徽省教育界，许多人都是国民党官员，但邓季宣作为安徽教育事业中的重要一员，一向以无党派人士身份自居。 他在学校中也不接受国民党的党化教育，也不参加党务活动。 当时，国民党教育部长陈立夫对邓季宣的这一行为感到十分不满，想要拔除这根背上之芒，但鉴于邓季宣在九中治校有方，学生们规规矩矩学习，很少出现打架斗殴的现象，而且学生升入大学的比例也很高，有鉴于此，陈立夫这才没有立即动手，而是在等待机会除掉邓季宣。

后来，陈立夫派了九个人扮作学生来到学校，企图监视学校的行动。 作为校长的邓季宣识破了他们的可疑身份，坚决不肯接收。 硬的手段不行，陈立夫又使用软的方法，劝说邓季宣，只要他为国民党政府效力，政府就会让他到津贴丰厚的教育局担任督学。 面对利诱，邓季宣依然不为所动。 江津卫戍司令刘晓五听闻九中管理严格，学习风气优良，自然也希望自己的两个儿子能顺利地进入九中读书，于是便托人向邓季宣表达了自己的这个想法，但邓季宣拒收其子。 邓季宣的举动得罪了权贵，刘晓五借故诬陷他是反动分子。 此外，陈立夫也在找机会除掉这颗眼中之钉。 平时，邓季宣有一个习惯，每天晚饭过后，喜欢和朋友们玩几圈麻将。 在筹备成立民主政团同盟时，章伯钧写信约邓季宣到重庆作为发起人。邓季宣抵达章伯钧办公的地方,发现趴在桌子上睡着了的张国焘。他本身就不喜欢参与政治,担心自己加入该组织后与中共产生关系,因此拒绝了章的要求。结果,这件事被国民党特务探听到,于是,就在邓季宣和朋友打麻将时突击进屋,以校长不该赌博为借口对邓季宣严厉地训斥了一番。因为理亏,所以邓季宣只能低着头任其训斥。他知道这可能是陈立夫故意刁难自己,因此第二天就提出了辞职。

此后不久,时任国立女子师范学院院长的谢循初聘请邓季宣到学校外语系担任教授。因为学校的迁址问题,学校与教育部闹僵,全体师生为争取利益罢课罢教长达数月来抗议,邓季宣作为学校代表与政府交涉。时任教育部长的朱家骅认为他是滋事头目之一,以让其作为教育部安徽大学筹备委员的条件作为诱饵,派遣两个与之相熟的督学前往劝说,让邓季宣安抚广大师生,想以此息事宁人。朱氏的这一举动,再次被心系师生利益的邓季宣拒绝。

尽管邓季宣脾气粗暴,但他为人正义,疾恶如仇,是一个不贪慕名利、一心服务于教育的人。他对官僚主义作风深恶痛绝,一旦遇到当事者常会拍案而起,大骂其人。每次与年轻人集体讲话时,也从不掩盖自己的感情,对于当局也常常公然讥评,他的敢做敢言对当时的学生产生了很大的影响。

国立九中总共举办了21期,约有15 000名学生在这里读过书,其中初、高中修业期满的共15期,约3500人。抗日战争胜利后,国立九中和诸多国立中学一样面临解散问题。1946年7月,国立九中师生奉命复员回安徽的省府安庆。根据政府的有关指示,学校一分为三,分别是省立安庆女子中学、省立东流中学和省立宿县中学,邓季宣被任命为省立安庆女子中学校长。新中国成立后,邓季宣仍然在校长的职位上躬耕不辍。但此后不久,他即因喉咙疾病辞去了校长一职。

1949年4月,南京解放后,邓季宣的故旧柯庆施被任命为南京市副市长,柯庆施素知好友邓季宣的专长,因此将他介绍到江苏省立国学图书馆担任研究员，后任南京图书馆馆员、江苏省文史图书馆馆员等职。1957年，国家鼓励党外人士和人民群众积极向党提意见，邓季宣坦诚地向党提了一些意见。时年7月，毛泽东在南京召集华东各省书记开会，会上决定开展反右派斗争。随着反右派斗争的扩大化，邓季宣于1959年被补划为右派分子，最后于1972年在安庆含冤去世，享年79岁。

1978年，江苏省统战部发文，正式为邓季宣的冤案平反昭雪，恢复了他的名誉。

第五章

两弹元勋邓稼先

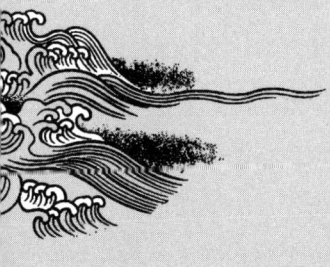

邓稼先（1924—1986），安徽省怀宁县白麟畈人，著名美学家邓以蛰之子，西南联大物理系毕业，美国普渡大学物理系博士，中国科学院院士，著名核物理学家，中国核武器研制工作的重要开拓者和奠基者，为中国核武器、原子武器的研发做出了重要的贡献，是中国核武器研究的重要奠基人之一，被誉为中国"原子弹之父""两弹元勋""两弹之父"。

第一节　邓家麟儿初长成

1924年6月25日，安徽怀宁县白麟畈的邓家老宅的铁砚山房内传来一声响亮的婴儿啼哭声，一个白白胖胖的小男孩儿降临人间。这个新一代的邓氏后人就是邓石如的第六世孙，后来被誉为"两弹元勋"的邓稼先。

说起邓稼先的祖籍白麟畈，它是一个名副其实、底蕴深厚的文化古镇。自清代大书法家邓石如成名后，白麟畈这个默默无闻的普通乡村开启了它前所未有的文化发展之旅。镇上的人因为仰慕邓石如的艺术才能，对邓石如的高洁品格十分敬重，因此纷纷加以效仿，并临摹他的字帖，研究他的篆刻艺术，白麟畈镇也逐渐形成了一种浓厚的学习书法艺术的氛围。练习书法离不开文房四宝，当地一些精明的人家开始生产笔墨纸砚，以供应笔墨市场的需要。商家研制出多种质量上乘、设计精美的笔墨用具，不仅满足了当地市场的需要，同时行销全国各地。在生产的书法用具之中，尤以白麟畈制作的砚台，声名最为远扬。普通的石头一经匠人之手，立刻呈现出各种形态各异、精巧别致的砚台来。这些砚台有的大如磨盘,有的小如铜钱,形状不一。砚台上镌刻着精巧别致的花纹,有的上面雕龙刻凤,有的又是水榭楼台之图,它们被整齐地陈列在店铺的展示台上,吸引着前来游玩的游客驻足把玩。也许是长久地接触这些文化用具的原因,这里的商人身上多了几分儒雅气质,与白麟畈镇的古建筑和安徽的徽文化融为一体。

邓稼先出生时,邓以蛰已经有了两个女儿,大女儿邓仲先已经年满11周岁,二女儿邓茂先也已经7岁。邓以蛰因曾经留学在外多年,重男轻女的传统观念并没有那么强烈。但是,邓稼先的降生也令他着实满足,毕竟儿女双全对于一个家庭而言是一件令人高兴的事情。

在我国古代,名字对于一个人具有深刻的意义,不仅仅供他人称呼,更多的是父母将自己的殷切希望通过名字寄托到孩子身上。同样,学识渊博的邓以蛰也非常重视长子的名字。为了给长子取一个好名,邓以蛰花费了不少心思。一日,他在窗前眺望着窗外那片绿意盎然、充满生机的田野。突然,眼睛一亮,惊喜地回过头和妻子说道:"我想到一个好名字!给咱们的孩子取名'稼先'吧。古书上记载,'禾之秀实,而在野曰稼'。'稼'是指田野里那些已经长出穗结了果实的禾苗。我希望咱们的儿子能够在中华大地上扎根,根植于中华大地,早日长大成人,成为造福中国民众的有用之人!"妻子听丈夫为儿子起了这么一个好听而又饱含寓意的名字,连连点头赞同。此后不久,邓以蛰到北大任教,留下妻子和孩子在白麟畈老家。

邓稼先继承了父母的优良基因,长得白白净净,忽闪着一双大眼睛,颇讨人喜欢。为了能尽早与家人团圆,邓以蛰在北京安顿下来后,便通知妻子,让她带着孩子们前往北京与自己会合。邓稼先随着母亲一起离开了这座充满江南特色的老宅,前往日后令他魂牵梦萦的北京,而他离开时刚刚满八个月。

邓家一家到北京后,住在丰盛胡同北沟沿甲12号,这是一座有着典型明清建筑风格的北方四合院。

这座四合院是一处旧宅，柱子上的朱漆早已剥落，房子本身也并不考究，但院子却显得很是宽敞，分为前院和后院。走廊由青石铺就而成，使院子显得更加别致、有趣。同时，院中栽种的植物也为院子增添了不少的活力。前院有上了年纪的龙爪槐，郁郁葱葱的叶子为小院献出一片令人悦目的绿意，而它的树冠像蔽日的黄伞；后院栽着一株丁香树，每到夏天，那盛开着淡紫色的丁香花便散发出沁人心脾的清香，吸引着小小的邓稼先走上前去细细品味。花儿是美好的事物，不仅在于它美丽的姿态，也在于它能够让人们呼吸到美妙的气味，陶冶着人的灵魂和思想。邓稼先非常喜欢丁香，这些童年时期形成的爱好，影响了他几十年。长大后，颐和园后山上那条长满丁香花的小径也成了他休闲、散心的好地方。

　　后院的北屋是邓家的核心地带，因为这是邓家男主人邓以蛰教授的书房。书房是人们精心研究学问，进行学习、工作的清静之地，对于知识分子而言，书房是他们生活极其重要的一部分，许多作品在书房里诞生。邓家的书房是邓以蛰的专属地带，房间内高高的书架上整齐地排列着卷帙浩繁的书籍，方便他阅读书籍。邓以蛰主攻美学和美术史，加上出身于书香世家，因此，书房里挂着珍贵的历代名人字画，闲暇之时，他常细细揣摩欣赏，琢磨其中的奥妙。此外，邓家祖传的古玩文物和各种刻有文字、图案的珍贵器物也有不少摆放在他的书房内。

　　时光如梭，转眼邓稼先已经5岁。经过父母商议，小稼先开始入读北京西城武定侯胡同小学。在去学堂的前一天，父亲把他叫到书房，语重心长地问他："稼先，明天你就要上学读书了，将要成为读书人。古人云：读书应有'三不朽'，你知道这'三不朽'是什么吗？"

　　小稼先摇了摇头，父亲告诉他这"三不朽"分别是：立不朽之德，立不朽之言，立不朽之功。邓以蛰还告诉他，上学读书学习知识固然重要，但是修身养德更是重中之重；在虚心学习先人留下知识的同时要有自己的思考和见解，并不断探索真理；立不朽之功在于将学得的知识和本领应用到实际生活中去，为社会做出一些贡献，为后人造福。邓稼先聆听着父亲的教诲,默默地把这些嘱托记在心里。

邓以蛰很关心儿子的学业,对他的功课要求也很严格。他还专门邀请私塾王先生来教家里的孩子们读《诗经》《尔雅》《左传》《论语》等古书,培养他们的古典文化素养。邓以蛰早年留学海外,接受了不少的西方教育,研究美学。但是,作为传统知识分子家庭出身的他,最早接触的是家中珍藏的字画精品,与国外艺术品相比较,在他看来,祖先留下的书画艺术更能表达美感。因此,即使新文化运动浪潮席卷全国,

1934年,邓以蛰的四个子女在北平的合影,右一为邓稼先

许多知识分子强烈呼吁"打倒孔家店",他仍要求自己的子女学习儒家文化。

邓以蛰经常让儿子站在他书房里的大铁火炉前背诵古书,而这个大铁炉比那时的邓稼先的个头还高。有一天,邓以蛰的好友张奚若教授来邓家做客,正遇到邓稼先身穿长袍站在那里背书。张先生听到邓稼先背诵古文,觉得很是纳闷,于是就问邓以蛰道:"叔存兄,现在都什么世道了,怎么还让孩子背这些东西呢?"他见到这位受过欧美文化熏陶的好友让自己的孩子背诵《诗经》之类,有些疑惑不已。邓以蛰却有自己的看法,他认为很有必要让孩子掌握中国传统文化的内容,这是身为中国人应该知道的,而且传统文化中的精华对孩子良好品行的培养大有裨益。但是,邓稼先对四书五经并不特别感兴趣,而偏爱数学等自然科学。邓以蛰喜欢收藏书籍,因此,家里大量的藏书为其提供了便利的阅读条件。这些书中,邓稼先尤其喜爱商务印书馆出版的百科全书。这些书籍扩大了邓稼先的视野,同时也深化拓展了他的兴趣。这为他以后走上科学道路奠定了良好

基础。

当然，邓以蛰还督促儿子阅读外国文学名著。例如，莫泊桑和屠格涅夫的小说，这些书籍都陪伴邓稼先度过少年时代。邓以蛰经常和儿子一起读书，读完之后，父子两人一起交流读书心得。例如，在阅读盖达尔的童话《丘克和盖克》一书时，文章的结尾是这样一段话：

什么是幸福？每个人有自己的见解。但是，所有的人们在一起，都知道和了解应该正直地生活，辛勤地劳动，并且热爱和卫护着被称为"祖国"的广大的幸福土地……[1]

祖国——这个词从此在邓稼先的心里扎下了根。父亲告诉他，个人的幸福常常和国家联系在一起，如果每个人都不热爱自己的祖国，不想为自己的祖国出一点力，那么祖国的实力就会越来越弱，祖国便没有能力来保卫个人及其家庭。听着父亲恳切的话语，小小年纪的邓稼先若有所悟地点点头。

邓以蛰在年少时期便开始了留学生涯，他先后留学日本和美国，因此，日语和英语水平都相当高。他知道中国大门已经敞开了，中国人还要频繁地和西方国家打交道，外语是与外国人交流必备的能力，所以他很重视邓稼先的英语学习。他亲自当邓稼先的英语启蒙老师，教给他学习英语的方法，指导他怎样背诵单词比较有效，哪些语法应该在什么样的语境中使用等。尽管自己工作繁忙，但是他对待孩子的教育从来都不敷衍了事，总是耐心细致地指导。聪明好学的邓稼先在父亲的指导下，对英语产生了浓厚的兴趣，他经常从父亲的书房找来一些能读懂的英文作品阅读。通过阅读英文文章，他的英语水平有了极大的提高。除了自己给儿子辅导英语，因为邓以蛰工作繁忙，担心不能及时督促邓稼先学习，于是，他还请了英语家教来辅导其学习。语言的学习需要从小开始，儿童的记忆力是最好的，邓稼先在父亲以及英语老师的帮助下，小

---

[1] 祁淑英：《邓稼先》，河北教育出版社2001年版。

学毕业时，他的英语水平已经达到高中一年级的程度。

邓以蛰虽然采用严格的态度来对待孩子的学习，但是在孩子的心性发展上却不加干涉。1933—1934年，他在西欧游历、考察之际曾给夫人寄过书信，信中道："教育小孩子当耐心、细心，且要循循善诱。因为我们是小孩子的亲爱父母，并非他们的阎王。"这与其接受的西方文化有很大关系。邓以蛰把西方那种尊重孩子自由发展的思想用于家庭教育，为孩子的成长营造宽松的家庭氛围，提供广阔的个性发展空间。18世纪，法国伟大的启蒙思想家卢梭曾经说过，上帝创造万物，都使为善；而人滥于施为，便成为丑恶了。在孩子成长中，必要的知识教育不可少，但是尊重孩子天性的自由生长使之成为自然人，在这一点上却经常被人忽视。邓以蛰的教育方法虽然并非是完全的"自然主义"，但是其中也包含了部分理念。这种教育方式，有利于使儿童对自己感兴趣的领域深入地进行探索，并且切身从兴趣中获得快乐。投入自己喜欢的领域，养成专心致志的做事习惯，不因外在事物的诱惑而放弃内心真正想追求的，方才不会轻易迷失自我，这也是尊重儿童自由发展的重要理由之一。应该说，邓稼先少年时代养成的性格对其今后的人生选择有重要的影响。

邓稼先的母亲王淑蠲是一位性情温柔、勤劳善良的东方女性。她悉心照料丈夫和孩子，很少发脾气，是典型的贤妻良母。邓夫人精心料理家务，不让丈夫为家中琐事操心，使他能够潜心研究学问。对于孩子们，她的爱总是如春风细雨般温柔，慷慨而又无私。

在邓稼先的记忆中，盛夏时节，父亲也常忍着酷暑在书房伏案，辛勤地笔耕，而母亲则带着他们姐弟几个坐在院子中央一边观看满天闪烁的繁星，一边给他们讲古老的神话故事。母亲一只手轻轻摇动着蒲扇，为孩子们驱赶蚊虫，另一只手指着夜空中的"银河""织女、牵牛星"，让孩子们观看。"吴刚砍树""嫦娥奔月"等这些流传已久的故事在孩子们眼中是那样神秘，那样美好。夏夜凉风习习，母子几人在院子里谈天说地,他们的欢声笑语常常会吸引父亲前来加入。父母相亲相爱,兄弟姐妹之间相互谦让、手足情深,在这样良好的家庭环境中成长起来的邓稼先更加了解爱与被爱的意义。

邓稼先小时候,父亲除了在清华大学担任哲学系教授之外还兼任北京大学哲学系主任,有双份收入,因此经济状况比较好。即使邓以蛰购买些自己喜爱的文物、古画,也不影响家庭的用度。邓稼先的母亲虽然出身于小康人家,但秉持着勤俭持家的原则来经营家庭,从不铺张浪费。当时,家里除了对患有肺病的父亲生活上给予特殊照顾,孩子们的伙食也是普普通通,邓稼先每天上学的早点往往是街上买来的枣糕锅饼之类的食物。邓家的孩子和其他孩子在一块玩耍,没有知识分子家庭与劳动人民之间的心理隔阂。他们也把火柴叫"取灯",把油条称为"果子",用这些平凡朴实的市民语言来与他人沟通。后来,当邓稼先参加工作后,他与工农以及一般的同事都能友好地相处,这不得不说是受童年生活影响的结果。

邓以蛰夫妇善良温润的脾气秉性在无形中影响着孩子们的性格,"求真、求善、求美"的人生信仰也成为夫妇俩教育孩子的一致理念。邓稼先在父母身上看到的是对别人的关怀;是谦逊,不以知识分子的骄傲歧视劳动人民;是勤劳,依靠自己的双手创造生活。他从心底深深地爱戴、敬仰自己的父母,希望自己长大后也成为一个心中有爱之人。

邓稼先善良的秉性自小就显现出来了。当时,邓以蛰在清华大学担任哲学教授,同时兼任北京大学哲学系主任。因此,邓家当时的生活还算比较富足。邓父为了考虑到孩子们年纪小,家里距离学校的路程也比较远,况且,北京的冬天经常出现风雪天气;夏天又骄阳似火,令人灼热难耐,考虑到天气原因以及孩子的人身安全等问题,邓以蛰决定买辆黄包车,雇用专门的车夫送孩子们上学。后来,邓家雇用了一位岳姓师傅每天来接送邓稼先上下学。岳师傅称邓稼先为"少爷",但被小小的邓稼先拒绝了。因为,在邓稼先看来,"少爷"是对那些刁蛮任性、剥削他人的土财主的儿子的称号。因此，他不允许岳师傅称他为"少爷"。而且每次邓稼先坐在车上，他心里都感觉特别不舒服，有一股愧疚的心情。岳师傅已经是一位上了年纪的人，而自己健健康康、生龙活虎的，怎么能让他费力拉自己呢？尤其是每次走上坡的时候，他看到岳师傅吃力蹬车的表情和额头上如线一般淌下的汗珠，他的心里愈发难过。这个时候，他往往借口下车，和岳师傅相伴而走，有时还跑到后面帮忙推车。岳师傅看到小主人这样善良，他心怀感激，但是担心被主人看见，丢了饭碗，央求邓稼先坐上车。邓稼先为了不让岳师傅为难，会在快到家的时候坐上去。平时，邓稼先和岳师傅的关系也比较亲密，经常到岳师傅的住处玩耍。一次，邓稼先把家里的香烟拿出来给岳师傅，求岳师傅陪他下棋。岳师傅语重心长地教育邓稼先说："陪你下棋可以，但是，你不能随便把家里的东西往外边拿，不能养成坏习惯。"邓稼先懂事地点点头，答应岳师傅不再做这样的事情了，同时，他也深深感受到劳动人民身上朴实、善良的品质。邓稼先一直都保持着平和的心态，从不轻视底层群众，这与他从小与劳动人民融洽地相处有极大的关系。

邓稼先和所有的小男孩一样，贪玩、调皮。他喜欢放风筝、抖空竹等游戏，在游戏中获得无穷乐趣。除了这些，他还爱拿一些奇形怪状的东西来玩，例如茶壶、茶碗盖子，似乎他也能从这些不起眼的东西中发现好玩之处。另外，他对弹玻璃球情有独钟，一旦沉浸在弹玻璃球的游戏中时便会忘记时间，直到天完全黑了下来，他们才解散回到各自的家里。母亲看到他一脸的泥猴儿样，一边用小毛刷替他洗手，一边心疼地嗔怪道："你看你，这双黑爪子啊……"慈爱的语气中夹杂着责备，但是，不管时间再怎么晚，邓母从不打骂他。在教育孩子的问题上，很多家长会将孩子们犯的错误放大，轻则谩骂，重则使用棍棒。这样的教育方式虽然会降低孩子犯同类错误的概率，但是不利于孩子的身心健康。尤其是对待孩子玩游戏的问题，家长应该站在孩子的角度，分析孩子喜欢游戏的原因，并且对游戏性质进行区分，鼓励孩子进行有益于身心成长的游戏活动，而不是以偏概全，否定所有的游戏，应该让孩子们培养从游戏中探寻事物奥妙的好奇心。

邓稼先特别喜欢看戏。一次，家里人带着他一起去剧场听戏，戏院对儿童免费开放，但是不提供座位，小孩子只能站在家人身边。当时，穿着小长袍的邓稼先没有像其他孩子那样老老实实地待在家长身边听戏，而是一个人跑到戏台子前面，两手托腮出神地看着舞台上戏剧演员们的表演。在看到《西游记》这出戏剧时，演员们精彩的表演让他目不转睛，猴王的一个跟头让他乐开了花，一甩胳膊不小心把前排看客桌上的瓷茶壶碰到地上。周围的看客都被一声清脆的响声惊动了，入神的邓稼先这才缓过神来，知道自己闯祸了，慌慌张张地给别人道歉，然后灰溜溜地回到父母身边。回到家里，邓稼先受到母亲严厉的批评。但是，这样的教训，一夜过后小稼先便忘得一干二净。

在邓稼先读小学时候发生了一件趣事，那时他是二年级的小学生。一天，天已经擦黑，母亲迟迟不见邓稼先回来，很担心，于是着急地在家门口来回张望。等了许久仍然不见儿子的身影出现，她让大女儿仲先到学校去看看情况。仲先匆匆赶到学校，看到校园里早已空无一人，只砖墙处还有一个学生的身影。她走近一看，果然是弟弟独自规规矩矩地面朝着砖墙站着。她急忙走上前问弟弟发生了什么事情，为什么这么晚还不回家。邓稼先告诉她，原来自己和同学们一块玩耍时失手把教室的窗玻璃给打碎了，老师罚他站墙角反省。后来，大姐把玻璃钱赔了之后才把他领回家。

邓稼先的这股憨厚劲儿，使他在学校中获得了很高的人气。不论是对待优等生，还是差等生，不论是家境富裕的，还是出身贫农的，邓稼先都等同视之，对待自己的同学总是真心诚意的态度。对于他的憨厚，同学们戏谑地称他为"二百五"。年幼的邓稼先对此并不介意，他不会因为一些小事便耿耿于怀。有一次，母亲到学校有事找他，他一个要好的同学，当着他的面对其他同学轻声说："快走，快走，五百来了！"他听了非但没有生气，自己还笑了。这足以看出他的胸襟开阔，大度宽容。

在日常生活中，邓稼先随时能够寻找到有趣的东西来玩耍。他喜欢把双手吊在门框上，然后身子来回摆动，享受着这独特"秋千"所带来的乐趣。他有节奏地来回摇摆，靠双腿悬空的蹬踹动作和腹部肌肉力量的收缩来调整摇摆的速度。每当家里有熟人来时，他便优哉游哉地边打着"秋千"边报来客的姓名。一次，恰巧遇上许德珩夫妇前来做客，他的调皮给许夫人留下了深刻的印象，因为他的姐姐们都穿得整整齐齐、规规矩矩地坐在屋子里，只有他还在秋千上游荡不下来。"许伯伯、许伯母来了！"他像往常一样大声汇报给父母。许夫人进了屋子之后，笑着和邓母说，你家这个男孩还真调皮。谁也没想到，十几年后，这个顽皮的男孩儿竟成了她的女婿。

书香世家的文化熏陶，父母开明的家庭教育使邓稼先度过了一个无忧无虑的童年。他爱玩的性格，使他在成年以后能够在枯燥艰苦的环境中发现生活的乐趣、在紧张忙碌的工作之余寻找生活的美好，既给自己缓解压力，同时也给周围的人带来快乐。在世界上，很多成为某一领域专家的人，不少人除了学习和工作之外，找不到其他娱乐的方式。也许他们从学习和工作本身就能获得快乐，可是漫漫人生长路，工作只是生活的一部分，探索生活本身的乐趣也是一种能力。今天信息科技日益发达，人们面临着越来越多的压力，培养某一方面的兴趣，对于个人身心健康发展具有深刻的意义。

1935年，邓稼先考入志成中学，次年转入崇德中学。崇德中学是一所教会学校，由英国人开办，因此，学校非常重视英语教育。在这里，邓稼先的英语得到了良好的训练，加之他扎实的英语基础，在学习上他游刃有余。中学时期的邓稼先对数学和物理非常感兴趣，尤其是数学，他常沉浸其中。每天学习数学到深夜，常常为了解决一个数学难题而熬夜演算，直到得出正确答案为止，一张张画满算式的草稿纸遍布他的小屋。为了发挥儿子在数学上的优势，邓以蛰请师大附中的李老师到家里指导邓稼先，帮助邓稼先在数学上再进一步。此外，邓稼先在物理上也显示出了非同一般的才智，复杂的物理现象在他看来是那么有趣，物理成绩经常名列前茅。

　　进入崇德中学，邓稼先不仅学习到丰富的文化知识，也结识了一生的挚友——杨振宁。邓稼先刚进入崇德中学时，杨振宁是比他高两届的学长，他们经常一起玩耍、学习。其实，邓、杨两家早就认识。杨振宁的父亲杨武之，祖籍安徽合肥，杨武之从美国留学回来后，在清华大学任教。邓稼先的父亲邓以蛰祖籍安徽怀宁，从美国留学回来后成为清华大学哲学系教授。邓以蛰、杨武之既是同乡又同在清华任教，且两家又都居住在清华园，所以关系一直十分融洽。在学校里，邓稼先待人忠厚，且性格较为沉稳。杨振宁天资聪颖，性格活泼开朗，他成绩优异，但却从不恃才自傲，经常帮助成绩差的同学。于是，老师和同学都称杨振宁为"机灵鬼"。课余时间，这两个小伙伴常常在一块玩耍，形影不离。杨振宁酷爱艺术，尤其对音乐情有独钟。假期一到，两个小伙伴便聚在一起，用手摇留声机播放音乐唱片。优美的旋律萦绕在耳际，两位少年的心在音乐的洗礼中愈加平和。杨振宁开朗活泼，邓稼先敦厚少言，互补的性格使得两个人相处时，多半情况是杨振宁口若悬河地讲话，邓稼先则坐在一旁微笑聆听。浸润在亲情和友情中的邓稼先无忧无虑地度过他的少年时代，同时在学校中里享受着知识带来的快乐。

　　中学时期是一个人的人生观开始形成的重要时期，处于青春期的邓稼先在受到父母良好家教的同时，开始阅读大量优秀的文学作品。不论是国内大家的著作，还是外国名著，书上很多名言警句他都铭记在心，并以此作为自己的座右铭来激励自己前进。他经常对弟弟邓□先说："屠格涅夫的《罗婷》里有一句话说得真好，'人不要做言语的巨人，行动的矮子'。"那时弟弟年幼，对哥哥的这句话很费解，许多年后他终于明白了哥哥说的这句话。行动重于言语，邓稼先以自己的实际行动来践行了他对报效祖国的决心。

就在邓稼先对世界的认识刚刚起步的时候，1937年，震惊中外的"卢沟桥事变"发生了。日本侵略军迅速占领了北京城，开始了更大范围的扫荡。北平的许多学校由于战争遭到停办，由于崇德中学属于教会学校，因此，日军不敢轻举妄动，崇德中学正常的教学秩序没有受到干扰。但是，身为中国人，这突如其来的战争打乱了邓稼先平静的生活，他开始关注时局，和同学们一起讨论国家的命运。青少年时代是一个人树立对这个世界看法的重要阶段，这个时候的男生开始朝向成人的体质和心智方向发展。他们将目光从关注自身所需思考自己与周围世界的关系，思考以自己的力量如何使社会变得更加美好。这种心理上的变化在男孩子身上变得尤为明显，他们对国家大事变得关心起来，除了品评时局，他们渴望用自身行动去为国家、为社会做出贡献。自幼受父亲强烈爱国之情的影响，青少年时期的邓稼先面对外敌入侵的国家境况，他不可能无动于衷，眼睁睁看着祖国被外族践踏。没有力量持笔疾呼唤醒全国人民，没有铁枪利剑，作为一名中学生的邓稼先以自己力所能及的行动去维护自己身为一名中国人的尊严。

日军占领北平后，下令中国百姓从日本哨兵面前经过时，都要鞠躬行礼。日方的这一行为，一方面是在炫耀自己的武力，另一方面也是变相对中国人进行侮辱。在自己的地盘上，向侵犯自己的敌人鞠躬敬礼，无疑是在敌人面前承认自己的软弱。血气方刚的邓稼先对此非常不满，他不愿意去看日军的嚣张气焰。因此，他上学时宁肯绕道走远路也不愿意去给日本兵鞠躬行礼。而且，为了控制中国人的思想，日军对那些宣扬抗日卫国的书籍进行销毁，禁止售卖。然而，这丝毫抵挡不了中国人对探索救国之路的热情，也阻拦不了邓稼先对进步书籍的渴望。为此，他经常去旧书摊搜寻日军禁读的书籍，在当时压抑沉闷的环境里寻找精神食粮。邓稼先渴望从这些书中了解时局，找出能够挽救民族危亡的

"良药"。为了多获得这种"良药",他去旧书摊频繁地"溜达",以致卖书的小贩都认识他。每次这个身穿长衫的瘦高青年一靠近书摊,摊主就悄声招呼他走近一些,偷偷地将怀里藏着的书籍拿给他。拿到书籍后如获至宝的邓稼先感激地向摊主道谢,然后匆匆赶回家去阅读这渴盼已久的书籍。

日军的嚣张气焰越来越盛,他们逼着占领地的市民和学生们开会游行以庆祝他们获得的胜利,即便是北平也不能幸免。1940年,北平市日伪当局下令全市市民和各校学生参加庆祝"皇军胜利"的活动。尽管很多中国人都心中愤愤不平,但是,因为手无寸铁,只好忍气吞声地参加日军的"庆祝会"。开会时,会场上戒备森严,人们像羔羊一样被困在场上,周围有许多日本兵维持秩序。邓稼先听着日本人得意地讲话,心里满腔怒火。终于,会后,他再也忍无可忍,将手里的纸旗愤怒地一把撕碎了,并狠狠地扔在地上踩了一脚。

日军的小旗子被撕碎在地,日伪安插在学生中间的狗腿子发现了这一情况,他们开始寻找这名"叛逆者"。恰好,当时学生们正在解散,他们没有看清是谁扔的,但是他们看到是志成中学的学生所为,于是立刻通知邓稼先所在的学校,要求学校交出这名学生。那时,邓稼先正在读高三,崇德中学在他高二念完之后就停办了,因此高三时他又转回了志成中学。针对这件棘手的事情,志成中学的校长暂时将此事搪塞过去。后来他了解到这件事情是自己的朋友邓以蛰的儿子邓稼先所为时,为防止日军继续追究,他立即赶到邓家,将这件事情告诉给了邓以蛰,并陈述了事件的严重性。最后两人决定让邓稼先前往其他地方避风头。

于是,稼先与大姐仲先先到昆明去避难。因为抗战时期北方许多大学,例如北大、清华还有南开等大学都纷纷南迁。安排邓稼先姐弟俩前往昆明,邓稼先的学业不受影响,也有利于将来在昆明上大学。此外,当时北大、清华南迁,邓以蛰许多相熟的同事、朋友也都在昆明,邓氏姐弟前往此地,也有长辈照顾。于是,邓稼先和姐姐便跟随另外两位教授及他们的家人一起前往昆明。

即将离开北平了,对这个生活了十几年的城市,邓稼先的心里充满了不舍。在临别的前两天,他骑着自行车载着10岁的弟弟邓□先将北京城那些自己常去的地方又重走了一遍。他们绕过东四牌楼、景山、故宫、北海……在紧闭的故宫门前邓稼先去感受故宫建筑的雄伟气魄,在北海公园慢慢踱步目光留恋着这一片美丽的景色。那平时看惯了不曾发觉到的美似乎在临行前的这一刻突然涌现,让人措手不及,心怀震撼,却又不想和这些熟悉的地方挥手说再见。生活中总会出现这样的现象,许多我们平时认为平凡无比的人和物,在某一时刻会觉得格外美丽,这种时刻在离别时更容易出现。因为离别意味着未来一段时期内,你将不会轻易地接触这些熟知的事物,因此,人在临行前去观察微不足道的日常事物,常常会产生不舍之情,因为人是带着一种特别的感情来看待它们的。邓稼先心情复杂地骑着自行车穿梭在与自己的过去有着千丝万缕联系的地方,恨不得将这些地方的一草一木,一人一景,一股脑都记在脑子里。这一别,不知何时还能回到北京,日军盘踞在城内,国家命运岌岌可危,令邓稼先心里最难过的是要离开这个温馨美好的家。母亲温柔的眼神、父亲熟悉的声音、弟弟可爱的模样从此以后将很难看到、听到,对于初次离家的十几岁少年来说,离开家还是一件残酷的事情。临行前,母亲准备了一桌丰盛的饭菜为姐弟俩饯行,父亲则在一边叮嘱着各种事情,生怕孩子们忘记了。他还交代儿子以后要学习科学,学科学对国家更有用。以笔为戎可以唤醒国人,共抵外侮,也可以为建立民主、自由的国家添砖加瓦,然而,在真正的战争来临时,器物层面的落后也是我国屡战屡败的不争原因。邓以蛰满腔爱国情怀,也曾幻想以笔来为危难中的中国减少一些苦难,但是,看到国内经历了一系列动荡之后,他深切地感受到以文科知识来救国的艰难和无奈。科学相对于文科而言,在生活中的实用性更强,一旦得到应用,便能够迅速显出成效。

饭后,母亲和姐姐们在屋子里哭泣,伤心的啜泣声让人听了更觉伤感。 此时，邓稼先和弟弟站在院子门口，他语气坚定地和弟弟说："毛弟，我现在只有仇恨，没有眼泪！"这句话出自一位16岁少年之口，足以看出这份深厚的爱国之情早已扎根在他心里。 在此后的几十年时间里，他一直将这份深沉厚重的感情化为力量，勤学知识、认真工作，终于为新生的中国研制出第一颗原子弹和氢弹，拉开了中国核武器事业的帷幕。 报效国家，这是邓稼先在少年时代就树立起的志向，这个志向像是一支方向标指引着邓稼先不懈地奋斗。 人需要有理想，树立坚定的人生理想，人生才不会时时感到迷茫，才不会在各种诱惑面前忘记自己的初衷，自己未来要走的路。

"儿行千里母担忧"，一双儿女即将远离自己，南下逃难。 一想到从此以后便不能看见他们的身影，邓母的心里就一阵难过，眼泪就情不自禁地流淌下来。 南方的饮食不知道他俩能不能习惯？ 一直在北方长大的稼儿能不能适应南方潮湿的气候呢？ 虽然南方冬天没有北方那么寒冷，但是子女的冷暖依然是母亲放心不下的大事。 邓稼先姐弟在离开的前一夜，母亲连夜为他们缝制了一双新被子。"临行密密缝，意恐迟迟归"，每一针一线都是对远去孩子的万般不舍。 第二天，父亲将邓稼先姐弟俩的行李放到黄包车上，邓稼先和姐姐与妈妈拥抱了之后，便坐上了车。 坐在黄包车上的邓稼先回头和家人挥手告别，当他看到母亲不住低头拭泪时，心里翻滚着一阵阵酸楚。 邓稼先带着家人沉甸甸的爱，开始了人生的第一次漂泊之旅。

1940年初夏时节，邓家姐弟踏上了南下的行程。 当时，日本人占领了北京，不能乘坐火车。 于是，邓家姐弟便乘坐"津江号"货轮从天津港出发，前往昆明。 轮船在海上航行了数十个小时之后，到达了第一站——上海。 姐弟俩住在父亲的老友胡适先生家中。 胡适恰逢外出，留在家中的胡夫人也是安徽人，看到两个小老乡很是高兴，她热情地款待了邓稼先姐弟俩。 住了几天以后，他们离开胡家，继续下一段行程。 货轮中途经过香港、越南、河内，他们再从老挝进入中国境内，最后到达昆明。在途经香港码头时，船停泊四天卸货。一天傍晚，姐姐带着邓稼先到码头上闲逛，他看到许多之前未曾见到的事物。双层公交车载着乘客在道路上穿梭着、欧式建筑高高耸立……面对此前从未见过的一切，邓稼先内心充满了激动，也充满了感慨，希望处于动乱之中的祖国内地某一天也能有这样的发展。目睹过香港的繁华之后，邓稼先也见到其他地区生活在贫困中的人群。轮船在越南港口停泊时，他看到年迈虚弱的老妇人带着小孙女在过海防检查站口时，遭到法国警察的欺压，老人那种满含委屈却不得不忍气吞声的眼神让邓稼先心生怜悯。他也看到搬运工扛着百斤重的大麻袋一步一步艰难地卸载货物。"弱国无外交"这种政治现象在国际社会是常态，大国虽然在国际社会上竭力打着人人平等、自由的旗号，但那种待遇仅限于对本国国民。一旦牵扯国家利益，列强各国互不相让。强国为了争夺更多资源，侵占弱国，将其作为自己的殖民地，掠夺各种资源以供应本国生产、发展的需要。然而，最为不幸的就是那些手无寸铁的殖民地人民，忍受着无情的欺压。自己的祖国也正在一步步沦陷，未来能否成功摆脱日寇的魔掌，尚不得知。年轻的邓稼先手扶船上的栏杆，陷入了深深的思考之中……

早在邓稼先姐弟去往昆明之前，邓以蛰嘱托自己的好友汤用彤，请他在昆明帮忙照看自己的两个孩子。汤用彤夫妇对姐弟俩悉心关照，此外，邓以蛰的其他一些在西南联大的朋友如杨武之、张奚若、闻一多等人在听说邓家姐弟到了昆明的消息之后，都纷纷过来看望。长辈们询问了关于北平和父亲的一些情况，同时嘱咐姐弟俩如果有什么困难，一定要及时告诉他们。这份热情让初到异乡的邓家姐弟备感温暖，减轻了些许想念家人的痛苦。

邓稼先临行之前，父亲便嘱咐他，要去四川江津地区国立九中读书，继续完成高三学业。邓以蛰选择国立九中的其中一个原因是，邓稼先的四叔邓季宣正在那里担任校长。邓季宣曾留学法国，他治学严谨，严格管理学校，因此九中学风浓郁，邓以蛰让邓稼先去九中入读，很大原因是想让四弟代自己督促儿子的学习。在昆明停留不久，大姐就把邓稼先送到了江津插班读高三，然后回到昆明，在一家工厂上班，一有空便去探望弟弟，悉心照料弟弟。

江津地处重庆的西南，濒临长江。抗日战争时期，沦陷区的难民们纷纷前往四川，江津地区也成为许多人的避难所。重庆作为战时陪都，因为外来人员的大量拥入，物资变得更加紧缺。普通百姓处于食不果腹的窘迫状态，正在长身体的邓稼先也常常为吃不饱饭而烦恼。生活条件的艰苦并没有消磨他的意志，在学习上他仍然刻苦用功，因为他时刻不曾忘记自己读书的使命。

1941年，邓稼先高中毕业，顺利考入国立西南联合大学物理系。西南联大是抗战时期全国赫赫有名的高等学府，它是由北大、清华和南开大学迁往重庆后合并而成。学校名师云集，有许多享誉世界的知名教授和学者。联大物理系的师资力量也非常雄厚，教授之中有参加过测算普朗克常数的叶企孙，在原子和分子一般理论中做出过突出贡献的吴大猷，饶毓泰、王竹溪、周培源以及赵忠尧等知名物理学家也活跃其中。这些名师丰富的学识和非凡的谈吐为物理系的学子们摆上一道道美味的知识佳肴，吸引着他们去慢慢靠近、细细品尝。除了获取知识，联大对学生影响最大的当数教授们执着追求学问的态度。邓稼先深受这些老师的师风浸润，在学习上认真、踏实，不急不躁。除此之外，他的大姐夫郑华炽教授也在西南联大任教，并于1944年担任物理系的主任。郑华炽曾和吴大猷合作测试拉曼效应，获得哥本哈根学派创始人玻尔的赞赏。同时，在光谱学方面，他是我国利用光谱学探讨物质结构的先驱者之一，是我国最早的光谱学家。严师出高徒，联大物理系在特殊的年代里培养出诺贝尔物理学奖获得者杨振宁和李政道，以及邓稼先、黄昆等中科院学部委员。

梅贻琦先生曾经说过："所谓大学者，非有大楼之谓也，有大师之谓。"西南联合大学正是这样的学校，即使是在抗日战争的艰苦时期，学校物资紧缺、设备简陋,加上日本敌机的频繁轰炸,但是,学校的校长及其教授们依然秉持严谨治学的态度,兢兢业业地在教育事业上耕耘着。 教授们拿着微薄的薪水,但仍然满怀热情地将知识传递给学生们。 学生们则不讲究吃穿,争分夺秒地刻苦学习,因为他们身上背负着国仇家恨。

正是抱着学成归国的理想,联大学子忍受着艰苦的环境,如饥似渴地学习科学文化知识。 当时,联大物理系拥有五栋平房作为教师以及院系办公场地。 在剧烈动荡的条件下,校方仍然想方设法为学生们购进一些新的教学设备和书籍报刊,以保证学生知识能够得到及时更新。 为了保证这些得之不易的教学设备和实验器材不被敌机所轰炸,师生们绞尽脑汁,想出各种方法,采取措施来进行保护。 当时,系里有一批从北平运来的珍贵仪器,师生们决定把这些仪器装入一个宽大的空汽油桶,然后挖坑埋起来,防止敌机看到后炸毁。 大家本以为这样就可以使器材免遭厄运,但是,敌机还是把其中的一部分材料给炸了,这令物理系的师生们痛惜不已。

联大的学生们生活条件相当艰苦。 学生们住的宿舍是用土墙垒成的,房顶上盖着茅草,一到阴雨天,宿舍外面刮的风逢孔便入,雨滴也不断渗进来。 当时,学校宿舍数量有限,学生们只能拥挤地居住着,一个宿舍住四十人,一律是两层的木板床,冬天,学生们坐在床上裹着被子看书。 夏天到了,酷暑难耐,他们就穿着背心和短裤在宿舍里的木桌上做功课,经常被蚊虫叮咬。 除了要经受住宿上的恶劣条件,学生们还经常忍受饥饿的痛苦。 战后物价猛涨,粮食供不应求,食堂里的米饭里掺杂着很多沙子,学生们在露天大棚里吃饭的时候,遇到大风天气,风把尘土吹进饭碗里,学生们相互打趣说这是"八宝粥"。

教室的房舍也很简陋,屋顶由铁板搭建而成。 每逢下雨,雨点便噼里啪啦地打下来,密密匝匝,声音如麻。 那分贝早已盖过了老师的讲课声,扰乱正常的上课秩序。 迫于无奈,老师只好让学生们上自习。 抗战时期,处于大后方的昆明也难以摆脱敌军的侵袭。 敌机经常盘旋在昆明的上空，时不时地投下一颗炸弹。一旦有空袭警报声响起，师生们就赶紧解散躲避轰炸，像这样的情况，并不少见。

即使在这样的条件下，学生们仍然不忘记刻苦学习。当一个人对精神食粮的渴望超过了对无知的欲求后，那些艰苦环境于他而言根本不算什么。国仇家恨成为学生们学习的动力，很少有人因为艰苦的条件而放弃对知识的追求和对理想的坚持。

孟子说："天将降大任于斯人也，必先苦其心志，劳其筋骨，饿其体肤，空乏其身，行拂乱其所为，所以动心忍性，曾益其所不能。"许多年后，这批在艰苦环境中成长起来的联大学生，其中很大一部分成为享誉世界的专家、学者，成为建设祖国的栋梁之材。后来，由联大师生担任中央研究院首届院士 27 人（1949 年）、154 位中国科学院院士、12 位中国工程院院士，其中杨振宁、李政道 2 人获得诺贝尔物理学奖；赵九章、邓稼先等 8 人获得两弹一星功勋奖；黄昆、刘东生、叶笃正、吴征镒 4 位获得国家最高科学技术奖；宋平、彭珮云等人成为国家领导人。西南联大仅存 8 年，但是培育出许多举世瞩目的杰出人才，因此，被誉为"中国高等教育史上的奇迹"。

在这样浓厚的学习环境中读书，邓稼先的专业课学得都相当扎实。邓稼先学习态度非常认真，对于珍稀的资料，他总是不怕麻烦，认真用笔抄写下来。对于重要的专业知识，他也细心地做学习笔记。尽管邓稼先的英语基础一直很扎实，但是到了大学，他并没有放松对英语的学习。为了掌握更多的英语词汇，他和同学一起背诵牛津字典。正是这样勤学刻苦的学习精神，邓稼先才拥有坚实的专业基础，成为他日后留学与研究、设计我国原子弹的有力工具。

处于新旧社会交替变革中的一代，邓稼先和杨振宁对中国古典文化也颇为欣赏。他们二人以背诵中国古典诗词来充实自己的大学生活。联大借用的昆华中学校舍的东墙一带，是邓、杨二人背诵诗词的"专属地带"。这里比较僻静，他们一人悠悠地背诵，另一人则充当老师的角色,手持书本检验对方是否有出错的地方。 背诵诗词,对于二人来说,最重要的目的是获得美的滋润。 年轻人追求真善美的热情总是饱满的,也正是由于这份饱满之情,才激励着人不断地向前行进。 科学家不是皓首穷经的"苦行僧",也是热爱生活的"聪明人"。 这些青年时期习得的知识与学习习惯,对于培养邓稼先积极乐观的性格十分有益。 生活原本就有多副面孔,如果你看到一副扭曲、哭泣的脸,你也要寻找那一张温暖人心的笑脸,因为你会从那张笑脸之中获得慰藉,看到希望,发现世界原来有很多意想不到的乐趣在等待着你。

西南联大几年的学习生活不仅让他们学习到了丰富的文化知识,也锻炼了他们不畏艰苦的意志,使得他们在参加工作以后不以客观条件的简陋而沮丧。 而且,这份深厚的友谊一直贯穿两人的一生,成为对方极其重要的朋友。

除了日常的刻苦学习,邓稼先还十分关注国家大事。"两耳不闻年窗外事,一心只读圣贤书"已经不符合当时国情需要了。 如果仅仅把眼光放在书中,而不关注时事,这就违背了邓稼先南下读书的理想。 他无法对沦陷区的消息充耳不闻,也无法对受苦受难的同胞视而不见。 因此,在联大校园里,邓稼先经常借阅《新华日报》来看,并与同学们讨论当下局势。 他的思想越来越成熟,与一些进步同学和地下党员也开始频繁接触。 抗日战争接近尾声,国民党的贪污腐败行径引起了学生们的愤慨,邓稼先和同学们在一起讨论救国之路时,他语气坚定地指出,拯救国家的关键因素在于政治。 的确,政治上的独立、自由和民主是国家安定、人民生活幸福的前提条件。 中国历经几千年的封建帝制,百姓被奴役、压迫,民主和自由对他们而言,是一种不切实际的幻想。 孙中山先生领导的国民党爱国人士好不容易推翻了封建王朝,想要建立一个自由、平等、民主的新中国,但世事难以尽如人意,之后的中国又陷入军阀混战,后又被日本侵略。 接二连三的战乱让无数中国人民流离失所,但是,人们仍然没有放弃对重新建立中国的希望,广大的百姓寄希望于国共两党。然而，国民党内部贪污腐败，这不能不令人失望，怀抱一腔爱国热情的邓稼先慢慢向共产党靠拢。

　　1945年8月15日，日本宣布无条件投降。这一大快人心的消息在全国各地传递，每一个中华儿女都激动不已。十四年抗战，无数国人死在日本侵略兵的屠刀之下；多少物产资源被日军无情地掠夺；多少同胞在每一个黎明来临之际苦苦期盼与亲人相聚。现如今，侵略者终于投降了，这怎能不让人兴奋激动呢？邓稼先和大姐及姐夫在听到这一消息时，激动地拥抱在一起。为了庆祝抗日战争的胜利，姐姐仲先特地做了一桌丰盛的饭菜，姐夫拿出珍藏的茅台酒和邓稼先一起庆贺。席间，姐弟俩感慨颇多，因为当年邓稼先正是撕毁了日本的小国旗、反抗日军的行为被发现，被迫离开北京南下昆明避难的，转眼间四个年头过去了，邓稼先也即将大学毕业。这对姐弟无时无刻不在思念北京，思念父母，他们日夜盼望早日回到父母身边。这一天，他们等得太久了……这一次，日本人终于要从中国撤离了，回到北京，回到亲爱的父母身边将指日可待。一想到这些，邓稼先心里便非常激动。

　　人们本以为抗日战争结束后，国家就太平了，然而事实绝非如此。日本投降以后，全国人民强烈要求和平和民主，于是，国共两党经过商议，最终于1945年10月10日签订双十协定，又名《国民政府与中共代表会谈纪要》。该文件就和平建国、军队国家化、解放区地方政府以及党派合法化等问题，国共两党经过磋商，最后达成协议。但是，协定订立不久，蒋介石政府就单方面毁约了，开始发动内战，大规模捕杀共产党。由此，人民民主的希望破灭。期盼建设新中国的大学生们对蒋介石政府的背信弃义行为怒不可遏，强烈呼吁停止内战，恢复和平。

　　1945年11月25日，昆明市的几所大中学校教师与学生聚集在西南联大图书馆前举行时事会议。满怀激愤之情的师生们轮流上台演讲、抗议国民党破坏和平、民主的行为。驻守重庆的国民党官员害怕这群热血师生会煽动更多的人，于是，当局一面派特务混入会场捣乱，一面派大量的军警将会场包围,鸣枪以示威胁。然而,暴力的威胁非但没有吓走这些心怀正义的师生,反而激起更多人的愤慨。第二天,昆明市内聚集多达三万的学生罢课抗议,"停止内战""撤走驻华美军""保障人民民主权利"的口号声,响彻了昆明市的大街小巷。游行队伍越来越大,当局决定武力镇压爱国人士。1945年12月1日,国民党军警、特务以及暴徒分子在西南联大和云南大学制造了"一二·一"惨案。在这起惨案中,潘琰、李鲁连、张华昌和中学教师于再四人不幸遇难,有二十多人遭到毒打,身负重伤。惨案发生后,邓稼先看到受伤的同学忍受着疼痛的折磨,非常痛心。于是,他不顾一些同学的劝阻,趁着夜晚人少之时翻过墙去,为同学们买药。邓稼先仗义正直、古道热肠的性格与他的父辈尤为相似,朋友有难,挺身而出,更显示出他至纯至真的性情。

闻一多教授是著名的爱国主义者和坚定的民主革命战士,他在听闻国民党政府制造"一二·一"惨案后,气愤不已。为了表示对当局暴力的强烈抗议和对学生献身正义的支持,闻一多为烈士书写了"民不畏死,奈何以死惧之"的挽联。他挂着拐杖,走在为死难学生举行葬礼队伍的最前面游行,并撰写文章《一二·一运行始末记》,呼吁"未死的战士们,踏着四烈士的血迹"继续战斗。政治运动此起彼伏,青年们热爱祖国,渴望和平,冒着被国民党抓捕、屠杀的危险呼唤民主。正值大好年华的邓稼先也积极参与其中,呼吁国民党放弃内战。这段时期,邓稼先的政治觉悟迅速得到提高,经过同学杨德新的介绍,他加入了"民主青年同盟",并积极参加组织活动。加入革命组织,邓稼先渴望通过这种途径发出自己的声音,为争取国家的民主和自由献出自己的力量。

毕业之后,邓稼先在昆明的培文和文正中学做了一年的数学老师。1946年,邓稼先回到阔别多年的北京,见到日夜思念的母亲,他紧紧拥抱了妈妈,仿佛那一刻又变成环绕母亲身侧的"小男孩"。1946年夏季,北京大学聘请邓稼先为物理系助教,并委任他为教职工联合会主席。1940年,16岁的邓稼先离开北平,到1946年回北平,长达6年的时间，他从一个乳臭未干的男孩成长为一个有理想、有责任心的有志青年。颠沛流离南下昆明，艰难求取知识，动荡的环境下思考未来发展之路，一个成熟的邓稼先回到了北平。

踏上讲台，面对这位22岁风华正茂的年轻老师，大学生们像看待兄长一样看邓稼先。邓稼先穿着儒雅，举手投足之间都散发着俊朗、智慧、潇洒的风姿，年轻的脸庞上洋溢着青春的笑容。邓稼先讲课通俗易懂，他经常利用生动的例子将复杂的知识加以形象化、具体化，以便学生能够顺利地消化和吸收知识。邓稼先没有架子，他和蔼可亲、笑容可掬，平等相待每一位学生，对学生们不懂的问题总是竭尽全力耐心解答，因此，受到学生们的尊重和爱戴。在北大做助教期间，邓稼先结识了人生中重要的两个人，一个是在北京大学医学院读书的许鹿希，邓稼先留学归国后两人结为夫妻，另一个是北大物理系的于敏，"邓-于方案"的提出者之一，邓稼先重要的工作伙伴和朋友。邓稼先和于敏是偶然相识的，但是因为志趣相投，所以两个人一见如故，成为惺惺相惜的知心朋友。1947年的一个秋夜，邓稼先在北大校园内散步，碰到正读物理系二年级的于敏，经过三言两语的交谈，两个人的话匣子都被打开了，从专业问题到社会百态，他们谈论的话题越来越深入。明代的冯梦龙曾说过"合意友来情不厌，知心人至话投机"。人与人之间的交流不仅仅局限于自己内心情感的表达，也是思想交汇的过程。每个人因为生活经历、家庭背景以及受教育水平的不同从而造就不同的性格特点，人与人之间的思想观念也林林总总。人需要理解他人，也需要被他人理解，因为只有当被他人理解时，人的自我认同感才会增强。邓稼先与于敏的相遇，让他深深感觉到思想交流所带来的乐趣。二十年后，这两个意气风发的年轻人合作提出了著名的"邓-于方案"，在氢弹的理论设计上做出了突出贡献。

政治是一张无形的网，社会中的每个人都难以摆脱它，每个人都会直接或间接地受到它的影响。内战时期，北平城依旧不太平，在国民党的统治下，特务横行，通货膨胀造成经济一片混乱，千疮百孔的社会局面使得人心惶惶，百姓苦不堪言。全国范围内的游行示威活动此起彼伏，学生们也相继开展了"反饥饿、反内战"斗争。作为"民青"的骨干，邓稼先在认真工作之余，也积极参加这些运动。当时，因为家庭贫困，许多学生无钱缴纳学费，面临着失学的危险。邓稼先积极投身北大的"讲助会"工作，为贫困学生募集钱款，帮助他们完成学业。

邓稼先进入北大工作不久，北平城内就发生了一件震惊中外的事件。1946 年 11 月 26 日的晚上，一位名叫沈崇的北大女学生在位于东单的平安戏院看完电影返校。回校途中，被两个美国大兵尾随，最终没有成功逃脱魔掌，遭到了两个恶人的强暴。这件丑恶的事情被披露出来后，引起了北大学生以及整个北平乃至全国人民的愤怒。北平学生们纷纷举行游行示威活动，邓稼先也加入游行队伍并走在队伍的前列，抗议美国兵的无耻行径。"美军从中国滚出去！"中国人发出的怒吼声，终于迫使美国军队将肇事者判刑。在动乱的年代里，邓稼先经历的爱国民主运动，一次又一次地促使他在政治上成熟起来。同时，邓稼先作为"民青"的骨干，在风云激荡的时代里与一批爱国青年一起讨论时局，活跃地发表自己的看法。

当时，为了防止特务的监听，在举行组织集会时，北京大学的"民青"组织经常播放音乐作为掩护。邓以蛰有一台留声机，平时用它来听音乐。邓稼先在征得父亲的同意后，从家里把手摇留声机带到教师宿舍，在组织聚会时播放音乐以掩人耳目。这帮年轻人在一起，热烈地议论时局、针砭时弊。在这段时期，邓稼先还读了马列的相关著作，并学习了毛泽东的《新民主主义论》。

毛泽东在《新民主主义论》中谈道："我们不仅要把一个政治上受压迫、经济上受剥削的中国，变为一个政治上自由和经济上繁荣的中国，而且要把一个被旧文化统治而愚昧落后的中国，变为一个被新文化统治而文明先进的中国。"这些话，对于邓稼先来说，是建设新中国的伟大构想。南下之际，父亲叮嘱他学习科学，将来报效国家。抗日战争使他看到弱国受欺的局面，抗战结束之后，本以为从此可以过上太平日子，结果这个梦也被国民党给粉碎了。邓稼先开始看清政局，同时也在思考自己究竟能为国家真正地做些什么。这是一个深刻的问题，它涉及个人的价值观，同时也关系着国家和民族的未来。邓稼先在综合考虑个人能力和社会环境等因素之后，下定决心依然用科学技术来为祖国建设服务。于是，他打算前往美国留学，学习国外最先进的技术。

第二节　留学海外求新知

1945年8月6日，美国向日本的广岛和长崎各投下了一颗原子弹，两个城市被夷为平地，成千上万条生命瞬间灰飞烟灭，更有许多日本平民受到严重的核辐射伤害，身体上承受着难以想象的痛苦。原子弹显示出的威力，令世界震惊。当时研制出原子弹的只有美国一个国家，依靠核武器的威力，美国更是在国际会议上气焰嚣张，企图称霸全球。其他国家也秘密研制原子弹，但是原子弹的制造方法是机密，美国为了维持其霸主地位，对有关原子弹的设计和制造信息进行封杀。原子弹在广岛和长崎的使用，使美国认识到核武器在战后世界新格局中起到的举足轻重的作用。美国政府宣布，一切与研制原子弹有关的机构和工厂，都不准外国人进入。为了垄断这一高新技术，美国连自己最亲密的盟友英国都进行了技术封锁。

1946年前后，蒋介石政府委派华罗庚、吴大猷等几位物理学家前往美国考察和学习制造原子弹，这源于一次契机。1945年，蒋介石政府与美国结成盟友，美国将军魏德迈作为中国战区参谋长来到战时陪都重庆。一次，魏德迈在和国民党兵工署长、军政部次长俞大维交谈时，谈到美国可以接受中国制造原子弹。结束会谈之后，俞大维仔细思考，越想越觉得这是一个好时机，于是，他赶紧向蒋介石汇报了这一情况。此外，一些有志之士如胡适、梅贻琦等教育家呼吁国民党政府组织科学家研制原子弹。蒋介石明白中国没有强大的军事武器是无法在世界立足的，于是拨款支持原子弹事业。但是，这批科学家到达美国之后，美国人根本不愿意给中国人任何制造原子弹的信息。国民政府也忙着打内仗，无暇顾及此事，最后制造原子弹的计划付诸东流。

在当时的国际物理学方面，科学家们对量子力学的研究正开展得如火如荼，这极大地推动了物理科学的发展。从对原子的简单研究到量子基本理论的形成，再到发现原子核裂变的物质，进而到试建原子反应堆，物理科学的每一步发展都凝聚了无数科学家的心血。对于国外核物理学界的最新研究动态，邓稼先一直密切关注着。二战以后，美国经济飞速发展，一跃成为世界上的超级大国。为了巩固世界霸主地位，美国政府积极网罗世界一流的核物理科学家，悄悄进行核武器的研制工作。与美国抗衡的苏联也抓紧时间进行核武器的研发工作。

邓稼先心中十分明白，赴美国留学是一个难得的机会，它是直接接触世界物理学前沿研究成果的最佳途径，恰好自己的物理学基础不错，留学美国继续深造的话，回国之后正好能满足国家建设的需要。于是，他一边在北大从事助教工作，一边认真准备留学美国的考试。

1945年，杨振宁在西南联大完成本、硕阶段的学习并取得学位后，报考公费留学生，被美国芝加哥大学录取，开始攻读博士学位。因此，邓稼先选报学校前，写信给好友杨振宁向他咨询去哪所大学攻读物理学比较合适。杨振宁经过仔细考虑后，建议印第安纳州的普渡大学。普渡大学虽然不及哈佛、麻省理工等这些常青藤名校声名显赫，但是其学术水平在世界上是一流的，在全美理工科排名中占据前十名。所以，当时在留学界有着"清华认麻省，交大认普渡"的说法。除了学校的专业实力雄厚，杨振宁给出此建议还有其他方面的理由，一是普渡大学学费相比其他大学较为低廉，对于自费留学的邓稼先来说，是至关重要的；二是该校距离杨振宁所在的芝加哥较近，方便两个人往来。

邓稼先接受了好友的建议，报考了普渡大学，并于1947年年底顺利通过考试。1948年秋，邓稼先和杨振平一起从上海出发，乘坐"哥顿将军号"客货轮前往美国。杨振平是杨振宁的弟弟，杨振宁在1948年夏季已经为弟弟成功申请了美国布朗大学的半额奖学金。恰逢邓稼先要去美国读博，杨武之便嘱托邓稼先和杨振平两人同行。轮船在海上缓缓行驶着，年轻的邓稼先站在甲板上眺望着远方，迎面而来的海风吹乱了他的头发，他目光注视着那茫茫无际的海平面。此刻的邓稼先心里充满了期待，美国究竟是一个怎样的国度，是否与书上写的一样？他又想起出国前答应朋友的事，学成后一定归来报效祖国。这不仅是邓稼先与朋友的约定，也是他对自己的承诺。

轮船在海面上继续航行，当行至日本檀香山附近时，邓稼先身边的一位华人打开了手里的一张世界地图，指着地图上标有檀香山名字的地方，用沉痛的语气说道："檀香山附近有一座小岛，这座岛被人们称为'天使岛'。但是，这座岛屿对于咱们华人而言，简直就是'地狱'。近些年来，因为我国国内战争频繁，不堪贫困的华人，远渡重洋，到所谓'天堂'的美国来讨生活。然而，奔赴美国之路何尝简单呢？每一个到美国的华人，都要接受当局的审讯。负责审讯的人都是'中国通'。他们会把一家人分开，用各种各样的问题来审讯他们，以核对每个人答案是否一致。这些问题包括：端午节你家包的什么馅儿的粽子？正月十五你吃了几个汤圆？……如果一家人的答案不一致，就会遭到毒打。在'天使岛'上被逼疯、被毒打致死的中国人不计其数……"邓稼先听到这些骇人听闻的事情之后，心里不禁大吃一惊：祖国因为弱小，国人进入他国就要受到各种刁难，这对中国人是巨大的侮辱！邓稼先的手狠拍在甲板的栏杆上，却依然无法压抑住内心熊熊燃烧起来的怒火。

邓稼先(中)与杨振宁(左)和杨振平合影

抵达美国后,邓稼先首先把杨振平送到杨振宁的住处,然后前往普渡大学。

普渡大学创建于1869年,是美国的一级国家大学,美国大学协会老牌院校。普渡大学校名取自于人名,因为该校的建立受到拉法叶地区商业领袖和慈善家约翰·普渡的巨额的资金支持,为了表彰约翰·普渡对该校所做出的巨大贡献,该校便以其名字为学校命名。拉法叶市居民为普渡大学提供了150亩土地用以建设校园,1869年,学校正式建立。普渡大学位于市郊,这里人烟稀少、环境静谧,是个专心读书的圣地。普渡大学以理工科闻名于世,与麻省理工学院、斯坦福大学以及加州大学伯克利分校齐名,常年雄踞美国工科十强榜。普渡大学成立后,培养出了许多杰出的人才,其中著名的金门大桥和胡佛水坝便出自该校师生之手,该校也培养出多达13位诺贝尔奖得主。普渡大学的物理系在世界上亦有不小的名气,吸引着世界各地的学子前往读书。

第二次世界大战结束后,核物理就像一块巨大的磁石,吸引着世界上的众多科学家对其进行研究，这也是出于对国家安危的考虑。第二次世界大战，德国、日本和意大利为了称霸世界，发明了许多尖端武器来侵略他国，这些武器成为杀人不眨眼的恶魔。为了阻止德日意三国疯狂的侵略步伐，反法西斯国家积极组织科学家进行核武器的研发，以防德国提前研制成功原子弹，进而摧毁世界和平。美国作为世界上第一个拥有核武器的国家，在使用原子弹轰炸日本后，其首脑得意地向世界宣称："核武器的音响效果，就是我们的外交辞令。"这种言论虽然狂妄，但是事实确实如此：核武器对于一个国家而言，无疑是提高自己军事实力、增强其外交筹码的有力工具。此时的邓稼先刚从满目疮痍、内乱不断的中国境内出去，怀揣着学习先进科技、为国效力的决心，他决定要珍惜留学机会好好学习本领，让自己在专业领域更进一步。因此，到达普渡后，他毅然选择核物理专业。

在美国留学时期，邓稼先趁着学校放假的时候前往芝加哥找好友杨振宁。芝加哥距离普渡不远，而且芝加哥大学又有美国物理学研究中心，研究原子弹的著名意大利物理学家就在该校，当时学校的操场上还建设了原子能反应堆。杨振宁在芝加哥大学学习到丰富的物理学知识，老友邓稼先的到来让他感到非常兴奋。那时候，曾在西南联大教过书的陈省身在芝大担任教授，经常请中国留学生到家里吃饭，与他们谈天说地，那些常去吃饭的留学生中就有邓稼先。

邓稼先在普渡大学物理系师从荷兰人德尔哈尔。德尔哈尔以研究核物理见长，而且具有多年指导研究生学习的丰富经验。邓稼先在西南联大时专业知识基础深厚，再加上他本人思维活跃，普渡大学的课程对于他来说很容易接受，他的各门功课成绩均达85分以上，超出学校规定的标准分数线。他的导师看他学习成绩优异，而且态度端正，经常对他赞不绝口，称中国学生的学习精神令人敬佩。此外，邓稼先还获得了丰厚的奖学金。邓稼先是自费留学，费用有限，在日常开支上他不得不精打细算。即使如此，邓稼先的留学生活仍经常被金钱短缺所困扰。有时候,他不得不忍受饥饿,仅用几片面包充饥。奖学金的发放,对邓稼先来说,无疑是雪中送炭,使他的生活得到很大的改善。

在普渡留学期间,邓稼先在他有着坚实基础的专业领域继续深造,加之他勤奋刻苦的学习态度,在物理学领域积累了越来越丰厚的知识。这些知识使他在日后的原子弹研究工作中如鱼得水,尽情发挥他在核物理领域的才能。

邓稼先在顺利拿到学校规定的学分后,没有满足于现有的成绩,而是腾出更多时间去接触物理界的前沿成果。任何一个领域,要想获得更长远的发展,不能在原有知识上故步自封,而要不停思考其今后如何发展,在解决问题中不断发现新知。学习永无止境,如果一个人仅仅满足于已有知识和经验,那么他将与不断变化的世界越来越疏远,邓稼先深知这个道理,因此,他格外关注专业领域最新的研究成果。

邓稼先和杨振宁主攻的专业方向都是理论物理,而他们的毕业论文也都同属核物理理论的研究范围。邓稼先的博士论文题目是"氘核的光致蜕变",这是他的导师德尔哈尔为其选定的。氘,亦称重氢,是氢的重要同位素。一个质子和两个中子构成氘的原子核。当中子和质子结合时会放出一定的物质,那么原子核的质量便会有亏损,这种亏损被称为结合能。[1] 邓稼先研究的目的是利用加速器放出的伽马射线来轰击氘核,然后分离出一个质子和中子,从而研究它们之间的相互关系。邓稼先在德尔哈尔的指导下,刻苦钻研,悉心研究,他将自己大部分的时间都花在了实验室里。最后,功夫不负有心人,邓稼先顺利地撰写完博士论文并通过了答辩。1950年8月20日,他拿到了普渡大学的博士学位。从入读普渡到拿到博士学位,邓稼先用了不到两年时间,由此可见他在学业上下的功夫之深。拿到博士毕业证书的这一年,邓稼先刚满26岁。

---

[1] 斯云、耕夫:《邓稼先》,江苏文艺出版社1999年版。

1950年8月,邓稼先在美国普渡大学的博士照

26岁,正是人生中的黄金年龄,是人追求理想、努力拼搏的最佳时段。 此时的邓稼先刚刚完成学业,踌躇满志,怀着对未来的憧憬踏上了归国的道路。 在那个年代,各个国家都求才若渴,美国更是如此。 为了留下优秀留学生为其国家发展效力,美国政府不惜以丰厚的报酬来吸引他们定居美国。 但是,邓稼先并未被这些诱人的条件所迷惑,毅然决然地选择了回归祖国。

邓稼先在普渡大学读书期间,其优异的成绩和刻苦的学习精神令导师非常欣赏,德尔哈尔认为邓稼先在核物理的研究上颇具才华,如果继续研究一定会取得一番成就。 于是,德尔哈尔邀请邓稼先在博士毕业后,一块儿前往英国对氚核的物理性质进行更深入的研究。 面对这一机会,邓稼先内心欣喜不已,因为当时英国对氚核的研究处于世界领先地位,远超世界其他国家。 如果前往英国做研究的话,可以满足自己在学术上的追求。 此外,英国方面愿意提供完善的实验室和一流的科研技术装备,这种条件对热爱物理的邓稼先来说,是很有吸引力的。 尽管这个条件很符合自己的科学志向，但是，邓稼先并没有在这个问题上有过多的犹豫。他是一定要回国的！他想起了祖国，想起去美国留学前自己曾对朋友袁永厚说过的话："将来国家建设需要人才，我到美国只是学习科学技术，学成之后归来一定将所学的东西报效给国家。"想到这些，邓稼先便婉言谢绝了导师的这番好意，坚定了回国的决心。

当时，正值朝鲜战争爆发。一直关系紧张的中美两国因此陷入了敌对状态。面对这样的局面，邓稼先担心将来回国未必会顺利，及早动身才能防止后患。于是，1950年8月29日，邓稼先在美国拿到博士学位的第九天，他就登上了名为"威尔逊总统号"的轮船，踏上了回国的旅程。邓稼先的心情兴奋中夹杂着一些期待。他兴奋的是自己用了不到两年的时间完成了博士课程，拿到了学位证书；期待的是内战结束，中国共产党建立了新中国，他在国外就听说，在毛泽东主席的带领下新中国发生了翻天覆地的变化，人人都在为新中国的建设贡献自己的力量，这种积极向上的局面他真想亲身体验一番。邓稼先站在轮船的甲板上，面对着中国所在的方向深情远眺，心里默默念道："祖国，我回来了！"邓稼先，他实现了自己当初的诺言——学成归来，报效祖国。

美国当局害怕在美的中国专家学者携带美国情报回中国，于是极力阻挠留美的专家学者返回中国。钱学森夫妇的回国过程就充满了曲折，他们冲破重重阻碍，花费很长时间才得以踏上祖国的土地。邓稼先因为当时只是学生身份，而且名气不大，所以没有遭到美国当局的怀疑和扣留。当"威尔逊总统号"抵达香港时，秋天已经来临。当时的香港还是英国的殖民地，香港政府有一项规定：不允许中国留学生登岸。于是，邓稼先他们只好分批乘坐小木船到广州。

连同邓稼先在内的一百多位中国留学生在抵达广州港口后，个个兴高采烈，因为他们满怀着热情和抱负，随时准备为新中国的建设奉献出自己的智慧。此时的祖国也向他们敞开怀抱，欢迎这批赤子归来。根据有关部门安排，这批留学生下船之后，他们住在广州的爱群饭店，同时有关部门还组织活动带这些"海归"参观一些代表性的地方，向他们介绍新中国的情况。

邓稼先怀着兴奋的心情回到了阔别两年的北京，走在路上，他细细地观察北京的新面貌。他发现那些平时在街上流窜的地痞、流氓之类的恶人没了踪迹，取而代之的是身穿素装的普通老百姓。建设祖国的口号和宣传单随处可见，每个人身上的劳动热情被新时代所点燃，人们的眼中都闪烁着希望的光芒。看到新生的祖国这种生机勃发的状态，邓稼先身体内积蓄已久的干劲儿也被点燃。

回国后，邓稼先被调往中国科学院工作，与科学家钱三强、彭桓武、王淦昌等一起筹备创建近代物理研究所。这些堪称前辈的科学家也刚刚回国，他们看到又一批留学归来的优秀后辈加入科研队伍当中，很是欣慰。邓稼先由于年纪轻轻就获得了博士头衔，被同事戏称"娃娃博士"。在中科院，彭桓武教授带领邓稼先等一批青年研究者，在国内这片尚处于空白的科学领域内摸索着前进。"万事开头难！"他们的事业起步充满艰辛，研究的仪器、费用短缺，他们不得不忙前忙后地补充。尽管工作任务量巨大，但是每一个人都深知这项工作的重要意义，他们从没有想过放弃，甚至连牢骚都很少发。邓稼先和研究所的同事们鼓足干劲儿，决心把新生的中科院近代物理研究所壮大，发挥出它应有的作用，为国家建设添砖加瓦。研究所里缺乏科研设备，为了补充器材，邓稼先经常和同事们骑着自行车一起到旧货市场去淘一些有用的器材，然后回到单位，他们自己动手制作相关仪器来进行科学研究。

在中科院，邓稼先最开始的职位是助理研究员，作为留美回来的博士，他并没有感到大材小用，而是在岗位上踏实认真地工作着。正是这种谦虚、认真的态度，不久他被升为副研究员。此外，他在学术上也开始起步，1951年到1958年，邓稼先发表了几篇学术论文，这其中有他自己独立创作的，也有与于敏、何祚庥、徐建铭等人联合发表的文章。例如，他在《物理学报》上相继发表《关于氢二核之光致蜕变》《辐射损失对加速器中自由振动的影响》《轻原子核的变形》等论文,是我国核物理研究的重要成果。[1] 邓稼先除了从事科学研究工作,在中科院还兼任一段时期中国科学院数理化学部的副学术秘书,这项工作主要是协助学术秘书长钱三强教授和吴有训院长。 此外,他还需要和中科院的诸多科学家打交道,这些科学家大都是声名远扬的名人,他们才华横溢,但是性格不一,有的桀骜不驯,有的性格执拗……邓稼先的秘书工作有很大一部分需要与这些科学家沟通,因此,他不得不认真地处理人事组织方面的关系。 通过工作,使邓稼先在学术工作之外,学到不少组织科研领导的知识以及与人相处的方法。 正是这种能力使得邓稼先成为原子弹设计总工程师,在领导设计小组充分发挥科研队伍中的人力、物力进行原子弹的研制工作中发挥了积极作用。

第三节　愿得一心不相离

邓稼先所在的中国科学院近代物理研究所,原址是在北京的东皇城根,1953 年,搬至北京西郊的中关村。

1950 年 10 月,邓稼先进入中科院工作。 自此,开始了他在中科院近 8 年的工作之旅。

工作稳定之后,邓稼先的人生大事也被家人提上了日程。 1953 年,邓稼先和许鹿希结婚了,他们两个人矢志不渝、执手一生的爱情故事成为多年后广为流传的佳话。 这段美丽的爱情故事,在当今浮躁的社会中仍然被人津津称道。

---

[1] 斯云、耕夫:《邓稼先》,江苏文艺出版社 1999 年版。

邓稼先的妻子许鹿希女士是著名爱国人士、教育家许德珩的女儿。

许德珩(1890—1990)，原名许础，字楚生，出生于江西德化。1920年，许德珩赴法国留学，从里昂大学毕业后又进入巴黎大学学习放射性物理学，他的导师是获得两次诺贝尔化学奖的波兰女科学家——居里夫人。回国后，许德珩先生积极参加革命运动，投身于争取我国的民主和自由政治活动中。他参加过毛泽东组织的旨在"改造中国与世界"新民学会；也曾经加入同盟会、参加辛亥革命；在五四运动时期是重要文件《五四宣言》的起草人之一。抗日战争时期，许德珩又加入抗日的队伍中，他为挽救民族危亡四处奔走。新中国成立后，多次担任人大常委和全国人大代表，在89岁高龄加入中国共产党。因为较早参与革命活动，而且具有共同的革命目标，许德珩和毛泽东、周恩来、宋庆龄等人均有深厚的交情，他是我国民主党派重要的领袖。1945年的重庆谈判，毛泽东曾邀请许德珩及其夫人劳君展一同前往，足以看出毛泽东对许德珩的重视以及许氏在当时社会上的影响力。许鹿希的母亲劳君展，也是知识界中著名的爱国人士。劳君展(1900—1976)，原名启荣，出生于湖南长沙的名门望族。其祖父劳崇光曾任两江总督，劳家是当地的名门大户，劳君展的父亲和兄长均是当地赫赫有名的人物。出身于这样优渥家庭的劳君展自幼聪明伶俐，喜好诗书。对于劳君展而言，做养尊处优的千金小姐或成为一生衣食无忧的豪门太太，不是她的理想，追求智慧才是她一生的志向所在。于是，她选择了上学读书。1921年，劳君展赴法留学，在此期间她结识了丈夫许德珩。1924年，劳氏进入巴黎大学跟从居里夫人学习镭学，劳君展是居里夫人收的唯一一名中国女学生。因为同为留法的中国学生，劳君展与许德珩越走越近，两人的学识与理想较为契合，逐渐发展为恋人，1925年，在巴黎结为执手一生的夫妻。其后，她跟随丈夫回国，在多所大学任教，同时积极参加政治活动。

许鹿希出生于这样的高级知识分子家庭，其品行修养以及学识受到父母很大的影响。许德珩在北大任教时,和邓稼先的父亲邓以蛰以及大姐夫郑华炽都很熟络。两家从邓稼先年幼时就相识,而且常有来往。邓稼先的父亲邓以蛰是一个十分好客的人,其母王淑蠲女士厨艺精湛,每逢邓家做了美味佳肴时,常邀许家人前往做客。然而,这两个年轻人却彼此了解甚少,因为许鹿希小时候身体羸弱,父母出去做客,经常不带她一起前往。直到许鹿希上大学之后,两人才有机会接触。

那时,邓稼先在西南联大毕业回京,在北大任物理助教,而许鹿希正在北大医学院读书。邓稼先曾给医学院的学生上过物理课,班上连同许鹿希在内就两名女同学,她们学习刻苦,成绩优异,给邓稼先留下了深刻的印象。邓稼先的才华横溢和平易近人也令许鹿希心怀好感。因此,当吴有训教授作为媒人来给两人牵线时,他们都没有拒绝。

两人结婚的时候,邓稼先 29 岁,许鹿希 25 岁,时任中国科学院副院长的吴有训教授是他们的主婚人。那时,他们的婚礼比较简单,没有婚纱和花车,只请了双方的一些同事和朋友过来参加,然而,这并未影响两人的婚姻质量。

邓稼先和许鹿希结婚之后,两人过着平静而幸福的生活,他们小两口在中关村的科学院宿舍居住,1955 年才搬离。在中科院居住的时候,许鹿希每天要乘坐公交车到医学院上班。但这路公交车间隔很久才来一趟,许鹿希上下班不得不踩点去公交站牌处等车来。而且,走到距离工作单位最近的公交站牌需要经过大约两站路程远的荒田野地。夏天还好,白昼时间长,即使下班晚一点走到公交站台时天还是亮的。但是,到了冬天,稍微晚一点下班,天就漆黑一片,走这段人迹罕至的路段,让许鹿希心惊胆战。为了保护妻子的安全,邓稼先经常骑着自行车到公交站接她。工作了一天的妻子看到丈夫等待自己的身影,总是心里暖暖的,浑身的疲惫也顿时烟消云散。新婚燕尔的邓许二人经常漫步于回家的道路上,邓稼先推着自行车,许鹿希走在他的身旁,两个人慢慢地迈着步子,一路说说笑笑。有时,天上明月高悬,邓稼先夫妇也趁着良辰美景共同赏月。从平淡的生活中寻找诗情画意的浪漫，和另一个人一起重新解读事物的意义，共享其中的乐趣。

邓稼先是个兴趣广泛的人，他总能使平淡的生活变得丰富多彩、充满乐趣。夏天时，他和妻子骑着自行车去北京复兴门外的公主坟，一边遛弯一边唱歌，两人乐在其中。有时候，他们会找个阴凉的地方吃点东西、吹吹风。有时，他们也去颐和园划船，夏风阵阵，湖面碧波荡漾、两岸绿树成荫，美丽的风光使正处于柔情蜜意的邓稼先夫妇心情愈加舒畅。到了冬天，北海公园成为他们游玩的地方，据许鹿希女士回忆，邓稼先的滑冰技术很高，外八字、里八字等滑冰技巧娴熟。除了这些，游泳和抖空竹也都是邓稼先擅长的活动。对事物充满兴趣，是促使一个人探究其中趣味的动力，在运动游戏中除了锻炼身体，如何掌握游戏技巧对人灵活思维的培养也极其重要。

邓稼先还有一项兴趣就是唱歌，尤其钟爱贝多芬的《欢乐颂》。在西南联大读书时，邓稼先学过德语，因此，他可以用德、俄、英三种不同的语言唱出不同版本的《欢乐颂》。《欢乐颂》这首世界名曲，是德国著名诗人席勒所写的诗歌，用来表达"自由、平等、博爱"的思想，当时传诵一时。贝多芬非常喜欢席勒的这首诗歌，他花费了长达五年的时间，从1819年到1824年历经挫折才完成了闻名世界的钢琴曲《第九交响曲》。贝多芬当年为了保持创作的激情，曾先后四次搬家，最终完成了这部作品。又想方设法克服了准备公演所遭遇的很多问题，最终于1824年5月7日，这首伟大乐曲的首场演出定于维也纳。《第九交响曲》一经演奏便获得了巨大的成功。"将痛苦留给自己，把快乐留给别人"是作曲家贝多芬想要传达给世人的思想，当他的作品被听众所理解和接受时，贝多芬热泪盈眶。

邓稼先、许鹿希夫妇与两个子女

"欢乐女神圣洁、美丽,灿烂光芒照大地,我们心中充满热情,来到你的圣殿里,你的力量能使人们消除一切烦恼,在你的光辉照耀下面,四海之内皆兄弟……"对生活充满热情的邓稼先,向往自由与快乐,《欢乐颂》中那充满力量的歌词和旋律符合邓稼先对光明的追逐、对人生理想不懈的追寻态度。

邓稼先不仅喜欢唱歌,对国粹京剧也很感兴趣。工作之余,他常和妻子一块儿去剧院听戏。有时候买不到票,邓稼先也不轻易放弃。为了能够解解戏瘾,他会站在剧场的门前去观察剧院门口出入的人们,看他们是否有退票迹象。当他察觉某人似乎要退票时,就立马上前向人家询问,然后将钱塞到人家手里,接过人家手里的票后乐滋滋地走到妻子面前,有些得意地向妻子炫耀自己这独特的买票技术。许鹿希是一个喜欢安静的女性,起初她对戏剧并不感兴趣,但是,结婚后常和丈夫一起看戏,邓稼先在听戏时会给她讲解戏剧的精彩之处,渐渐地,许鹿希也开始喜欢上了京剧。平时,邓稼先也爱唱上一段练练嗓,他会捏着嗓子模仿青衣,哼上一段《苏三起解》。

晚上在家时,邓稼先也会想到其他的有趣的事情来做,他喜欢在妻子面前吹嘘自己的英文水平高,词汇量丰富。因为他认为在西南联大的时候自己背诵过牛津词典,且又去美国留学了两年,在英语单词方面可谓功力深厚。于是,他要妻子随便出题考他,以便在妻子面前"风光风光"。许鹿希也起了兴致,决定出一些生僻的单词来"为难为难"他。于是,她问邓稼先,河马的英文单词是什么,没想到邓稼先不假思索就回答出正确的答案。接着,她又问斑马的英语单词怎么念,邓稼先又快速背出了斑马的英语单词。许鹿希不甘心,她皱起眉头思考了一会儿,忽然想到"麻醉"这个词。她想,这样专业的医学用词,外行人肯定是不知道的,结果,邓稼先再次回答正确了。许鹿希开始有点佩服丈夫良好的记忆力。但是,她并不是一个随便就会投降的小女生,她想到另外一个生僻的词语:"那,视网膜用英语怎么说呢?""这个啊……视网膜"邓稼先一愣,嘴里念叨了几遍词语,随后哈哈大笑起来,用笑声来表示自己败下阵了。这种夫妻之间的小游戏为他们的生活增添了几分生趣。

邓稼先很疼爱自己的妻子,将妻子的兴趣爱好放在心上,尽力去让妻子感受幸福。许鹿希喜欢菊花,因为她非常欣赏菊花身上那种坚强的品质。一次,颐和园将举办一场菊花展,邓稼先得知下午会后还有时间观看时,他欣喜万分,心想要趁此机会带妻子好好观赏游玩。因此,四点的会议开完后,他赶紧叫上妻子直奔场地。结果,他们赶到颐和园时,展览室刚好到了关门的时间。为了让妻子看到菊花,邓稼先就跟管理员软磨硬泡地求情。最后,管理员只好妥协了,同意延长一个小时供他们观赏。细微处见人品,邓稼先对妻子的爱是深沉的,为了挚爱的人,他尽自己最大的努力去让她看到自己喜欢的事物。

感情是相互的,给予爱与被爱都是同等的重要。任何一方付出的失衡都会使得另外一个人疲惫不堪，在邓稼先和许鹿希之间双方都不是一味索取的人。作为妻子，许鹿希也是一个善解人意、体贴丈夫的女性。

在众多花卉品种当中，邓稼先最爱丁香花，这源于他少年时期的成长中有家中的丁香树陪伴。一次，两人从剧院出来，闻到空气中弥漫着阵阵沁人心脾的芳香，许鹿希提议一起去寻找丁香的踪迹。于是，邓稼先夫妇像在探索一个秘密花园一般，循着花香一路走去。这一对年轻人在皎洁的月光下相依而行，路上，邓稼先深情地慨叹一句："我们如果永远能这样，该多好啊！"听着爱人发自肺腑的期许之语，许鹿希的心里也充溢着幸福的感觉。"愿得一人心，白首不相离。"汉代才女卓文君的诗句，正是他们两人对待爱情的态度。既然选择了彼此，选择了一生的伴侣，不管以后路多么艰难，也要一起走下去。因为有这样的信念支撑，许鹿希毫无怨言地默默等候丈夫28载。

孩子是生命的延续，也是爱情的结晶。1954年10月，邓稼先夫妇迎来了他们家的第一个孩子——女儿邓志典。两年之后，邓稼先家又迎来了男丁——儿子邓志平。儿女齐全，恰好凑成了一个"好"，升为人父的邓稼先，更觉得自己身上的责任重了好几分。但是，他并不感觉辛苦，因为两个孩子的到来，为这个家庭增添了数不清的快乐。

邓稼先非常疼爱孩子，一有空就骑着自行车带着儿子和女儿一起玩耍。那时，孩子们都还年幼，女儿3岁，儿子1岁，他让两个孩子并排坐在自行车前的大梁上，一只手照顾孩子，一只手扶着车把，然后绕着院子转着圈骑车。孩子们与爸爸在一起的时光总是快乐的，虽然坐在车子上小脸被风吹得通红，但是，有慈爱的爸爸陪伴着他们，让他们尽情享受坐车的乐趣，他们常常高兴得拍手叫好。在这时，妻子许鹿希便站在院子的一个角落欣慰地看着这父子三个忘情地欢笑。

邓稼先平和、有趣的性格常常会使家里充满温馨的氛围。在女儿不满周岁的时候，他每次下班回来就要逗孩子玩一会儿。女儿刚学会叫"爸爸"，他便疼爱地抱着女儿，让其一遍又一遍地喊"爸爸"，似乎孩子喊多少声他都听不够似的。初为人父的幸福，令因工作的繁忙而感到疲惫的邓稼先，因为女儿的这一声"爸爸"而烟消云散。当两个孩子说话的能力逐渐增长时，他对孩子们简单的一声"爸爸"已不满足了，要让孩子们用各种形容词来喊自己，比如："好爸爸""非常好爸爸""十分好爸爸"。邓稼先一方面这样是为逗孩子们玩儿，另一方面也反映出他想在孩子们心目中树立一个好爸爸的良好形象，这个年轻科学家温厚的内心里装满了对家人的爱。

  晋升为父亲之后，邓稼先和孩子们在一起的时候，仍单纯得像个孩子，常参与到孩子们的游戏之中，与他们一起玩耍。春节，是每一个孩子都急切期盼的节日，因为在那个物质生活匮乏的年代，小孩子们吃的、玩的都非常缺乏，只有到春节的时候才能吃上美味的饭菜，有压岁钱去买一些玩具。这个节日，对于一个年轻爱玩的父亲来说，也是一个与孩子们一块儿体验游戏乐趣的好时机。每逢春节，邓稼先总是和儿子一块儿站在自家阳台上放一种名为"二踢脚"的双响爆竹，父子俩比赛谁把炮扔得远、高、准。那时，他家住在北京西郊一所普通楼房里，房子周围没有什么高大建筑物，是一片空旷的场地。因此，他们能够大胆、尽兴地燃放，那炮声也显得格外响亮。

  在孩子的教育问题上，邓稼先似乎也继承了父母宽松的教育方式，尤其是对男孩子的教育，他更是贯彻了自由、宽松的思想。夏季来临，郊区的田地里便成为小动物们的天地：蛐蛐、青蛙、蝈蝈……在田野里自在地蹦跳，一到晚上，便奏响了自己独特的乐曲。夏夜，也是小朋友们聚集玩耍的大好时光。那时候，儿子平平总是喜欢和小伙伴们一齐前去田野里捕捉这些可爱的小动物。男孩子的玩性大，常常玩耍到很晚才带着满身的泥巴回家。许鹿希看到浑身脏兮兮的孩子，总是忍不住责怪平平太贪玩，不知道干净之类。这时，站在一旁的邓稼先劝妻子不要指责小孩，他还劝导妻子说："小孩子，不要管得太死，我小时候也是这样顽皮！"言罢，他还热情地给儿子传授经验，这让妻子感到又好气又好笑。

到了周末,邓稼先常带着自己的妻子和一双儿女轮流到两家看望四位老人。三世同堂,孩子的欢笑声和老人的笑脸让这一对年轻夫妇备感欣慰。邓以蛰喜欢喝酒,五粮液、竹叶青还有茅台都是他爱喝的品牌。但是,茅台酒的酒票并不是那么容易拿到的,经常是邓稼先岳父给的酒票。邓稼先拿到酒票后会为父亲买喜欢的茅台酒,然后送到居住在北大宿舍的父亲家里,和父亲对酌。茅台酒装在白色的瓷瓶里,很难看到瓶里剩余的量,父子俩常摇着瓶子,听里面的量,还相互"争夺"着说不让对方再喝,自己要把最后的酒喝完。这般调侃的状态很像是亲密无间的朋友。酒酣之际,邓以蛰常会兴致勃勃地指着家里悬挂着的古人名画,向儿子讲解那画中的玄妙之处。邓稼先一边饶有兴致地听着父亲的故事,一边连连咂嘴,回味着唇齿间留下的酒香。邓以蛰老先生使起"小手段",看儿子入迷时,趁此多喝几杯,调皮得像个孩子。

然而,这种举家合乐的生活也就持续了5年时间。1958年,邓稼先被中科院选中作为我国原子弹的设计人员后,他离开了家人,开始了长达28年艰辛的工作历程。忠孝不能两全,为了国家的大事业,邓稼先不仅忍受着和家人分离的痛苦,面对最亲近家人的担忧,他还要对自己的工作内容守口如瓶。

第四节 白手起家创伟业

新中国成立后,百废待兴,新生的社会主义共和国也面临着以美国为首的西方国家虎视眈眈的威胁。共和国的首要任务不仅是要振兴萧条的经济,还要增强军事力量来加强国防,以便营造一个和平稳定的环境来进行经济建设。

当时，国际社会几个实力强大的国家都在秘密研制原子弹，以期能够增加本国在国际舞台上进行政治谈判的砝码。第二次世界大战也为原子弹的产生提供了客观条件，客观上加速了核武器时代的进程。二战期间，德国为了夺得战争的胜利，积极投身于核武器的研制当中。在以海森堡为首的科学家的带领下开始对原子弹等核武器进行研制。为了能够赶在德国前面研制出原子弹，阻挡纳粹德国利用核武器对世界人民横行杀戮，美国总统罗斯福下令实施"曼哈顿计划"，由科学家奥本海默主持。自此，美国进入了核武器事业的快速发展时期。

1942年，美国建成了第一座核能反应堆；1945年，第一批原子弹研制成功，总共3枚。为了检验制成的原子弹的威力，同年7月16日5时30分，美国选定阿拉默米尔多试验场进行引爆实验，而第二天，恰好是苏、美、英三国首脑正在参加波茨坦会议。

美国成功爆炸了第一颗原子弹之后，杜鲁门总统的下属告诉他这一消息，他心领神会地点了点头。

在会议休息期间，杜鲁门高昂着头神气地走到斯大林面前，带着几分得意的神情，说："大元帅，告诉你件事情，我们美国最近研制出一种新型武器！"

斯大林看了看他，似乎对他所说的爆炸性新闻并不感兴趣。

杜鲁门心里纳闷，为什么斯大林如此淡定呢？难道是我描述得不够厉害？于是，他又将自己的音量提高不少，继续说道："大元帅，这种武器非比寻常，具有很大的杀伤力，您不想知道这究竟是什么武器吗？"

斯大林对他的话依旧没有提起多大兴趣，只是气定神闲地吸着他的大烟斗。其实，斯大林心里已经明白杜鲁门口中所谓的"新型武器"指的是何物，只不过当时没有直接回应，以免助长美国的嚣张气焰。

当杜鲁门在波茨坦会议上对斯大林进行核讹诈时，苏联方面也早就在核武器研制上进行了一系列"动作"。苏联的加速器已经运转多年，一批国际核武器专家已经到达苏联境内。此外，苏联还获得了大量有关原子弹制造的情报，正紧锣密鼓地进行"鲍罗金诺"计划。

不甘落后的苏联在1949年春季研制出原子弹，并于当年的8月份成功进行了爆炸试验。苏联成为继美国之后第二个拥有核武器的国家。当时，美、苏正处于冷战时期，双方展开了激烈的军备竞赛。美军没有满足于原子弹，而是积极投身于更深一层的核武器研制。1952年，美国又研制出了氢弹。然而，美国还没在世界霸主的地位上坐稳，在氢弹成功爆炸三个月后，苏联的氢弹也出现了。两个超级大国的军备竞赛开展得如火如荼，但是，世界人民处在核威胁的恐惧之中。

尽管新中国成立之后，面临着重重的内忧外患，尤其是美国给我国施加的核武器威胁。1952年，美国总统艾森豪威尔在视察朝鲜战场之后，对我国提出警告："我国会考虑使用有限制战争所使用的武器……并且不再仅仅限于朝鲜半岛的敌对行动。"艾森豪威尔的话中暗含着对中国使用核武器的可能。

美国利用自己拥有核武器的优势，不止一次地威胁我国。1953年春，美军将装有核弹头的导弹运到日本的冲绳岛，美国媒体又扬言称，美军将使用小型原子弹和核大炮来封锁中国大陆地区。作为我国最大敌对方的美国，在20世纪五六十年代处心积虑地以言论以及行动对我国实施核武器威胁，这种威胁就像是弥漫在新中国头上的一大片乌云，令党中央以及我国国民感到不安。

但是，面对美国疯狂的军事威胁，中央高层领导人决定对仇视新中国的西方国家不妥协、不示弱，并且增强我国的军事力量。发展核武器事业，原子弹和导弹的研制就被提上了议程。

新中国成立时，面临着社会一穷二白的萧条局面，国家经济处于瘫痪之中。当时，人民政府接收北京的旧银行时，在房间一个不起眼的角落里发现了一堆发了霉的外汇。工作人员一数，竟然有十来万，这笔钱是当时国家数额较大的外汇。当时的中国百废待兴，正是缺钱的时候，各方面的建设都需要资金支持。即使在这样艰难的时刻，中央仍然批给钱三强5万元，让他组织购买研制核武器用的相关材料。同时，中共中央也十分重视原子弹的研制。1954年8月，彭德怀还曾邀请钱三强到他家中探讨原子弹的相关事宜，向他询问要制造原子弹我国目前需要做些什么？钱三强直言不讳地回答："回旋加速器和实验性反应堆是建设核工业的基础，我国还需要在这方面完善，否则原子弹的制造成功相当困难。"几天后，彭德怀应邀到苏联的托斯克观摩核爆炸的军事演习，他在现场观看到真正的核爆炸，更感到新中国对新型核武器的需要。1954年国庆，赫鲁晓夫应毛泽东邀请来中国参加典礼。10月3日以毛泽东为首的党中央领导人与赫鲁晓夫及苏联其他领导人在中南海举行会谈。会上，毛泽东向赫鲁晓夫表达了我国想要发展核武器的想法，希望可以得到苏联"老大哥"的帮助，结果被赫鲁晓夫委婉拒绝。赫鲁晓夫称制造原子武器需要花费大量的金钱，中国如果发展的话势必给国家造成巨大的经济压力，他许诺苏联政府会帮助中国政府建设一些小型原子堆。

要开发原子能，就要有铀。如果要得到铀，必须找到铀矿。当时，钱三强委托杨承宗向科学家居里夫妇购买了一些铀矿的标准源。但是，我国国内还没有发现铀矿。为此，政府组织一大批地质专家前往各个地区去寻找铀矿。当专家们将第一块铀矿石标本从杉木冲带回北京，刘杰副部长就迫不及待地把它带到中南海，因为他知道中央领导一直挂心此事。毛主席拿起这块特殊的"小石头"看了看，鼓励大家去寻找更具有开采价值的铀矿床。带着国家领导人以及人民的期盼，我国地质工作人员历经千辛万苦终于在1954年于广西发现了一处含量丰富的铀矿资源。1955年1月15日，毛泽东主持召开中共中央书记处扩大会议，参会人员有周恩来、李四光、钱三强还有刘杰。会上，钱三强应周恩来要求，对原子武器进行了简洁讲解。毛泽东在听取了钱三强的讲解之后，站起来说:"我们国家现在已经有铀矿,进一步勘探一定会找到更多的铀矿来。解放以来,我们也训练了一些人,科学研究也有了一定的基础,创造了一定的条件。过去几年其他事情很多,还来不及抓这件事。这件事总是要抓的。现在到时候了,该抓了。只要排上日程,认真抓一下,一定可以搞起来。"[1] 从此,我国将发展原子能正式作为国家的一项大事来推进。

毛泽东、彭德怀经过商量,向"老大哥"苏联试探询问,是否可以支援中国发展核事业。1955年1月17日,苏联答应在科学、技术和工业方面支援我国原子能事业建设。接到这个消息,1月31日,周恩来主持第四次国务院会议,会上通过了《中华人民共和国国务院关于苏联帮助中国研究和平利用原子能问题的决议》。原子能问题提上议程之后,以周恩来为首的国家领导人立马着手一系列相关的组织活动。1955年7月,中共中央指定陈云、聂荣臻以及薄一波组成三人小组,负责原子能的领导工作。后来,随着陈、薄二人的退出,聂荣臻成为主抓原子能事业的主要中央领导人。

1956年4月,毛泽东在中央政治局扩大会议上说出了这样一段话:"我们不但要有飞机和大炮,而且还要有原子弹。在今天的世界上,我们要不受别人欺负,就不能没有这个东西。"毛泽东的话使中华儿女看到了中央对制造原子能的决心。在这样的情况下,1956年上半年,在周恩来总理的领导下制定"中国1956—1967科学技术发展远景规划",中共第八次全国代表大会上将发展原子能事业作为经济发展的一项重要任务,党和国家对原子能事业的重视可见一斑。1956年11月,中央正式任命聂荣臻为国务院副总理,主管全国的科学技术工作。此外,成立第三机械工业部(1958年改为二机部),任命宋任穷为部长,钱三强为副部长,组织领导原子能事业的建设。

---

[1] 刘茵:《共和国的部长们》,人民文学出版社2011年版,第24页。

1957年9月，由宋任穷部长带队前往苏联进行原子能援建方面的洽谈。经过多重协商、谈判，终于在1957年的10月份，达成了"10·15协议"。该协议规定，苏联将会为中国提供原子弹的教学模型。项目的领导和大政方针确定后不久，二机部就开始了紧锣密鼓的"招兵"。研制原子弹不是一项普通的项目，不是随便一位科学家就可以使其上阵了，这样的人还需要有深厚的专业背景以及强烈的爱国精神和能吃苦耐劳的优秀品质才能挑起重任。研制核武器是一项秘密工程，关系到国家机密，最重要的就是科学家的品质，因此，二机部在甄选人员的时候显得格外慎重。

一、绝密使命

发展原子能事业，铀矿的问题解决完之后，面临另一个困难的问题就是人才的调集。当时，第一个五年计划刚刚开始，全国各地，各行各业都在加快生产，旧社会由于经济困难，许多人都是文盲，普通知识分子尚缺乏，更不要提高科技人才了。留学归国的科学家、专家远远满足不了新中国建设事业的强烈需求。二机部领导人深知当时的人才匮乏的情况，他们积极想办法召集一批优秀的科技人才加入原子能建设的队伍当中。1958年春季的一天，宋任穷部长对钱三强说："发展核武器，关键在于人才，但是现在我们正缺乏核物理研究人才。我把你请来，请你推荐人才，把这些人才集中在一起，先攻下原子弹。"钱三强记下来他的话，在回去的路上仔细琢磨着该用怎样的标准去选拔这些身负国家重任的科学家。

中科院和二机部的负责人们经过多番讨论，制定出原子弹研制人员的选拔标准。首先，必须有相当高水平的专业和科研能力，能够吃透深奥的理论知识。其次，懂俄语，能顺利地与派来的苏联专家沟通、交流。再次，留过学，知道外国人的处事习惯。最后，名气最好不要太大，防止他颐指气使，和苏联专家发生矛盾。拥有这些专业知识还不够，个人的政治背景、组织观念和思想觉悟高也是其中重要的衡量指标。1956年4月，邓稼先在同事李寿枬和岳起同志的介绍下，光荣地成为一名共产党员。钱三强等领导仔细观察周围的科学家，开出一份推荐名单，邓稼先作为候选人也被列入其中。钱三强将名单上交领导后，大家一致同意让各项条件都符合的邓稼先作为研制原子弹的主攻手。这些筛选人员的事情是暗中进行的，候选人自己毫不知情。

人员选定以后，1958年仲夏的一天，钱三强给邓稼先打电话，说有要事和他谈，请他速到单位。钱三强严肃的语气令邓稼先吃了一惊，究竟发生了什么事让钱副部长说话语气这般郑重？他挂电话后急忙赶去钱三强的办公室。

钱三强留学法国，师从居里夫人学习。早年从事核物理方面的研究，与妻子何泽慧合作，提出著名的铀核三裂变和四裂变现象。1948年，钱三强回国。钱三强的回国是受到北大校长胡适与清华大学校长梅贻琦的鼓动，因为此前一段时间，胡适积极召集人才来助力国家建设，其中钱三强和何泽慧夫妇也是胡适考虑的重要人才，希望他们能够在核武器开发中贡献自己的力量。然而，等钱三强回国安顿好一切之后，由于国内外形势的变化，胡适等人变得不再积极，原子弹研制计划的破灭，让钱三强深感失望。钱三强觉察到国内政治局势的严峻，但是并没有放弃自己回国的初衷。因此，国共内战时期，南京政府派人来劝说钱三强离开北平，与国民党一起撤退到台湾。但钱三强以照顾母亲为由拒绝了国民党方面的邀请。1949年3月，中共组织安排钱三强与郭沫若率领的代表团一起前往巴黎，参加世界人民保卫和平大会。他想借这次机会向约里奥·居里先生购买一些与原子能相关的仪器和书籍，于是，他向组织讲明自己的想法。不久，周恩来总理在西柏坡批给钱三强5万美金让他组织购买。后来，由于签证问题，钱三强没能成功去往巴黎，他把批下的钱拿出5000美元，分别委托留学英、法的杨澄中和杨承宗购买仪器和图书。同年5月，钱三强和老友彭桓武商量成立近代物理所和应用物理所，而近代物理所就是以研究原子能为主要内容。1955年，钱三强被聘为中国科学院院士，1958年担任二机部副部长和原子能研究所所长。邓稼先1954年曾经担任数理化学部的副学术秘书，而钱三强是当时的学术秘书，两人较为熟悉。但对于这次谈话，钱三强还是非常慎重的，因为接受这份责任重大的工作并不是一件易事，需要考虑方方面面的问题。对于参与人员而言，虽然可以利用自己的专业为国家献出自己的力量，但是也需要牺牲一些东西，比如个人自由。从事原子弹研究工作是一项涉及国家机密的大事，不能对外公布，甚至连自己的家人都要守口如瓶。此外，原子弹带有强烈的核辐射，要想研制成功，需要前往人迹罕至的偏远地区做爆炸试验。成年累月地远离家人，对于任何一个人来说都不是一件能简单决定的事情。因此，钱三强在邓稼先到办公室之前也长时间地斟酌怎样告诉他这件事。

邓稼先到办公室后，钱三强并没有直截了当地告诉他组织的决定，而是以幽默的语气来点出这个话题："稼先同志，国家要放一个大炮仗，调你去做这项工作，你觉得怎样？"说完，钱三强的目光立刻落在邓稼先的脸上，观察他的反应。

"大炮仗？"邓稼先立即明白了钱三强的意思，这是要让他参加原子弹的研制工作。但是，面对这种突如其来艰巨的任务，他一时间有点不知所措，嗫嚅着说："我能行吗？"

"能行！你和大伙儿一起干！这是国家对你的信任，是一项光荣的任务！"接着，钱部长将工作的意义和内容告诉了邓稼先，他思考了一会儿之后，决定服从组织的安排。

1990年，邓稼先的好友杨振宁在接受采访时称，中国挑选邓稼先去研制原子弹是一项正确的决定。他说：

> 所以我也很佩服钱三强先生推荐的是邓稼先这个人去做原子弹的工作。因为那时候中国的人很多呀，他为什么推荐邓稼先呢？我想，当初他有这个眼光，指派了邓稼先去做这件事情，现

在想起来,当然是非常正确的,可以说做了一件大的贡献。因为他必须对邓稼先的个性、能发挥作用的地方有深切的了解,才会推荐他。而这个推荐是非常对的,与后来整个中国的原子弹、氢弹工作的成功有很密切的关系。邓稼先是一个很聪明的人。不过,我想他的最重要的特点是他的诚恳的态度,跟他不懈的精神,以及他对中国的赤诚的要贡献他的一切这个观念。我想,他受命于中国政府要造原子弹、氢弹这件事情,根据我对邓稼先的认识,这个特点我想是很少人能够做到的,就是他能够使他手底下的人,百分之百地相信,邓稼先是为着公而不是为着他自己。[1]

在回去的路上,邓稼先心情复杂,一方面他感到十分高兴,能被国家挑选出来去承担这光荣而艰巨的任务,这样他深入地研究核物理的世界的同时也实现了自己报效国家的心愿。但另一方面,他不知道该怎样告诉家人他从事的这一秘密工作。

但是,这一天却是改变他和家人生活的重要时刻。

邓稼先默默地在路上走着,他到家的时间比平时晚了一些。当他迈进家门的那一刻,两个孩子正在玩耍,看见爸爸回来的身影,欢呼雀跃着飞奔到他身边,他像平时一样亲亲孩子们红扑扑的脸蛋儿。许鹿希见丈夫回来晚了,随口问一句怎么晚了。他沉默地点点头,并没有回答妻子。晚饭的时候,邓稼先也草草地吃完,然后一人不言不语地坐在椅子上。

那天晚上,习习的凉风似乎要把那烦闷和热潮都吹散。如果是平时,邓稼先总会和妻子一块儿出去散散步,对于两个喜欢月光的人来说,在夏夜的月光下散步是一件很惬意的事情。但这天晚上,邓稼先早早地躺在床上了,他并没有立马睡着,在床上辗转反侧直至半夜。细心的许鹿希也无法入眠,从吃晚饭时候就发觉丈夫异常的神情,但是她一

---

[1] 许鹿希、邓志典、邓志平等:《邓稼先传》,中国青年出版社 2014 年版。

直压抑着没问,因为她怕再增添丈夫的烦恼。 可是,到了午夜时分,她看着久未合眼的丈夫翻来覆去一副忧心忡忡的样子,作为妻子的她终于忍不住了。"稼先,今天你是怎么了?"妻子小心翼翼地问。 邓稼先没有直接回答,他静静地望着窗外的月光,在思考怎样和妻子说工作调动的事情。 静默了一会儿,他转过身轻声和妻子说:"希希,我要调动工作了。"

"调去哪里?"

"还不清楚。"

"干什么工作?"

"这不能说。"

"那你给我一个邮箱的号码,我和你通信吧。"

"这也不行。"

紧接着,两人都陷入了沉默。 此时,许鹿希的内心忐忑不安,丈夫究竟是去做什么呢,为什么如此的保密? 但是,她没有继续追问,她知道丈夫好像不能说,自己如果一直追问的话,会给丈夫造成负担。

接着,邓稼先带着充满愧疚的语气对妻子说:"希希,我今后恐怕照顾不了这个家了,以后都全靠你了……"过了一会儿,他又坚定地说:"我如果做好这件事儿,一生就活得有价值了,就是为它死了我也觉得值得。"

听了丈夫的话,许鹿希的心一阵寒栗,眼泪夺眶而出。 她听到丈夫说出"死"这样的字眼,内心立即沉重起来,究竟是什么事情让他舍弃性命。 当时,许鹿希才满30岁,两个孩子还年幼,还要照顾两位身患肺病的老人,此外自己的工作也很繁忙。 这么沉重的担子一下子要落在一个年轻的妈妈身上,其艰难可想而知。 但是,她听到丈夫斩钉截铁的口气,她明白丈夫做的事情一定是他决定好了的,是符合他理想的,否则他不会这样坚决。 许鹿希深爱着丈夫,她不想让家里的琐事牵绊住他,决定默默承受这一切。 于是,她温柔而坚定地告诉丈夫:"稼先,你放心去吧,我支持你!"正是这简单有力的一句话,许鹿希开始了默默守候丈夫的岁月,也正是这一句话,让心怀不安的邓稼先安心去开拓核武器事业。一句承诺,一生守候;一句鼓励,一世付出。

为了让家人有个念想,从来不喜欢照相的邓稼先带着妻子和孩子们专门到照相馆照了一张全家福。这张照片在他离开家的那些年里成为妻子日日思念的寄托,成为逐渐长大的孩子们眼中爸爸的相貌。

20世纪五六十年代,人们拥有强烈的集体感和政治荣誉感。入团、入党、争当劳动模范,党的信任对人民是一种巨大的鼓舞。为国家建设出力是一件十分光荣的事情,邓稼先不贪慕虚荣,但是他却有很强的荣誉感。以身报国,是邓稼先在当年留学美国前许下的承诺,如今,机会来了,他的心情自然十分激动和兴奋。与邓稼先一样胸怀报国之志的一大批科学家也被收入二机部的麾下,王淦昌、朱光亚、陈能宽、周光召、彭桓武、郭永怀、于敏、程开甲、黄祖恰……这些科学家以自己的满腔爱国热情撑起了我国的两弹事业。

邓稼先(中)与钱学森(左)和朱光亚(右)合影

二、白手起家

从接受任务的那一刻起，邓稼先就明白这种高机密工作意味着什么。从此以后隐姓埋名，不能发表学术论文，不能出国，不能走亲访友，不能告诉自己的家人自己在干什么工作。工作成绩再大也不能公之于众。这些限制对于邓稼先来说，他还可以忍受，但断绝与朋友们的往来却让他十分难过，因为这无疑是把他的情感交流之路堵塞了。除此之外，敬爱的双亲年岁渐长，还身患重病，两个孩子年岁幼小，妻子一人承受这么多家庭重担，他内心充满了愧疚之情。但是，一想到可以到新中国最需要的岗位上工作，为国家壮胆增威，他决定义无反顾地在核武器研制之路上走下去。这也是那个时代人心里普遍的特点，忘掉自己，为社会服务，将自己的激情熔铸在建设伟大祖国的事业上。然而，邓稼先骄傲兴奋的心情中也掺杂着许多担忧。他虽然有从事原子核物理研究的经验，但是在原理方面还有很多不足之处。理论和实践相差甚远，他害怕自己承担不了这个重任，无法向党和人民交代。

邓稼先所调的单位其实是九院，即我国核武器研究院，刚开始称为九局，后改为九院。1958年，它设在北京郊区，当时所处的地理位置很偏僻，没有房舍，也没有人烟，周围是一片庄稼地。当时的二机部部长宋任穷在回忆录中说："1958年决定成立九局，这是二机部最重要的一个局，李觉任局长，负责核武器研制和基地建设工作。"[1] 李觉，是共产党中资格比较老的老将军，他1931年入党，之后在解放西藏的战争中立下了汗马功劳。他本人在大学读过书，自己也喜欢钻研，做过炮弹和电雷管之类的东西，他还可以讲几句洋文。但是，1954年秋天，李觉被查出患有心脏病，不能继续在高原上生活，于是，1957年李觉回到北京治病。原子弹制造需要在人迹罕至的高原上进行，核武器建设事业的

---

[1] 引自韩松的《科技中国》。

领导觉得还是李觉领导最合适,于是当年 11 月份告诉他带领二机部建设核武器事业。在李觉的带领下,邓稼先他们开始了一项艰苦的创业活动。

1958 年 7 月 1 日,新华社发布了这样一则消息:

> 建设在北京郊外的我国第一座实验性原子反应堆和回旋加速器正式移交生产。这座原子堆的正式运转日期是 1958 年 6 月 30 日,它系实验性重水型,热功率为七千至一万千瓦。同时建成的回旋加速器有能力把 α(阿尔法)粒子加速,使 α 粒子能量达到二千五百万伏特。从加速器发出的每秒三万四千公里速度的粒子,已经被用来进行原子核物理研究。[1]

创业的第一步是要先建立自己的工作基地。当时九院还没有房子,领导决定在北京东郊的一片农地上建造研究基地。邓稼先等研究人员来到这里时,正值高粱成熟的季节,那红灿灿的高粱似乎在欢迎着中国这批"曼哈顿"计划参与者们的到来。有将无兵不成军,在确定好研究基地后,邓稼先便奉命到北京各高校去挑选"精兵"。他兴冲冲地在北大、清华以及北京航空航天学院挑选了 28 名大学生,让其加入研制团队中,组成了后来被人们盛赞的九院"二十八星宿"。这群年轻人中一部分来自湖南、四川和贵州,邓稼先俏皮地为他们取了"红椒""青椒""朝天椒"等绰号,如果家乡没有特色的,他就以生肖来为他们取个诙谐的代号"白马""白兔""白虎"之类。

人员已经筹备齐了,接下来大家就开始白手起家干事业。这一批刚从名牌大学毕业的"天之骄子"们在邓稼先的带领下,全部加入施工行列。砍高粱、挑土、平地、搬砖……他们和建筑工人一起热火朝天地干活。邓稼先每次都带头挑土,很多房子的地基都是他带着年轻人和工人们一块儿挖的。

---

[1] 斯云、耕夫:《邓稼先》,江苏文艺出版社 1999 年版。

那个时候，九院领导李觉将军一有空就到施工工地上来，一面和大家一起搬砖、砌墙，一面熟悉环境，用他的话来说这是"向专家学习"。此外，二机部的其他领导也常过来和大家一起参加劳动，那个时候人人都把劳动看成是一份光荣。"万般皆下品，唯有读书高"，在那个提倡知识分子与工农相结合的年代，大家淡漠了这个观念，都把自己看成是普通的劳动者。

北京的初秋，早晚天气虽然清凉不少，但是一到中午，太阳依旧热辣辣的。邓稼先和这帮年轻人常常脱掉上衣，光着膀子运送砖瓦。在他们的工地上，悬挂着这样的标语："晒黑了皮肤，炼红了心。"邓稼先因为平时没有架子，平易近人，年轻人都喜欢和他开玩笑。但是，邓稼先出生于知识分子家庭，参加工作一年后就又前往美国留学，对于劳动他还是十分生疏，不懂怎样干这些体力活。同事们见这位身材魁梧的前辈笨手笨脚地干泥瓦匠活儿，挑起扁担来身体摇摇晃晃的。而且，邓稼先的皮肤在烈日下总也晒不黑，于是大伙儿逗趣，为他起了个"大白熊"的外号。对此，他也不生气，常常一笑了之。

生活中的邓稼先和蔼可亲，这群年轻人也没有把他当领导来看，只是把他当成年长的兄长。在工地上的时候，邓稼先喜欢端着饭碗，把菜放在地上，和年轻人一边吃饭一边聊天。那时候，食堂里为了给大家改善伙食，特地养了几只鸡。邓稼先只顾尽兴地和大家聊天，一回头发现菜没有了，原来是那几只调皮的小鸡把他的菜给吃了。于是，大家哄笑一番之后，争先把自己碗里的菜往他碗里拨。

1959年的"三八"妇女节，食堂给女同志们另外加餐。从食堂里飘出来的一阵阵香味让男同志们垂涎三尺。其中，有的男同胞羡慕地说道："唉，如果今天我是妇女就好了！"身旁的几位男同事也羡慕不已，邓稼先默默地记下了他们的话。临到下班的时候，大家正准备回家，邓稼先让大家暂留一下，对着满屋子的大男人们说："走，同志们，咱们下馆子去，今天我请客！"办公室立马传出一阵欢呼声。之后，邓稼先拿出10元钱，请大家去饭馆大吃了一顿，解了众人的馋。

大家汗流浃背地拼命赶工，终于，"家"在他们的手下拔地而起。然而，历时三个月，照着苏联专家的要求而盖成的原子弹教学模型厅，却没有得到专家们满意的评价。苏联专家说大厅的地面不够平，于是，邓稼先带领年轻同事用水平仪边测边平整地面。专家又指出窗户上没有安装铁栏杆，他们二话没说，赶快修上铁栏杆。专家们环视一周之后，发现加密工作还不够完善，邓稼先他们赶忙又加设了"足迹地带"，直到让专家们满意为止。有时候苏联专家说模型厅的路没有修好，半夜把九所的人叫起来修路。后来，苏联的另一位专家列杰涅夫来到九所，他就是九所人称的"哑巴和尚"。对许多问题都以敷衍的态度应对。

1958年末，苏联派来了三位专家，组成一个专家组，由一名俄国人担任组长。当时二机部的主要领导去接待他们，并表达了要诚心学习相关原理的想法，当时那位组长表示会尽最大力量来帮助中国研制原子弹。但是，技术援助并非军事援助，有很大的局限性，也受本国政府的限制。苏联提出传授知识的条件是仅限5人去听课，这5人包括宋任穷、钱三强等主要负责人，而且课堂要设在部长办公室内。

刚开始，苏联的一些专家详细认真地为我方听课人员讲解原理和数据，他们在黑板上画出详细的图形来解释相关原理的意思。但是，旁听的顾问团领导看到专家毫无保留地讲解知识时，不满地咳嗽了几声。专家们便开始粗略地讲解，偶尔做些板书还会立马擦去。专家们含糊的态度让邓稼先和同事们内心很焦急，不知道是否能讲解制造原子弹的核心技术知识。极为苛刻的是苏联派来的监视人员还不允许听课人员记笔记，要求他们将之前的记录焚烧掉。为了保存这宝贵的资料，宋任穷急中生智，说以后他负责销毁，暂时把那些记录本锁在保险箱里。因此，这些珍贵的材料才被保存了下来。

苏联方面派来的专家团有200余人，刚开始我方的科学家还能从苏联专家们那里学到点东西。后来，经过苏联代表"提醒"之后的专家，讲课更是让大家"头疼"。这位专家到来之后，什么也没说，先开出一些书目，让中方人员读，并说只有读好这些书才能理解原子弹的教学模型。这些书里面甚至有关于花卉种植的书籍，为此，邓稼先客气地请教养花与制造原子弹的关系。这位专家的答案竟然是，科学家应该在充满花香的环境中工作。本来邓稼先心怀期望地想要尽快从苏方学习到相关知识，可是越到后来，他们的失望也越大，因为苏联方面明显想敷衍了事。

军事机密对于任何一个国家而言，都是极其重要的。对于当时风云变幻的20世纪60年代的国际社会而言，各国对于核武器的话题异常敏感。作为当时最先进的武器，谁拥有它谁就有了在国际舞台上的发言权。这是一项重要的技术，就像是普通人家的传家宝一样。许多国家并不直言自己国家核武器研究工作的进展状况，他们对于这方面的技术话题更是讳莫如深。虽然苏联在当时与我国交好，但是对于军事核心技术也不会倾囊相授。

赫鲁晓夫上台以后与美国展开了"争霸模式"，为了建立更大的霸权，他提出要在中国领海建立"联合舰队"，在中国领土上建立电台。对于这一无理要求，毛泽东主席断然拒绝。赫鲁晓夫对此十分生气，他愤怒地说："毛泽东不参加我们的核保护伞，那我们就什么也不给他，让他和他的人民连裤子都穿不上！"同时，他下令将派往中国的专家人员全部撤回国去，并撕毁了签订的诸多协议。此外，他还在许多国际会议上刻意指责中国，我国与苏联的关系陷入僵局。至此，中苏关系恶化。苏联撕毁合约，对我国核工业建设来说，也是致命的一击，使我国的核工业事业的开展受到了很大的影响。为了纪念那个痛心的日子，我国将第一颗原子弹的代号命名为"59·6"。

苏联以突袭方式撤走支援我国科技建设的专家，1960年7月苏联方面下达通知，要在同年7月28日到9月1日，撤走所有援中专家。针对这一情况，毛泽东指示："要下决心搞尖端技术，赫鲁晓夫不给我们尖端技术,极好,如果给了,这个账是很难还的。"毛泽东的指示传达下去之后,给参与原子弹事业的科学家们强烈的精神振奋,他们下决心一定要搞出这枚"争气弹"让中国人扬眉吐气。此外,毛泽东的这番话也让身在海外的中国科学家看到了我国领导人对核武器事业的重视以及不屈不挠的精神,许多年轻科学家联名写信,主动请缨,回国为国家建设贡献力量。

但是,苏联专家的离开还是给我国的原子能建设事业带来了巨大的困难。根据曾经签订的协定,苏联将会在核武器建设方面援助 30 个项目,到苏联专家撤走时,有 23 个项目还没完成,很多项目也成了半拉子工程。在工业设计方面,由于西方国家对我国实行了技术封锁,苏联只援助了一部分技术。我国缺乏关键技术和材料,如果继续按照原来的计划研制下去,项目无法完成。因此,我国不得不重新开始设计方案。

苏联专家撤走后,领导让邓稼先整理他们的遗留物品,看看是否还能找到一些有用的材料,结果一无所获。在大家沮丧之际,二机部的领导及时给大家开会,鼓励大家用自己的智慧和力量去研制原子弹。在领导们的鼓励下,这些参与人员内心充满了力量,决定依靠自己的力量研制出原子弹。

三、艰苦创业

没有外援,似乎一切要从零开始。邓稼先首先给这些挑选过来的年轻人上课,虽然这些大学毕业生都出身名校,但是大多没有学过核物理专业,更不用提他们对原子弹制造知识的掌握。邓稼先为了让这些年轻人的理论知识更扎实,于是打算从核物理知识的 ABC——最基础的知识开始给年轻人集中讲解,他们称这是核物理的"扫盲班"。

李觉认为邓稼先的想法很好,甚至表示自己也想去学习。邓稼先告诉他说:"核工业知识,是一片浩瀚的海洋,不仅您这位局长,这些大学生要从头学起,就是我们这些留过洋有博士、院士头衔的人,懂的也不多。欧美各国根本不让我们这些留学生接触这方面的知识，我们整个国家都需要从零开始，从头学起。"[1]

确实如此，邓稼先虽是留学美国的博士，但是他对原子弹的相关知识并不精熟。那时，我国最喜欢发动群众来进行工作，即使是科学理论研究也是如此。邓稼先明白自己在这个陌生的领域也还是一个门外汉，必须调动集体的智慧来思考怎样推进原子弹的理论建设。为此，他严格要求年轻的同事们大量阅读书籍，并让大家积极讨论。在讨论的时候，他会让一个人讲，有时他也会自己讲，当讲不下去的时候，他也不会逞强怕丢面子，而是让某一个人发表对该问题的看法。这种民主式的讨论大大调动了同事们的积极性，大家畅所欲言，谁也不怕因为回答错误而丢面子，只是单纯地想为解决问题提供思路。

1958年，邓稼先的单位陆陆续续又调来了近百名大学生，但他们当中学习物理专业的学生极少。调来的学生中有学数学的、冶金的、建筑的等，因此，给这些学生普及基本的核物理知识显得至关重要。刚开始的时候，邓稼先给他们讲一些基础课，他把自己在美国所学的东西以通俗易懂的方式解释给大家听。加上他在留学美国以前曾在北京医学院讲过物理课，对于讲课他具备经验。由于他和年轻人之间亲近，课上他不让大家称呼他老师，而是直呼老邓。学生们都很喜欢他，说他讲的课生动有趣，能将复杂的问题简单地讲透彻。有人曾这样评价邓稼先的课："老邓讲课层层递进，听起来像淙淙泉水流淌，心里明亮极了。"[2]

在那段日子里，邓稼先经常备课到凌晨，通常在办公室休息三四个小时之后，天蒙蒙亮便又站在讲台上给学生们上课。由于晚上睡眠不足，白天的邓稼先神情显得疲惫不堪。学生们看到老师憔悴的面容，都为他的身体担心。

1　韩松：《科技中国》。
2　许鹿希、邓志典、邓志平等：《邓稼先传》，中国青年出版社2014年版。

有一次，学生们正聚精会神地听他讲课时，邓稼先的声音突然中断，手中的粉笔也从指间滑落，他双眼紧闭站在讲台上，仿佛睡着了似的。直到粉笔落地的声音惊醒他，他才缓过神来，揉揉布满血丝的眼睛，和大家连连说抱歉，打算继续讲下去。学生们都看出来老师的疲惫，有人关切地说："老邓，你休息一会儿吧！"

　　但他却说："我刚才已经休息过了，时间紧迫，我们还是赶紧讲课吧。"邓稼先舒展了下身子，然后又继续在黑板上开始演算那些方程式。为了让大家对核物理知识有广泛的了解，他让大家阅读柯朗写的《超音束流和冲击波》、戴维森写的《中子输运理论》、泽尔托维奇写的《爆震原理》和格拉斯顿写的《原子核反应堆理论纲要》。

　　当时，这些专业书很少有中文译本，例如，柯朗的《超音束流和冲击波》只有钱三强教授带回来的俄文版。大家费尽心力去北京的各大图书馆寻找，都没有找见第二本。于是，为了能使每个人都能够及时看到书，他们采用了手刻蜡板油印。此外，他们读书的方法也并非自己闭门造车，而是大家在一块儿阅读、学习。读完之后，由其中一人重点发言，之后大家再自由发言、讨论。这种形式既让大家边阅读边思考，也调动了年轻人读书的积极性，活跃气氛。

　　上级领导交给九所的任务很重，邓稼先希望大家能够早日把业务熟悉起来。对于这里的大多数人而言核武器还是很陌生的。邓稼先要求大家重视学习，晚上回去以后吃完饭，坐下来再静心学习。这些大学生明白单位交给的重任，因此经常晚上聚集在办公室里面看书。邓稼先虽然有家室，但是他从不早退，而是和别人的下班时间保持一致，因为他要留下来指导年轻人，给他们做辅导。有时候，时间拖到深夜，邓稼先住在北医三院的一套宿舍里，如果从单位回家的话需要穿过一段高低不平的土路。单位里的年轻同事不放心他的安全，就护送他回家。北医的家属院宿舍大门一般在晚上十点半之后就关门了。围墙是用铁丝网制成的，邓稼先不好意思总是敲门打扰，就自己钻铁丝网。一个同事拉着上面的铁丝，一个拉着下面的铁丝，然后使劲儿撑开一个大口子，让邓稼先钻过去。邓稼先体形高大，每次钻都很费力，衣服经常被剐开口子。待他钻过去后，同事们再把邓稼先的旧自行车递给他。回到家时，妻子上夜班还未到家，两个孩子坐在楼道里睡着了。看到这种情景，邓稼先的内心一阵酸楚。年幼的孩子苦苦等待父母回家，自己却没有时间好好地陪伴他们。他默默走到孩子们身边，轻轻地抱起，生怕惊醒了睡梦中的孩子。

核武器研究基地位于北京郊区，这里偏僻荒凉，人迹罕至。尤其是到了冬天，房舍周围的庄稼都被收割完了，周围一片空旷。参加"扫盲班"的年轻人住在自己动手修建的宿舍，没有火炉，夜晚常被冻醒，更不要说看书学习了。邓稼先发现这个情况后，找到一个好方法：有一次他出去到一家小杂货铺买东西时，看见那家店里有一个烧得红红的大铁炉。于是，他便带着几个"小辣椒"们到那里去看书。店里的老板娘只知道他们是取暖的，爱看书，但却不知道他们就是研制原子弹的重要工作人员。

刚接触原子弹制造工作的时候，邓稼先和同事们都摸不着头绪。同事们建议邓稼先去向苏联专家询问该如何开展工作，但当时中苏关系已经开始恶化，苏联专家总是含糊其辞。专家们安慰邓稼先说，不要着急，要耐下性子先把给他们指定的十几本专业书看完。这样的回答令邓稼先和同事们不得不思考其他的方法来开展工作。于是，他们打算利用自己已知的知识来进行初步的研究。苏联专家不时过来视察工作，他们经常劝导我方人员不要着急着手进行具体工作，要把他们指定的书看完。邓稼先觉得如果这样等下去的话，势必延误原子弹研制的进程，但是按照自己的想法来进行操作的话，就会和苏联专家产生冲突，不利于双方的合作。于是，他们决定白天在桌子上摆放书籍，应付专家检查。自己计算的笔记本和相关数据资料，苏联专家过来的时候立即放到抽屉里。当遇到关键性数据问题的时候，同事们就委托邓稼先去看看专家的书架上放置着什么书籍,然后回去告诉大家。有时候,某些关键性数据没有丝毫的求证线索时,邓稼先就会和同事们在一起讨论。大家常常为了一个数据的正误而争执得面红耳赤,但是,没有人会嘲笑或者轻视对方的看法。邓稼先经常告诉年轻的同事们,学术上人人平等,不管什么级别,无论资历深浅,只要你说的有道理就可以让别人心悦诚服。邓稼先身上有很强的组织凝聚力,他可以积极调动大家的工作热情,也注意和大家及时沟通,会随时询问你对这个问题的研究进行到什么程度,向同事了解工作情况。单位的同事们都觉得邓稼先作为领导,身上没有一点架子,还和大家相处融洽,团结大家积极工作。因此,为了不使领导失望,九局的同事们都很卖力地工作。在"文革"的特殊时期,组织中有一部分人不愿意干活,邓稼先就拍着同事们的肩膀鼓励他们继续向前。面对如此重要的国家机密性工作,邓稼先身上背负着沉重的担子。

邓稼先自从1958年8月调到九院以来,担任理论部主任,负责我国原子弹理论的总设计工作。在这一年里他的性格改变了很多,从前开朗的性格沉寂了,平时和朋友以及亲戚们见面的机会减少了很多,和别人聊天也从不谈及工作。回到家里,他的话也比以前少了许多,这份工作的特殊性不允许他过多地表达。他明白自己工作的价值和工作纪律的重要性,但是为了能够早日研制出原子弹,这些牺牲在他看来不算什么。

原子弹的研制除了建设研制基地以外,大型的试验基地也是必需的。根据苏联专家的意见,核试验场地初步选址在距离敦煌120公

青壮年时期的邓稼先

里的大漠地带，实验的最大当量为两万吨TNT。1958年5月22日，核武器试验基地司令员张蕴钰到实地进行考察，他看到靶场编的力学测量室、光测量室以及靶场主任、学术秘书等全是苏方人员配置的。随行人员告诉张蕴钰这个基地能进行2万吨的实验时，与美军在上甘岭战役中交过手，领教过美军现代化武器厉害的张蕴钰怒了："一个拥有上千万吨氢弹核大国的建厂专家，怎么会把一个新型核试验场的实验当量目标定在两万吨以内？2万吨和1000万吨在一架天平的两端永远不会平衡！2万吨支撑不了一个拥有6万万人口的民族！"

此外，张蕴钰还有另外一个更大的顾忌就是，该实验场地距离敦煌太近。莫高窟千佛洞、鸣沙山等文物古迹都是世界性的遗产，一旦被破坏，就会造成巨大的损失。综合考虑这些因素，张蕴钰觉得这个原子弹实验场地存在诸多不妥之处，他提议新的核试验场地为新疆的罗布泊。1958年12月，聂荣臻在听取汇报之后将结果上报中央，中央最终同意张蕴钰的方案。不久，中央正式批准罗布泊以北的地区为中国的核试验基地。

1959年7月，周恩来总理向宋任穷传达中央的意见，自己动手，从头摸起，准备用八年时间搞出原子弹。接到这种具体完成任务的通知，宋任穷感到了满满的压力，他知道研制原子弹的进程不能拖延。于是，他将中央领导人的指示传达给了邓稼先，希望邓稼先能尽快拿出一个设计方案。当时，彭桓武、郭永怀等高水平科学家还未调到九院，邓稼先的主攻方向还没确定。中央基本的指示已经下来，邓稼先整天琢磨怎样选择主攻方向。因为只有确定主攻方向，才能开展原子弹研制的具体工作。

曾担任过二机部副部长的刘西尧，在若干年后的一篇回忆文章中提及邓稼先工作的重要性。他在该文中指出：曾经一位领导做出一个"龙头的三次方"的比喻来形象地说明原子弹工作，即原子弹研制的龙头在二机部，而九院又是二机部的龙头，九院的龙头在邓稼先所在的理论设计小组。邓稼先知道他工作的重要性，所以一直在苦苦思索如何开展工作。

邓稼先陷入思考中，即使是回到家里也经常走神，时常发呆。许鹿希看见丈夫神情恍惚，心里十分担心。晚上，邓稼先又辗转反侧，难以入眠，她知道丈夫肯定在为工作上的事情发愁，却无可奈何。有时，邓稼先恢复正常的精神状态，逢到有趣的事情还像以往一样开怀大笑。这种反复无常的精神状态源于巨大的工作压力。

邓稼先有一个习惯，在压力大时喜欢听音乐，这是受他父亲的影响。小时候，他经常看到父亲聆听音乐解压，父亲告诉他音乐的美好在于能让人静心。因此，邓稼先成年以后每当感到工作紧张的时候，总喜欢一个人在房间静静地听贝多芬的《田园交响曲》，以获得心灵上的平静。然而，这一天，烦躁不安的他没有像往常一样播放《田园交响曲》，而是晚饭后独自一人欣赏《命运交响曲》。命运扼住人的喉咙，人怎样和命运抗争，是妥协，还是勇敢地抗争？贝多芬的乐曲让他思考，他在想如何在条件极不成熟的条件下，不辜负那么多人的期待，高度的责任感和强烈的爱国心使他无法将注意力转移到其他方面。

压力也是动力，邓稼先比以前更努力地寻找工作的突破点。在给单位里的年轻人"扫盲"的同时，他也不忘攻关理论工作。最终，在经过一番深思熟虑之后，邓稼先选定中子物理、流体力学和高温高压下的物质性质这三个方向作为研究的主攻方向。随后，他将理论部的年轻同事依据这三个方向分为三个小组。每一个小组在具体工作中总是会遇到各种各样的困难，例如，中子运输组的同事需要的材料，怎么也找不到现成的。他们在图书馆找的相关外文文献对制造原子弹没有直接作用。于是，他们利用逆向思维，从那些发生事故的材料中去推导相关数据。邓稼先和这帮年轻人从能够找到的可比拟的材料里推导出中子运输的规律。高温高压物质性质组也需要大量的运算，邓稼先常与该组青年人一起演算到深夜，有时候大家困得连连打盹。邓稼先作为总指挥人员，需要对每个组的工作进展状况了如指掌，他要分身去参加各组的讨论，找到各组的问题所在，然后一起去攻克。

除了对三个小组进行指导之外，他还要自己搞一些粗估。粗估是一种科学研究的方法，它并非要求精确的数字，而是在综合考虑所有条件的情况下，大致地估计出一个数值范围。塞格雷在描写丹麦物理学家玻尔时曾说过："波尔喜欢模糊的轮廓，不是无缘无故的。我几乎可以说，他喜欢丹麦的雾。科学是一个神秘的天地，每一个科学家都有自己喜欢的研究方法。研究方法没有什么好坏之分，条条大路通罗马，找到真理的道路也是无数种的。"邓稼先对于他在粗估方面的能力相当自信，妻子曾经问他为什么那么难的题他大致演算下就把别人的计算结果给否定了。邓稼先用手中的铅笔带有橡皮的一端轻轻敲一敲妻子的头，调皮地笑着说："这你就不懂了吧？我现在粗估的这个数值，他们的结果是不能跳出这个框框的，否则就是错的。"

仅有粗估是不够的，在具体问题上精确的数据是支撑下一步工作的前提。伴随着研究的深入，推导公式、求近似值、算精确数据等步骤都是必不可少的。不计其数的运算数字，让平常人看了都觉得繁杂，但是邓稼先和他的同事们经常是日夜三班倒地演算着。当时，许多先进的计算工具还没有发明，即使有，我国当时也大多没有。邓稼先用的是和西瓜大小差不多的手摇计算机，正方向摇动是计算乘法，反方向摇动是计算除法。当时，虽然我国有计算机，但是数量很少，多被放置在计算所里统一管理，而且还具体规定了各单位使用的时间。当时最高级的计算机是每秒1万次的104机，速度相当慢。但是，还是需要用它来完成许多公式的计算。最后，这些计算完的纸带子和计算机的穿孔带子将几个大麻袋都塞得满满的，可见计算量之大。

人并非机器，大脑长时间运转，思维就会受阻。尤其是在推导公式的时候，一帮人绞尽脑汁，想尽各种方法还是陷入了"死胡同"。邓稼先常常带着这些问题回家，心不在焉地吃完饭后躺在床上，眼睛盯着天花板发呆。 有时,从床上坐起,用手一拍脑袋,一副顿悟的喜悦之情表露无遗。 第二天上班,他精神抖擞地到单位将结果讲给年轻的同事。这种快乐使他在巨大的工作压力中得到短暂的释放。

但是,困难总是一只拦路虎,它会时不时地跳出来挡住人前行的步伐。 一次,他们在计算中遇到制造原子弹过程中一个关键的参数。 根据以前苏联专家说的数值,他们计算了一次又一次,但还是与苏联专家说的数值相差巨大。 每一次的计算都要有几万个网点,每个网点要算七八个参数,而要获得一个参数需要解五六个方程,层层计算只为最后的一个数值。 如果其中一步计算错误,他们就得放弃之前所有的计算结果,重新开始。 计算中的疲惫和焦虑,有时候一连好几天算不出结果,邓稼先也会感到沮丧不已,但是他从未提出要放弃。 时钟"滴答滴答"地走着,昼夜更替,从春到夏,从夏到秋,终于功夫不负有心人,在第9遍计算之后,他们计算出了自己所需要的数值。 他们的计算结果被著名的数学家华罗庚教授称为"集世界数学难题之大成"。

原子弹研制工作紧锣密鼓地进行着,邓稼先和他的同事们经常在巨大的任务重压下日夜奋战。 他知道这工作的辛苦,年轻人容易经受不住。 为了让和他一起工作的年轻同事能够得到休息和工作之外的乐趣,他经常在工作中抽出10分钟左右的时间和他们一起玩儿木马游戏。 因为邓稼先为人和蔼,没有架子,所以年轻人都喜欢和他玩儿。 他爱看足球,也爱看京剧,有时会带着将近十个人到人民剧院看戏。 看完出来就拉着大家到西四的砂锅店共享美食,大家和他在一起常会觉得轻松愉快。

这种小孩子的游戏让疲惫的大家放松了紧绷的身心。 有一次,负责指导工作的王淦昌教授看见他们正在进行的木马游戏,又好气又好笑,说道:"这都玩的什么游戏,这么大了,还在玩小孩子游戏。"邓稼先笑笑说:"这叫互相跨越!"作为前辈,邓稼先热情地鼓励后辈前进,在生活上他和这帮年轻人之间保持平等的朋友关系,大家在艰苦的岁月里一同克服困难，在工作中互相帮助，在学习上邓稼先对他们循循善诱。因此，九院就像是一个温馨的大家庭。

在大家齐心协力的努力下，原子弹制造理论工作有了很大的进展，原子弹理论设计的框架已经初具模型。这时，李觉将军让邓稼先准备做一个关于原子弹设计方案的报告会，除了聂荣臻、陈毅、宋任穷、张爱萍等领导要听这个报告之外，还有老一批的科学家也会一同赴会。

会上，邓稼先介绍了关于原子弹理论设计的框架和设想，他们打算用铀235做原材料，并利用塔爆的方式来实验。这与其他已经发明原子弹的四个国家采用的方式完全不同，也证明了我国的原子弹研制中没有任何的外援力量。一位权威物理学家在听完报告之后，说："这个报告极具学术价值，可以说它已经描绘出原子弹的雏形，它在事实上宣布了我国核武器进入决战阶段。"

四、初见成果

根据工作开展的情况，二机部制订了一个在两年后完成制造原子弹任务的计划，并请示中央。毛泽东在看了提交的报告后，给出了"很好，照办"的指示，"要大力协同做好这件工作"的批示。之后，根据中共中央指示，成立了一个以周恩来为主任，7位副总理和7位部长级干部共同组成的中央专门委员会，来具体协助领导原子弹制造工作。

周恩来总理接手了原子弹研制的总指挥工作之后，立马开始着手相关的工作。1962年12月，周总理邀请张爱萍、刘杰、钱三强和邓稼先到自己的居所商谈原子弹的工作事宜。周总理当时居住在西花厅，这是清朝末代皇帝溥仪父亲摄政王载沣的私家花园。周总理当初选择这个地方，并非因为它曾是帝王之家，而是因为这里栽种着他最喜欢的海棠花，另外还有园中的不染厅。洁白淡雅的海棠花和寓意高洁不染的花厅正符合周恩来总理的人生追求。

邓稼先心里对周总理充满了崇敬。对于第一次见总理的邓稼先来说，内心还是很紧张的。周总理穿着一身朴素的中山装，和大家一一握手之后，请大家坐下，好好聊聊工作。邓稼先汇报工作时，心里的紧张感还没有完全消除，说话有点不自然。周总理看出来了，劝慰他说："稼先同志，你不要紧张。我们都是上了年纪的人，有高血压，我们的高血压经不住你这一哆嗦啊！"周总理的幽默和善，使邓稼先放松下来，他将原子弹理论设计工作的进展情况详细地汇报给了周总理。

总理肯定了他们在工作上的努力，同时也提出了一些要求："二机部的工作必须有高的政治思想性、科学计划性以及组织纪律性。"在会议室里，总理也指出当时我国面临的严峻的国内外局势，希望大家务必早日将原子弹制造出来，以提高我国的国际威望。针对具体的原子弹制造过程和规划问题，周总理对邓稼先他们进行了询问。为了能够更清晰地解释，他们把设计好的图纸平铺到总理的办公桌上，大家一起探讨研究。最后，周总理对邓稼先他们反复强调核试验一定要坚持"严肃认真，周到细致，稳妥可靠，万无一失"和"实事求是，循序渐进，坚持不懈，戒骄戒躁"的原则。核试验如果有泄漏，会造成严重的后果，中央发出这样的指示，表达了中央领导对核试验的安全非常重视。

随后，我国开始了第一颗原子弹的轰爆冷实验。这种实验需要找一个人迹罕至的地方，一方面为了群众的生命安全，另一方面也是保密工作的需要。经过相关工作人员的反复观察和研究，最终选择在长城脚下的一个山洞里进行。因为这里隐蔽性好，不易被人发现，且对社会影响极小。1963年的初春，邓稼先和同事们来到选好的试验基地，要在这山洞里拉开新中国原子弹的序幕。

实验这天，平时性情柔和的邓稼先，精神格外抖擞，在长城脚下的实验场地上来回跑，检查各项工作是否完成，他认真地指挥着这项实验。

雷管可以引爆一枚炸弹，明火可以点燃鞭炮，而中子则是引爆原子弹的介质。如果中子数量不足，原子弹是无法顺利引爆的，而中子则来源于常规炸药的引爆。原子弹冷实验，是制造放射性原子弹之前必经的阶段，它的成功关系着其后原子弹爆破的成功。在山洞里，邓稼先和技术人员一刻不停地忙碌着。搅拌桶里的火药气味都是对人体伤害极大的有毒物质。但是，面对这样的危险，没有人退却。站在火药桶旁，人人的生命都是没有十全保障的，就像居里夫妇研究放射性元素"镭"一样。在冷爆实验的准备过程中，只有小心地处理好每一个步骤才能避免发生事故。

美国"曼哈顿"计划的参与者核物理学家爱德华·泰勒曾对原子弹的基本结构做过解释："两个半球靠近，相接触，当质量达到临界点时，就会产生链式反应引起爆炸。"邓稼先明白这个道理，但是真的要自己动手时，心里还是多多少少有些忐忑的。现场没有核试验专家，也没有相关资料，一切只能凭借自己的经验和知识，去找出那个临界点数据。

核试验这条道路上危险重重，很多专家为研制核武器付出生命的代价。例如，路易斯·斯特洛金在一次试验中，在使两个半球慢慢靠近时，其中一个不慎滑落，直接发生链式反应，结果他的生命立马被夺走了。另一位美国核物理专家在试验中由于拨弄核裂变物质，结果引发链式反应，受到核辐射，当天就去世了。邓稼先的团队对待每一步都小心谨慎，虽然不是真正的原子弹爆裂，但这也是关键的一步，必须做好周密的工作。

引爆的这天终于来临了！邓稼先指挥一位工程师把电缆焊头接好。也许是由于心情过于紧张，也许是因为当时天气太冷，这位工程师的手有点颤抖。窗外凛冽的寒风直往洞里钻。站在他身边的邓稼先这时解开自己的大衣扣子为工程师挡住强风，并鼓励他不要紧张，像平时那样做即可。这位工程师深吸了口气，镇静下来，壮起胆子顺利地接好了焊头。接下来是插雷管，这是危险性极大的一步，邓稼先毅然跑到具体操作的工程师那里为他们挡风、鼓劲儿。

一切准备工作完成后，邓稼先与工程师们一起撤离了现场，随着他的一声"起爆"指令,那声期待已久的轰鸣声在长城脚下响起。

　　这次试验的成功令他们欣喜万分,因为它证明了邓稼先他们的理论方案可以产生数量足够的中子,他们可以进行下一个程序了。

　　这次实验不久,邓稼先就和团队一起奔赴西北,去进行新的研究任务。在出发之前,因为工作的保密性,他同样没有告诉家人,只是在出发的前几天带着自己的妻子和孩子去父母家看看两位老人。看着年迈的父母和年幼的孩子,他心怀愧疚。但是,对工作的责任感和对国家、对党的热爱,他还是义无反顾地离开了。

　　这次的大西北之行,邓稼先像人间蒸发了似的,对认识的人而言彻底失踪了。父母、妻子和朋友都不知道他干什么去了,留给家人的是无尽的思念。邓稼先所在的西北原子弹研制基地迁到了青海。那里的平均海拔是3200米,高寒缺氧,且温度常年低至摄氏零度以下。到了冬季,暴风雪天气很多,呼啸的狂风夹杂着雪花,吹得人的眼睛都睁不开。当时,邓稼先和他的同事们在没有暖气的屋子里工作,常常冻得手脚发麻。到了晚上,大家本该放松身体进入梦乡,但是又对冷如冰窖的被窝望而却步。清晨,大家又不得不离开好不容易暖热的"小天地"。此外,伙食条件也很差,科研人员虽然有定量的粮食供给,但是由于脑负荷量大,营养常常跟不上。在这样的条件下,大家仍然咬紧牙关,努力工作。

　　1959年到1961年,中国爆发了大面积的自然灾害,其中河北、山东以及山西情况最为严重。自然灾害发生以后,因为粮食短缺而死亡的人口数量不断地增加。1961年夏季,在中央决策领导层中,针对"两弹"的研制工作,产生了"上马"和"下马"的激烈争论。一部分人认为,新中国刚成立不久,百废待兴,再加上三年困难时期,国家已经没有财力、物力去支持这么庞大的工程建设,还是等经济形势转好之后再进行。另一部分人却认为,"两弹"工作已经展开了,基地已经建成,人员也安排到位,已经投入了大量的人力、物力,中途放弃势必造成资源浪费，而且，以美国为首的帝国主义国家并没有放松对我国的核威胁。两种意见都有道理，一时难分上下。

主管"两弹"工作的聂荣臻明白，最终的决定权还是掌握在毛主席手中。于是，他给毛主席写了一份报告，在报告中他表示，有信心在未来三至五年内研制成功国防尖端武器。利用大概四年时间，制造出初级原子弹，五年或者更久一点时间，制造出可以用导弹装载的原子弹。正是这个报告让毛主席对两弹工作充满了信心，"枪杆子里出政权"，他一向很重视军队建设，也明白如果没有现代化武器，我国势必遭到更多的轻视。于是，10月份，根据聂荣臻的报告，中央军委第三十一次常委会议做出决定：国防工作、科学研究着重搞尖端，不能放松，这不仅是军事问题，而且是政治问题。中央的这一指示，有力地支持了"两弹"事业的建设。

1960年11月，国家对国民经济进行大幅度调整，减少城乡人民的粮食供给，从事核工业的工作人员也是如此。核工业单位地理位置偏僻，多为深山、戈壁以及高原地区。戈壁滩气候干燥，几乎天天都是飞沙走石，再加上水资源匮乏，工作人员面临着恶劣的自然条件。青海的核工业场地位于海拔三千多米的高原上，空气稀薄，寒气逼人。人是铁饭是钢，工作人员不仅要忍受这恶劣的自然条件，在粮食短缺的特殊时期，还要受饥饿之苦。即使在这样的情况下，邓稼先和同事们也战斗在最前线。当时政治环境险恶，新中国成立之后面临着内忧外患的巨大困境。西方资本主义国家对新中国的排挤和封锁，国内反革命势力也并未彻底消失，有才华的年轻人经常面临着政治利诱。思维活跃、情绪高涨的年轻人长期身处人迹稀少、条件艰苦的大漠环境中，面对这些诱惑，思想上难免出现波动。为了让年轻同事们分清大是大非、沉下心来搞研究，邓稼先在忙着科研工作的同时，也注意对他们进行思想教育。他没有采用呆板无味的说教，而是将民族大义和社会主义本质的教育融入生活中，给大家潜移默化的影响。例如，他平时在研究之余教大家唱京剧

《望江亭》《杨门女将》等。他还发明了一种有趣的纸牌玩法，给平淡的科研生活增添了很多乐趣。这种玩法很快普及到全院，很受大家的欢迎。还有"跳马"游戏，他常常主动蹲下身子，让年轻人从他身上跳过去，大家常常玩得尽兴，忘掉工作上的压力和烦恼。

在邓稼先的带领下，年轻人保持了活力，工作效率有了明显的提升。不久，原子弹的实验模型在青海高原上完成。1963年11月20日，科学家们在青海高原成功进行缩小比例的聚合爆炸试验之后，开始进行实弹设计。

虽然重大的步骤都比较顺利地完成，但是在试验中还是会出现很多出人意料的问题。这个时候，身为领导的邓稼先往往身先士卒，哪里危险就往哪里去。在一次实验过程中，炸药爆炸出现了异常，里面的核材料开始泄漏，邓稼先见状，疾步上前察看，让在场人员赶快撤离，他是最后一个离开的。后来经过检查，在他的小便中发现有放射性物质，肝脏也受到了损害，而且辐射物进入了骨髓。尽管这样，他还是让其他同事尽可能少地接触核辐射。大家不忍心看着他一个人冒着生命危险，纷纷留下与邓稼先并肩战斗。平时温和的他便以院长的权威给周围人下达命令："你们都还年轻，你们不能去！"面对危险，他想到的并非个人安危，而是别人的生命安全。

五、试爆成功

1964年秋季，我国建立了另一座原子城——罗布泊的马兰镇。罗布泊曾是古楼兰王国的遗址，古楼兰王国曾是连接中国、波斯、印度以及叙利亚和罗马帝国的贸易中转站，是当时世界上最为繁华开放的"大都市"之一。然而，这个神秘的王国在公元4世纪之后销声匿迹，给世人留下了许多未解之谜。马兰原是罗布泊的一个无名之地，当年，张蕴钰司令率领部队到达这里，看到戈壁滩上盛开着美丽的马兰花，便将基地取名为马兰。

新疆地区自然条件恶劣，又因地处西北荒漠地带，因此，水资源极度缺乏。当初为了建设研制基地，勘探人员和水文地质队辛苦地四处寻找适宜人类居住的地方，以方便研究人员在这里居住。综合对比了几处地方之后，他们确定选址在孔雀河附近的乌什塔拉以南地区。这个地方距离试验场250公里，北面是连绵的天山，靠近博斯腾湖，水源丰富。湖周围生长着一丛丛一簇簇美丽的马兰花，使这片土地显示出生命的迹象，增添了几分生机。然而，孔雀河虽然流经此地，但河水是咸水，人无法饮用；挖井打上来的水也是黏黏稠稠的状态，连东西都洗不干净，水里面含氟量大，人一喝就拉肚子。马兰基地当时驻扎着35个单位，共5000余人。这么多人的用水问题成为基地最头疼的问题，大家最后只能从200公里以外的地方去拉水。为了节约用水，官兵们白天吃西瓜，每天一人发一个西瓜。

科研队伍的到来，打破了这个1600年古老地区的沉寂。大漠荒原上建起了铁塔、公路、飞机跑道，机器的轰隆声和人们生活的声音，使这个寂寞已久的地方顿时变得有活力。全国各地的大学生响应国家号召，放弃优越的条件来到这贫瘠恶劣的地方支援国家核武器事业的建设。这片荒漠开始显示出它独特的魅力，因为有这样一群可爱的人。

邓稼先率队到达这里之后就忙着开始原子弹起爆的准备工作，从原子弹运输、装配、控制、测试到侦查、取样、回收等程序都要预演几遍，防止在某些环节上出现漏洞。

其实，欧美诸国早已经知道中国在研制核武器。但是，他们也知道苏联从中国撤走援建的核物理专家，暂时放松了对中国的警惕，他们认为我国依靠自己的力量不可能研制出原子弹。尽管这些国家的警戒心减弱，但是他们并没有完全放弃对中国的监控。1963年8月5日，为了破坏中国发展核工业建设，苏、美、英三国签订了一份条约，条约内容规定，禁止在大气层内进行核试验。这些霸权国家企图通过联合国给中国施压，中国和法国断然拒绝在条约上签字。当时的美国总统肯尼迪非常愤怒，决定在得克萨斯州的演讲上再给中国施加压力。不幸的是，在这次行程中，他遇刺身亡。新上任的总统约翰逊也在第一时间内被告知中国在研制核武器，但是这位总统不相信中国能在短时间内研制成功，就未特别理会。

在将要起爆前的一段时间里，西方国家对我国的监视一刻都没有停过。美国的侦察卫星在马兰基地的上空昼夜飞行，卫星上装置着分辨率极高的摄像机，它将地上的一举一动拍摄下来然后传送到美国的中央情报局。试验场上的高楼、车队、坦克、卡车以及作为原子弹效用物的兔子、狼狗等都放置在原子弹周围，地球另一端的观察者通过卫星观察，对这些状况了如指掌。看到中国的原子弹即将试爆，约翰逊总统惊慌失措。他立即拨通了克里姆林宫的专线电话与苏联方面商量对策，企图遏制中国，而华沙条约组织和北大西洋公约组织对于中国即将起爆第一颗原子弹的消息也十分震惊。中国这个刚刚成立仅十余年的社会主义国家，在世界其他国家的封锁排挤下，仅用了几年时间就研制出当时最先进的核武器，这令那些垄断核武器的大国心怀恐惧。但是，一切都阻挡不了中华民族前进的步伐。

时间在一点一点消逝，我国的原子弹起爆工作开始慢慢拉开帷幕。马兰基地的核试验空爆铁塔已经建成，这座铁塔高达百米，人如果登上塔顶需要用吊篮。但是，罗布泊的风沙大，经常有七八级的大风，一到这时，铁塔就不停摇晃，站在吊篮里的人头晕目眩。各种仪器的放置也非常重要，因为这对于测试原子弹的威力起关键作用。原子弹起爆控制中心和指挥所分别建立在距离塔爆中心不同距离的地方，邓稼先、王淦昌、郭永怀等科学家都聚集在这里指挥工作。关于原子弹的采样工作，1964年8月份，我国决定采用飞机在空中采样和炮兵在地上采样相结合的方法进行，以确保样品的有效性、准确性。负责采样的机长郭洪礼1950年参军，经历过朝鲜战役，他曾担任过周总理出访的专机机长，驾驶技术一流。

原子弹起爆前的模拟测试是一项不可缺少的环节，因为它需要通过模拟来排除各种不利因素。1964年8月31日，在将原子弹模拟产品吊装上铁塔时，罗布泊刮起了大风，两位九院的技术人员上了塔架，再准备登上送原子弹的吊篮时，风猛地一吹，将爬杆的链条卡死了，结果造成上面的人下不来、下面的人上不去的危险局面。风势一直没有减弱，大家都不知道该怎么办才好。这时，张爱萍将军带着几名部下赶到了现场，他询问了基本情况，派人登塔送食物给两名被困在塔上长达四个小时的技术人员。后来，为了安全起见，将吊篮改装成了电梯。

当时，为了防止帝国主义对我国核试验的破坏，周总理非常重视防卫工作。他曾指示罗瑞卿，为了保卫在西北地区核试验场起爆的正常进行，要调动飞行师和高炮部队进去，形成对空防线和火力网。而且，还要防止在炮响之后，敌人进行的袭击。在起爆前一个月，周总理在三座门召开会议，向张爱萍、刘西尧以及刘杰等人传达毛主席的指示，并强调保密工作的重要性。在会议行将结束的时候，周总理对李旭阁参谋进行指示，要求他们到了马兰之后，与中央联系时，全部用暗语密码。这是为了防止机密外泄，因此，一切保密措施都要做好。当天晚上，李旭阁便与二机部办公厅主任张汉周、二机部部长秘书李鹰翔以及国防科工委的处长高建民一起编制暗语。几个人经过商议，为原子弹取暗语名为"邱小姐"、将装原子弹的平台取名为"梳妆台"、电缆线为"梳辫子"等。原子弹正式爆炸的过程也被他们编成了有趣的故事，原子弹装配为穿衣，原子弹在装配车间为邱小姐住下房，吊到塔上的平台为住上房，气象密码为血压。原子弹的起爆关系到方方面面，在任何一个环节，中央领导人和工作人员都进行了周密的部署。

同时，天气状况成为大家普遍关心的问题。气象专家观察10月份的天气，预测10月份会出现4次好天气。基地领导考虑到原子弹起爆前部署各项事宜所需要的时间，于是将核试验时间定为10月中旬。但是，罗布泊的天气变化莫测，经常一会是晴空万里一会又突然沙暴肆虐，这令邓稼先他们非常不安。因为天气稍微变化就会影响核试验的进程，而他们给中央汇报的时间是确定的。一旦拖延，后面还得重新部署。为了准确掌握天气情况，中央气象局派了解基地天气的气象工程师顾正潮前来支援。顾正潮将收集到的天气信息制成图，每隔一个小时判读一次。10月14日，参与首次核试验的指挥员和专家都在仰望天空，邓稼先内心也焦灼不安。他看着已经肆虐了两天的沙尘暴天气，听着耳畔呼呼而过的风声，心里一直在期盼天晴。14日夜间出现了速度高达每秒18米的大风，这场大风到15日10点左右才减小。随后，气象专家又开始了四次天气会商，最后一次会议时，张爱萍将军决定将核试验的时间定为16日零时，因为此时风力最小。一直忐忑不安的邓稼先在听到起爆时间确定的消息后，长长地舒了一口气。

原子弹是否能够起爆成功，许多人的心都在牵挂着，身在北京的国家领导一直关心着马兰基地的原子弹爆炸工作。根据邓稼先等科学家汇报的工作进展情况，按照原定计划，周总理在10月14日下令原子弹各装置工作要准备就位。当天晚上，那颗承载着六万万同胞梦想的原子弹，被升至高达30米，用无缝钢管结构，采用极其讲究的工艺制造的，专门为承载原子弹起爆用的铁塔。

负责原子弹起爆的工作人员在试验场不停地奔走忙碌，马兰机场上停放着十几架负责采样和侦查任务的飞机，试验场周围放置了很多雷达和监测监控仪器。

在原子弹爆炸实验当天，中南海的会议厅里周恩来总理向毛泽东等国家领导人汇报任务完成的情况，并请毛泽东主席就我国关于核武器的原则问题进行讲话。当时，毛泽东主席郑重表示我国的核武器研制成功后秉承和平的原则，承诺不首先使用核武器，不对无核国家和地区使用核武器。自此，我国将毛泽东主席的这段话当作发展核武器事业的立场原则确定下来。

当时，马兰基地也正在紧锣密鼓地召开最后一次会议，交代参与的工作人员主要的注意事项，并决定选派两位工程师登上铁塔完成原子弹起爆装置的最后安装，然后从爆心危险区域撤离。为了使工程师们能够顺利完成任务，没有心理上的起伏，组织指定：基地司令员张蕴钰，九院院长李觉，还有副院长邓稼先，作为这两位工程师的陪同人员，协助其顺利完成任务，并和他们一起最后撤离。

从16日早上开始，相关人员已经按照规定提前撤离到试验场。之前热闹非凡的罗布泊又陷入沉静之中。6点30分，工程师赵维晋带着雷管向铁塔顶端攀登而上，当时，天空刚刚破晓，朝霞渐渐升了起来，大地披上了一层朦胧的曙光。深秋的罗布泊空气中还带着些许凉意，赵维晋面对这个3吨重的"铁球"，这个凝聚很多心血和汗水、寄托了全国人民期望的原子弹，他的心里开始紧张。

此时，站在塔下的邓稼先昂着头朝着他高声鼓励道："不要紧张，慢慢来！所有的工作已经做好了，你别害怕！"赵维晋听到那宽慰人心的话，深吸一口气，然后镇静下来开始像平时一样插接雷管。这项工作毕竟复杂，直到上午10时，方才结束。工作结束以后，赵维晋长舒了口气，揉揉疲惫的眼睛走下铁塔。

在塔下一直等待着的领导们在他下来后详细地询问了情况，并一一和他握手表示感谢其辛苦的工作。然后，他们分别在操作规程表上签上了自己的名字，这一切完成以后，从现场撤离。

身处北京的聂荣臻元帅来到周总理的办公室，两个人守在电话机旁和张爱萍将军保持着联系，原子弹试验场的任何情况他们都恨不得自己也在现场亲自见证。这是一场没有硝烟的战役，虽然没有真实的敌人，但是这场战役如果打赢了的话将会使中国人在国际上发出的声音更有力量，将会使中华民族挺直腰杆不受别人欺负。

"我是张爱萍，现在向您汇报，最后的安装工作已经顺利完成，请求指示！"张爱萍将军向周总理报告情况。

"中央批准爆炸时间定于今天下午3点，预祝你们成功！"总理手握话筒，以郑重的语气说道。

挂完电话后，周总理和聂荣臻又开始去人民大会堂准备接见刚从亚、非、拉演出回来的东方歌舞团的全体演职人员。

时间在一分一秒地过去，渐渐接近起爆的时间。每一个参与的工作人员内心既紧张又激动，邓稼先此时的心里百味交织。除了期待的心情，他更担心的是起爆中间会出现什么问题以及数千台检测仪器能否准确地记录下原子弹爆炸过程。

"10、9、8……3、2、1！"随着倒数的阿拉伯数字，坐在指挥席上的邓稼先也跟着大家一起凝神屏气地数着。此时，大漠上空的太阳正散发着耀眼的光芒。霎时，一颗硕大的红色火球升起，周围卷起奔涌的气浪，直冲云霄。伴随着滚滚轰鸣声，一朵美丽的蘑菇云在膨胀，在变幻，在舒卷。几秒钟后，从大地深处传来一声闷雷般巨响，震彻大地。腾起的蘑菇云散发出比太阳更耀眼的光芒。

这一辉煌时刻正如奥本海默1945年7月16日在墨西哥试验场上吟诵的一首古诗："漫天奇光异彩，犹如圣灵显威。只有一颗太阳，才能与其争辉。"

原子弹的能量很大，爆炸之后，试验场地上原来放置的铁塔消失了，那些作为效用物的坦克、装甲车、火炮也被气浪卷走，周围的建筑也抵挡不了那散发出的热量，熊熊燃烧。大漠里的砂石被震裂成五颜六色的玻璃体，几秒钟的时间，原子弹以它的威力向人们展示：什么是毁灭。

根据空中和地面剂量侦测发现，原子弹爆炸产生的烟云和地面剂量非常大，共有14节的铁塔，从第七节开始往上全部被汽化。火光发光时间为3秒以上，冲击波到达了距离爆心23公里的地方，而距离500米的一些探头被打坏。

邓稼先看着眼前的一切，眼泪夺眶而出。六年的日日夜夜、辗转反侧为的就是今天。在这六年里，他忍受着思亲之痛和对妻子的愧疚从事着不为人知的工作，只为了今天的这一刻。为了这一刻，自己和同事们不停地看书学习，在冷得伸不开手的冬日里奋笔疾书、计算数据；他也曾看到那些技术工程师经常在极具危险性的炸药旁边俯身工作；他也好像看到国家领导人操心着原子弹研制工作的每一个环节，在国家最困难的时期里还想方设法筹集物资，购买相关材料、书籍支持核工业建设。无数同胞节衣缩食省下资金支援着核工业的建设，万千兄弟姐妹给予的信任是他们不断向上的动力。

在观看原子弹成功爆破后，在场的工作者们再也抑制不住激动的心情，纷纷拥出指挥所，兴奋地欢呼着、跳跃着，有的激动得直擦眼泪，有的不停地挥动手里的毛巾和帽子，有的和同事紧紧拥抱。

原子弹顺利起爆后，基地总指挥张爱萍将军就迫不及待地给几千里之外的周总理打电话报告："总理，我们的原子弹爆炸试验成功了！"他用激动得发颤的声音向周总理汇报。

中国第一颗原子弹爆炸（孟昭瑞摄）

"很好，很好，我代表党中央、毛主席向你们致以最热烈的祝贺。你们辛苦了！我立刻到人民大会堂去，告诉大家这个好消息！"接着，周总理声音又低沉下来，补充问道："爱萍同志，原子弹爆炸非同一般，现在我们已经成功，究竟还有没有问题，需要再核实一下。"细心谨慎是周总理的一贯作风，而且多加核实这也是毛主席的指示。

张爱萍将军转身向科学家王淦昌教授确认，听到王教授肯定的回答后，张爱萍又转告给周总理。之后不久，经过专家们取样分析，这次核爆炸被证明是非常成功的。这时，周总理才放心地拨通毛主席的电话和他分享这一重大的好消息。

正在抽烟的毛主席听到这个消息后，也是激动不已。他想起1959年赫鲁晓夫曾经轻蔑地说，如果没有苏联的帮助，中国将不可能研制出原子弹。于是，将手里的香烟灰磕进烟灰缸，诙谐地和周总理说："很好啊，我们现在去给赫鲁晓夫奖励一个一吨重的大奖章！"

历史总是颇具戏剧性，赫鲁晓夫竟然与这枚大奖章失之交臂。因为在原子弹爆炸的前一天，他已经被赶下了台。

之后，《东方红》演出结束后，周恩来总理在北京人民大会堂向在场的3000余名文艺工作者告知了这一重大消息。他的话音刚落，全场一片沸腾，巨大的欢呼声在大会堂内久久地回荡着。这是全国人民期待已久的盛事！

一位七十多岁的老兵曾回忆说，在得知我国第一颗原子弹爆炸成功时，部队里的干部战士无不热血沸腾，激动地相互击掌，拥抱庆祝，都觉得这是一件特别鼓舞士气的大事！

那一天，在北京地安门大街慈慧胡同许德珩副委员长的家中，许老和老朋友严济慈正在家里的苦瓜树下品茗畅谈。

许德珩问严济慈："是谁为国家研制的原子弹？"

严济慈没有正面回答，而是哈哈大笑道："这事你还问我，去问你的女婿吧！"

直到这时，许老才知道一直见不到身影的女婿原来是参加原子弹研制去了。核爆炸的现场拍摄纪录片空运到北京时，已经疲惫不堪的周总理还是组织有关人员查看影片的效果。在场的观影者在看到银幕上出现那一朵怒放的蘑菇云时，都激动万分，自豪地鼓起掌来。才华横溢的郭沫若先生，当场作了一首散曲：

　　小丑下台，应欢送，礼炮轰隆。原子弹，说爆就爆，其乐无穷。

十年丑史化尘土，一阵惊雷卷巨风。笑老苏，大势已去矣，敲丧钟。

忆往昔，来势凶，众喽啰，瞎起哄。君不见，人民自古是英雄。螳臂当车千钧力，庄周梦，一场空。看东方，火炬赤旗舞，万里红。[1]

首次核试验成功之后，周总理和中央几位领导纷纷打电话祝贺，核试验基地领导决定办一场庆功会来犒劳大家。在庆功会上，大家敞开喝酒，喜悦之情难以言表。朱光亚喝得步履蹒跚，邓稼先怕他摔着，上前挽他，他高兴地说，我没有喝酒，我是累的。是啊，这批科学家进行了多少脑力劳动才换得今日的成功，邓稼先心里很清楚，他们承受的是什么，是祖国和人民的重托！

很快，这个振奋人心的消息就传遍了整个神州大地。时值深秋，但是热情高涨的人们纷纷奔走相告，分享这一喜悦，反复听着广播。全国各地，无论是在繁华的都市还是在偏僻的乡村，人们都沉浸在欢腾的海洋中。

美苏两国对我国的原子弹进程一直盯得很紧，监视着中国。它们设了许多地震仪，收集到放射性尘埃后进行检验。此外，敌人用飞机从我国沿海高空烟云中收集放射性物质、分析爆炸效率和水平；为了判断我国原子弹的爆炸方式，估算产生的当量，他们从微尘中研究铁和沙土的元素。

中国原子弹的研制成功，向世界庄严宣称中国从此有了核武器，中国再也不是那个被别人以核武器威胁的弱小国家。这给曾说"赤色中国不过是会很快消失的暂时现象"的美国也是一拳重击。我国原子弹爆炸的时间，当时是美国的凌晨3点。正在熟睡的约翰逊总统被人叫醒，告知他中国爆炸了原子弹。印度、日本等国家也惊慌不已，印度总理尼赫鲁认为，中国核弹将会对印度在远东的影响构成威胁。约翰逊总统立马

---

[1] 林文力：《邓稼先的故事》，内蒙古文化出版社2012年版。

做了一个全国性的广播讲话安抚人民,并称红色中国爆炸的原子弹是个不具威力的东西,可能是用钚239制作的。可是,等到我们的蘑菇云飘至阿拉斯加上空,他们采集取样分析完之后,发现是用铀235做的,顿时倒抽了一口凉气。因为这意味着中国已经有提取铀235的方法,有大的工厂生产浓缩铀235,源源不断地制造核武器已经成为可能。

原子弹成功爆炸后,台湾方面陷入恐慌。1965年8月,台湾方面相关人员在与美国情报局骨干克莱茵的密谈中称:"中共核子武器能力,倘若一月制造一颗核弹来论,一年就有12颗。事实上一年只要3颗,一颗用在台北,一颗用在左高地区,一颗用在公馆机场,就可以毁灭台湾,因之我们不但不能再等一年,就是半年也不能等了。中共对外宣传,说现有核弹可以炸毁台湾,届时即使第七舰队来保卫台湾,亦不可能了……"

第五节　再造辉煌立新功

中国第一颗原子弹爆炸成功后,世界媒体立马做出各种强烈的反应。1964年10月18日香港《新晚报》以"石破天惊为此声"为题评价中国的核爆成功,该文这样写道:"这是几千年来中国最值得自豪的一天之一。"香港的《新闻报》在一篇文章中也称:"中华民族不是次等民族,白种人第一的时代已经过去。"这些报纸也都从民族角度出发,为我国核武器时代的到来表示庆贺。

法国总统蓬皮杜当时还表示,中国第一颗原子弹的爆炸,将会改变世界局势以及中国在国际上的地位。的确,对于当时其他无核国家而言,面对核武器拥有国的威胁常常敢怒不敢言。中国拥有核武器将会对其他几个核霸权国家起到牵制的作用，当时与中国交好的第三世界国家为中国此举感到扬眉吐气。《爪哇邮报》在社论中说，中国原子弹爆炸成功，对正在斗争中的亚非拉民族影响很大，他们都期待着中国在核试验方面可以取得成就，从而形成新的力量平衡。我国核武器的研制成功在着眼于自我防卫的同时，也肩负着世界人民对和平的期望。毛泽东主席所坚持的不以核武器先攻打别国，不将核武器投射到无核国家，这对那些渴望世界和平的人们来说，是一个福音。当年，钱三强夫妇的导师约里奥·居里夫妇曾对我国放射化学家杨承宗说："你回国后告诉毛泽东，要反对原子弹，你们自己必须先有原子弹！"这句话虽然辛辣，但是却很中肯。如果自己没有力量，又怎么能牵制别人呢？

媒体也对这群研制核武器的专家表达了敬佩之情。香港《大公报》评价这批研制原子弹专家："这些知识分子以他们一丝不苟持之以恒的工作，证明了中华民族是不可低估的。"

晚年的邓稼先与杨振宁

1964年，对于中国原子弹的试爆成功，当时的国际社会中流传着一种谣言——中国的原子弹研制成功是因为有美国科学家寒春的参与。这样的谣言无疑是某些居心叵测者有意制造的，以混淆视听，让人对中国人的能力产生怀疑，意在降低中国将要提升的国际地位。然而，谣言止于智者，事实胜于雄辩，因为这位美国科学家并没有参与中国的原子弹研制工程。

寒春，原名琼·辛顿，1921年10月20日生于美国芝加哥，著名小说《牛虻》的作者伏尼契的孙女。她是芝加哥大学核子物理研究所研究生，曾在洛斯阿拉莫斯武器试验室担任费米的助手，也是美国曼哈顿计划中少数的女科学家之一。她早年参与投放日本广岛、长崎原子弹的研制，但是，在看到原子弹造成的巨大伤亡时，寒春震惊了。"那是日本人的骨头和血"，同事拿着从日本带回的实况影像和照片对她说。看着照片上成片成片的尸体，她不想再用自己的双手去杀害生命，于是，她决定放弃对杀伤性武器的研究。

"知道自己不想要什么，但还不知道自己想要什么。"辞职后的寒春陷入了对自己人生的思考之中。1948年，寒春应宋庆龄的邀请来到中国，当时她的哥哥韩丁和她的同学阳早也到了延安。哥哥来信告诉她许多关于中国的事情，寒春十分感兴趣。寒春曾表示，在陕北的日子是她一生中最快乐的时光，因为在这里她感受到人与人之间平等的关系。尽管生活清苦，但人们的精神很充实。为了实现自己的人生理想，为世界和平献出自己的一分力量。1952年，北京召开亚洲及太平洋和平会议，怀有7个月身孕的寒春出席该会议，并在会上呼吁人们不要忘记日本广岛的悲剧。寒春的这一举动引起了美国的注意，1953年，一家名为《真相》的美国杂志将寒春描述为一位出卖自己国家的原子间谍。文章指出，寒春参与了中国的原子弹制造工作。即使饱受自己祖国的指责，寒春及其丈夫也没有放弃自己的信仰，他们扎根中国积极贡献自己的力量。1955年，为了支持中国第一个五年计划，她和丈夫在西安草滩农场开始养牛，让中国人喝上了新鲜的牛奶。有人曾经建议她发挥特长参与中国原子弹研制工作，但是被她拒绝，她表示，中国人缺少的不是原子弹，而是牛奶。为此，这位远道而来的美国科学家与丈夫一起，花费长达60年光阴来推进中国的养牛机械化和牛种改良。寒春不仅将养牛作为自己的事业，更将其作为实现她共产主义理想的奋斗方式。2004年，寒春获得由北京市公安局发放给她的中国绿卡——外国人永久居留证，寒春成为首位获得中国绿卡的外国人。2010年6月8日凌晨，寒春因病在北京协和医院逝世，享年89岁。

一、送别母亲

试验成功后，邓稼先和他的同事们匆忙赶回营地去处理剩下的事情，在路上，九院党委书记刁君寿一把将他拽到一边，往他手里递了张回北京的机票，低声对他说："稼先同志，你快回北京吧，你母亲病危。"刚刚还在为多年的心愿完成而高兴的邓稼先一听到这个消息，犹如头顶被泼了一盆冷水，心里充满了哀伤，担忧不已。

火速赶往乌鲁木齐机场。一路上汽车在戈壁滩上颠簸着，邓稼先心情极为沉重，母亲的面容不停地出现在眼前。母亲性格恬静温柔，再加上邓家书香世家的文化氛围的熏陶，使她成为一个通情达理的贤妻良母。到北京之后，她与丈夫朋友们的夫人都能友好相处，因为厨艺精湛，常慷慨邀请丈夫的朋友及其夫人到家里做客。她为人友善、心地善良，照顾人无微不至，对于孩子，她不用那种喝斥指责的态度，而是温柔耐心地教育。

罗曼·罗兰曾说："母爱是一团巨大的火焰。"是的，母爱是伟大的，每一个母亲都无私地爱着自己的孩子，孩子的每一次病痛与意外都牵扯着妈妈的心。邓稼先小时候有一次因为贪吃，肚子胀疼，母亲把他抱在怀里，一边轻轻地揉着他的肚子，一边为他哼唱着：

肚儿摸摸，百病消霍。

叫儿少吃,儿吃多着。

　　这是邓稼先家乡安庆一带的小歌,曲调中带有浓重的乡音。但是,妈妈的歌声似乎有魔力,她的手也像是良药,在母亲轻柔的抚慰中,邓稼先觉得肚子的疼痛渐轻。邓稼先爱家人,格外爱自己的母亲,对母亲有一种深深的依恋。所以,他在回家的路上心里充满了自责,责怪自己没有好好孝顺母亲。

　　邓稼先是个有名的孝子,邓母患有严重的支气管炎,哮喘经常发作,为了减轻母亲的病痛,邓稼先学习了肌肉注射,夫妻俩每隔一段时间轮流到父母的住处为母亲打针。为了治疗母亲的胃痛,他还学会了皮下注射阿托品。

　　飞机抵达北京后,在机场等候多时的妻子没让他回家休息,而是直接带他到医院看望病危的母亲。邓稼先一进病房,看到消瘦的母亲躺在病床上,眼睛紧闭,正打着吊瓶,忍受着病痛的折磨,他的眼泪夺眶而出。他快步走到母亲的病床边,抚摸着妈妈瘦骨嶙峋的手,低声呼唤着:"妈,我是稼儿,我回来了,我在这儿,您睁开眼看看我……"

　　母亲大概是听到了儿子的呼唤,她微微睁开眼睛,看到自己期盼已久的儿子时,无力的眼神里透出一丝亮光,嘴角扬起笑容,脸上露出欣慰的表情。她微微张口,似乎有无数的心里话想要说,但是由于虚弱,没有说出口。邓稼先看到妈妈枕头下面露出《人民日报》的号外,上面刊登着第一颗原子弹爆炸的消息,他知道,母亲已经知道他一直不回家的原因了。母亲的眼神似乎在说:"稼儿,你工作太忙了,不用回来看我,不用担心我……"邓稼先看着母亲被病魔折磨成这个样子,心疼得流下了眼泪,他亲吻着母亲的手,哽咽着说:"妈妈,对不起,我没有时时陪伴在您身边,儿子对不住您!"

　　母亲用手轻轻地抚摸着儿子的头,久久地凝视着儿子,最后微笑着合上了双眼。她能在弥留之际看到儿子,心愿已足,可以安心地走了。母亲的去世对邓稼先是一个巨大的打击,他觉得作为儿子他没有尽到自己的责任。母亲去世的夜里，邓稼先悲痛异常，伤心的哭声在微冷的秋夜里显得格外悲凉。

二、再造辉煌

我国的第一颗原子弹爆炸后，西方一些军事部门对此表示不屑，认为那次爆炸只不过是一次简单的"原子装置"。还有的西方记者称中国"有弹没枪"，根本打不到别的国家。他们这样说，意在安抚其他国家想要靠拢中国的想法，故意贬低中国的军事力量。美国国防部长麦克纳马拉预言：中国五年内不会有运载工具。但是，他们错估了中国的实力，因为我国在原子弹起爆的前三个月便已经有了自己的中近程导弹"东风二号"。1965年10月27日，导弹和原子弹结合发射的实验成功标志着中国有了可以用于实战的战略武器，这给外国敌对势力一个狠狠的回击。

在两弹秘密进行结合实验的同时，我国也在积极准备氢弹的研制工作。1964年5月和1965年1月，在国家计委关于第三个五年计划和长远规划设想的报告会议上，毛主席向与会人员说："原子弹要有，氢弹也要快。"

早在1963年9月，聂荣臻元帅就有指令让邓稼先领导的九院理论部的全班人马，在第一颗原子弹成功爆炸之后转去进行氢弹的研制。因此，我国第一颗氢弹的代号为639。

氢弹与原子弹相比，技术难度更高，它绝不是在原子弹制造的基础上提高一步就可以的。原子弹的工作原理和氢弹的工作原理大相径庭：原子弹是靠原子核的一系列裂变而释放出巨大的能量，称为核裂变。氢弹则是将两个原子核聚合成一个从而释放能量，叫核聚变。从原子构成上看：氢的原子核仅有带正电的质子，核外有一个带有负电的电子。要实现核聚变爆炸，需要一千万摄氏度的高温。原子弹是用中子做火柴去点燃裂变材料，而氢弹是用原子弹作为火柴去点燃它。原子弹对于氢弹而言，所起的作用就是火柴。

　　研制氢弹，需要重新建立一套设计方案。国际上核武器技术是一个国家的绝对机密，很少流传出来。当时，世界上只有苏、美、英三国拥有氢弹技术，三国将其制作原理以及结构方程式当作国家机密。我国的科研人员除了知道氢弹的标准应该达到 TNT 当量外，其他一无所知。这一次的氢弹研制邓稼先仍然需要慢慢摸索。他决定发挥集体的智慧和力量，设计多种可能方案一一检验。由于没有经验，邓稼先等科研人员经历了不少挫折。他们计算出来一个关键性数据，但是经过反复论证后发现与原来设想的结果有很大的差距，随即转入另一个新模型的研究，经过多次运算检验，也达不到预期的结果。两种方案的接连失败，让每个人心里都充满了痛苦。究竟从何处入手来进行研究，这个问题一直萦绕在作为氢弹理论部领导人邓稼先的心头。

　　1965 年 1 月，二机部将中科院原子能研究所的黄祖洽、于敏等三十多名专家调到核武器研究所来支援氢弹研制。两支理论设计队伍的会合，给氢弹研制带来了更多的可能性。

　　邓稼先想，只是这样盲目地探索，会浪费不少人力物力，他和彭桓武等老一辈科学家商量解决对策后决定，将科技人员分为三组，分别由黄祖洽、周光召、于敏作为各团队领导，分头上机运算探索研制氢弹的可行性方案。于敏是 1965 年从原子能所调进九院工作的科研骨干人员，在核物理研究方面也是不可多得的人才。上机运算在今天是一件极其平常的事情，可是在当时，却是一件很奢侈的事，因为电子计算机刚发明没多久，在我国也很稀缺。由于敏带领的研究小组需要计算出精密的数据，对计算机的性能要求比较高。当时在国内，西北基地现有的计算机达不到要求，甚至连北京都没有符合要求的计算机。经过多方打听，才知道上海华东计算机研究所里有一台达到当时世界先进水平的计算机。他们欣喜不已，仿佛看到了一线曙光。邓稼先找来于敏，对他说："我们立即到上海去看看。"在取得上海方面的同意后，于敏带着几个科研人员赴上海进行考察。在于敏的指导下，几个青年科研人员发现了研制氢弹的突破点。于敏立刻告诉正在青海工作的邓稼先，邓稼先根据他汇报的数据，组织理论部的同志们进行计算验证，修正氢弹的设计方案。之后，邓稼先又带上几个同事一起飞往上海与于敏讨论接下来的问题。

邓稼先一到上海，就和于敏以及所里一起来上海的同事们投入紧张的运算当中。由于工作量大，他们不得不加班加点。晚上多是在机房地板上和衣而睡。邓稼先给每个人分配不同的问题，各个击破。他和于敏也在不停地思考，经过日夜不停的计算、探究，终于设计出一个有充分论证依据的方案，这就是外国人所称的"邓-于理论方案"。

成功解决了难题之后，他们欢欣鼓舞，准备庆祝一下。那时大家的工资都比较低，除了于敏，大部分人的工资都在 50~60 元，于敏当时是副研究员，工资为 180 元，但是他的家庭负担重，所以经济并不宽裕。邓稼先和于敏经常轮流请客吃饭，不过一般邓稼先在场时，都由他请客。那时候单位上下级关系融洽，普通科员对领导一律用"老邓""老于"和"老黄"来称呼。邓稼先当时是三级教授，月薪 240，家庭负担也不是很重，很乐意请大家吃饭，单位里的人都叫他"财神爷"。这一次，邓稼先依然慷慨解囊，晚上，他请大家美美地吃了一顿大螃蟹。

随后，他们回到青海基地，九院和核工厂根据他们的方案，立马开始投入研制。理论部推算出制造氢弹的各个技术参数，勾勒出它的结构，描绘它的基本性能；设计部根据理论画出图纸，然后送往工厂进行加工；实验部则对氢弹的各部分零件进行检验。在整个氢弹制作出来之后，为了检验这个方案是否具有可行性，他们立刻将这个方案报告给领导，领导支持他们尽快开展冷实验。在几次冷爆成功之后，"邓-于方案"被证明是正确的。周恩来依然很关心这次的氢弹试制工作，率领中央专委进行两次氢弹热爆实验。1966 年 5 月 9 日进行第一次实验，目的在于检测热核材料铀——锂，第二次是在 12 月 28 日罗布泊进行的实验，目的在于检验热核的基本原理，这次氢弹的起爆成功检验出核爆炸的威力为 12.2 万 TNT 当量，氢弹原理实验取得了圆满的成功。

由于两次实验间隔时间较长，所以提前修建了氢弹起爆装置，几十米的铁塔在几年后又一次竖立在戈壁滩上。为了确保实验能够一次成功，邓稼先和工程人员同住一个帐篷，与他们一起检查仪器导线是否畅通、焊接部位是否牢固等，他忙碌的身影在基地随处可见。这些准备工作，凡是邓稼先力所能及的，他总是事必躬亲。

1967 年 6 月 17 日，由中国自行设计、自行制造的第一颗氢弹在中国西部上空大气层试爆成功。（引自人民网）

氢弹研制进程加快，邓稼先和其他几位科学家向上级领导反映，全威力氢弹理论设计方案 2 月份即可确定，可以安排在 1967 年 7 月 1 日前进行起爆实验，赶在法国前起爆氢弹是有把握的。聂荣臻和周恩来同意了他们的方案。1967 年 5 月，中国第一颗全当量氢弹的加工装配及实验准备工作全部完成。

终于，一切工作准备就绪之后，1967 年 6 月 17 日上午 8 时 20 分，我国第一颗氢弹的火球升腾在罗布泊上空。此时的大漠，空气凝聚成一团，在场的工作人员都陷入紧张的气氛当中，想要看看这个火球的威力有多大。伴随着隆隆的轰鸣声，爆炸中心产生了一股强大白光，随之旋转升腾的蘑菇云也无法挡住这光亮，它将整个沙漠都照亮了。维吾尔族的老人们感叹道："不得了，新疆地区出了两个太阳！"

氢弹的杀伤力很大，将距离爆心点 400 米处的钢板熔化，把水泥构件的表面变成玻璃体，甚至将 14 公里外的砖房吹得七零八落。邓稼先的嘴角颤动着，看着自己参与研制成功的第二朵蘑菇云飘向天际，他心里的石头又落下一块儿，当年生怕自己辜负党和人民的重托，忧心不已。如今，原子弹和氢弹的相继爆炸，让他内心多少可以松一口气。

负责这次氢弹爆炸工作的党中央领导聂荣臻元帅，在获悉工作人员在氢弹爆炸以后取回的发射性样品微粒都符合设计时，脸上露出了无比喜悦的神情。他催促身边的专家测量一下氢弹爆炸的当量，看看有没有达到氢弹级的爆炸效果。科学家们将收集的数据一一进行了分析，最后得出结论，核爆炸的威力在300万TNT炸药的当量以上，确认是氢弹爆炸。大家听到后，更感到鼓舞人心。

氢弹的发射成功，更是让那些西方国家倒抽一口寒气：中国竟然用2年零8个月的时间研制成功氢弹，而且还跑在了法国前面。美国从第一颗原子弹爆炸到第一颗氢弹爆炸成功历时7年零3个月；英国历时4年零7个月；苏联用了4年；法国用了8年零6个月。

中国的这批科学家当时都属于少壮派。1967年，邓稼先43岁，朱光亚43岁，于敏41岁。这些专家们在艰苦的环境中依靠自己的智慧，摸索前行，为新中国的核工业发展贡献了自己的全部才智。

作为制造核武器的有功之臣，邓稼先和许多科研人员当时也未能摆脱"文化大革命"的冲击。在当时紧张的研制氢弹时期，这帮专家经常被集中到青海一个基地去集体"学习"。当时的组织者以测不出预期数据为由，说邓稼先和他的同事是搞反动学术权威，理论部里有反革命分子。他们组织不明真相的群众，对这些专家和科研人员围攻、逼问和批判。这些专家的人身自由受到了严重的限制，他们被固定在指定的房间里，饭由别人送来，上厕所有专门的人跟在后面。邓稼先他们看着这无休止的运动将研究人员的时间牢牢占据着，而且最重要的是严重影响大家的精神面貌和心理状态。于是，他和于敏商量，怎样灵活应对这种批判斗争，怎样争取时间使大家的注意力集中在当前最重要的工作上。他们决定在关键技术问题上，尊重事实，绝不退让，在其他一些小的方面采取灵活策略来应对。邓稼先为了使群众明白科学实验的重要意义，积极团结大家的力量。他向工农群众解释，科学实验既有成功也可能失败，这都是正常的。在失败的基础上改进才会获得最后的成功。此外，为了团结大家的力量，他从人民群众爱国的角度出发，劝解大家说，周总理和党中央国家领导人希望氢弹能够早日研制出来，这样我们才不会被帝国主义列强所压迫，尽早在法国前面赶制出来将会使国威大增。群众都有一颗赤子之心，所以答应他们可以一边进行实验，一边到学习班里学习。

"文革"期间，北京的批斗运动更是开展得"如火如荼"，邓稼先的家人也遭受了劫难。许鹿希被红卫兵们变着法地批判、折磨，使得年纪不到40岁的她变得瘦弱不堪，满脸倦容。他们当时还未满15岁的女儿被下放到内蒙古一个叫乌拉特前旗的地方，那里气候恶劣，条件艰苦。邓稼先在青海的基地工作，时时牵挂着自己年幼的女儿，看着身旁赶着牛羊的牧民从身边走过，他会想女儿是不是也正在牧场干活。一次，他去外地出差顺路去看望女儿。看到孩子以前乌黑浓密的头发变得干黄稀少，看到她狼吞虎咽地吃下自己所带的肉罐头，他内心很难过。作为一名父亲，邓稼先本身又是重视感情、珍惜家庭的人，看到孩子吃这么多苦，对于他而言是一种心灵的折磨。更令他悲痛的是，二姐邓茂先的去世。这位天真无忧的姑娘，生活中没有遇到什么大的挫折。"文革"时邓茂先的丈夫被诬陷受迫害，她这位著名画家齐白石先生的高足，不知道怎样应对造反派的粗鲁对待，出现了严重的心理问题。一天夜里因为忘记开窗导致煤气中毒而不幸去世。邓稼先听说这个消息之后，十分悲痛。姐姐比自己大8岁，很疼爱自己，当年在去美国留学出发前，姐姐精心准备了好多东西生怕弟弟在外面吃苦。去捷克回来，姐姐特地给他买了很多好玩的洋玩意，还给他带了一件漂亮的浅黄色尼龙衬衫。邓稼先面对这样的家庭变故，心里很是沉闷。但是，他并没有一直消沉下去，而是重振精神投入工作之中。

第六节　攀登科学无止境

—— 。——

1971年夏季,邓稼先的老朋友杨振宁从美国回上海探亲,正受"文革"围攻的邓稼先此时被召回北京去见杨振宁。邓稼先是杨振宁所开朋友名单,点名要见的第一人。

在许鹿希和其子女所著的《邓稼先传》中提及,这次邓稼先回来,"以往邓稼先身高体大,两眼炯炯有神,像一个光华四射的豪杰;而眼前的邓稼先穿着一身旧灰制服和一双绿色的军便鞋,失去了往日的光彩,看上去心事重重"。可见,在这场政治运动中,邓稼先身心也受到不小的冲击,在政治环境混乱时期,每一个知识分子都很难脱离政治。这次杨振宁的回国暂时将邓稼先从政治旋涡中拉出来透口气。

邓稼先少年时代就与杨振宁相识,两个人脾气相投,又有共同的专业喜好。成年以后,在西南联大的相伴以及之后邓稼先留学美国时与杨振宁兄弟经常聚会、游玩和讨论学术问题,使他们友谊变得更加深厚。而且,邓稼先在留学美国生活费拮据时,杨振宁经常帮助他。对此,冯友兰教授在1948年寄给在美国的儿子的信中提到:"现在朋友中的子弟出国成绩最好的是杨振宁,他不但成绩好,而且能省下钱帮助家用,又把杨振平也叫去了,又帮助邓稼先的费用……"那时,冯友兰与邓、杨两家相熟,所以对当时杨振宁帮助邓稼先也是很清楚的。杨振宁与邓稼先的友谊中除了发小关系之外,还有着人才之间的惺惺相惜之情。古人曾说:"高山流水,知音难觅。"这对于高级知识分子而言,更是如此。遇到一个能够理解自己研究领域并能够相互交流的知音,对他们来说,更是难得。

杨振宁和邓稼先由于学习成绩优异，在美国都是只用两年时间就取得了博士学位。杨振宁于1948年获得芝加哥大学博士学位，之后在普林斯顿研究所从事理论物理研究。不久，他与同样在美国留学的杜聿明之女杜致礼结为伉俪，并定居美国。他科研成果丰富，在1957年与李政道合作提出宇称不守恒理论，获得诺贝尔物理学奖。在世界物理领域有着举足轻重的地位，先后任普林斯顿高级研究院研究员、教授，纽约州立大学教授和物理研究所所长，后升至美国科学院院士。

自邓稼先回国后，两人就不曾再见面。因此，这次见面对于两位阔别多年的朋友来说，显得格外珍贵。在首都机场，两个人见面时都非常激动，但是由于当时国内政治形势紧张，而且当时两个人站的国家立场不同，因此难以推心置腹地交谈。当时邓稼先从事核武器研究的身份尚未公开，这些还属于国家机密。面对老友的询问，他无法自然地如实回答。杨振宁问他在哪里工作，他回答说："北京以外。"杨又问，任职于什么单位，邓稼先以京外单位作答。杨振宁不明白，回家问弟弟什么叫京外单位，他弟弟振汉告诉他，没有什么京外单位，而是邓稼先不方便回答而已。杨振宁理解老友的难处，于是在交谈中尽量不涉及工作部分，但是他依然想在离开前消解内心的疑云。

杨振宁在离开北京时，邓稼先去机场相送。杨振宁走至飞机舷梯上时，杨振宁还是忍不住问邓稼先："我听说中国实验原子弹，有一个美国人参与其中帮忙，不知道是否是真的？"面对这个问题，邓稼先心里很矛盾。如果回答不是，则说明自己已知道内幕，参与研制原子弹，而泄露国家机密。如果回答不知道，又感觉在欺骗老朋友。于是，邓稼先告诉他："以后我会告诉你的。"

为了能让老友没有遗憾地离开，邓稼先将这一情况如实地反映给了上级领导，然后逐级请示到周恩来总理那里。周总理知道后说，让邓稼先如实告诉杨振宁，中国制造原子弹并没有一个外国人参与。邓稼先在得到批示之后，立马给老友写信，告诉他真实的情况，并派人立马送往上海，希望在杨振宁离开前可以看到。幸运的是，这封信在杨振宁未离开中国时收到了，当时上海市革委会正在为杨振宁饯行。杨振宁听说邓稼先给他写了信，当即就打开阅读。当他得知中国人自己独立研制成功核武器时，内心汹涌的感情再也抑制不住，流下了热泪。这泪中既包含对贫困中的中国艰难制造原子弹的佩服，为国家从此不再受强国欺压感到自豪，同时也含着对老朋友不远千里给自己答复的那份心意的感动。邓稼先这种坦诚相待朋友，同时又考虑到国家利益的做法是一种高尚的品格。

1972年7月1日，邓稼先（中排右一）陪周总理会见来华访问的杨振宁

1973年5月2日，邓稼先的父亲邓以蛰教授去世，他怀着悲痛的心情送走父亲。父亲对他的一生有着重要的影响，从品格到学识，无一不是在给他树立榜样，在邓稼先的成才之路上，父亲起着重要的作用。

此后的几年里，邓稼先仍在北京和大西北的基地间来回奔波，进行新的核武器研究以及试验工作。1976年1月，邓稼先在前往大西北的列车上，听到车厢的播音器里响起哀乐声，里面播放出周恩来总理逝世的讣告。邓稼先听到这个噩耗之后，禁不住泪流满面。他想起过去汇报原子弹进展工作时,多次与周总理会面,每一次周总理总是和蔼亲切地与他交谈,并时时牵挂他们这些在一线工作的科学家们。他回忆起1965年我国用飞机投掷的一颗原子弹在空中成功爆破的试验之后,周总理派专机将邓稼先他们这批参与这次试验以及参与首次原子弹爆炸的专家们接往北京,召开庆功宴。当时,周总理满怀歉意地说:"早就想和大家见面的,但是由于一直忙,推迟到现在,大家辛苦了!"周总理在日理万机中还不忘大家,让邓稼先觉得内心很受慰藉和鼓舞。十多年来,周总理那谨慎认真的处事风范和大公无私的精神已经成为邓稼先心目中的榜样。周恩来少年立志"为中华崛起而读书",一生为了中华民族的崛起甘当公仆。中央决定发展核工业时,他一心致力于"两弹一星"事业,重视科学家及其家人。在"文革"期间,他也极力保护科学家,以使他们免受过多迫害。因此,科学家对周总理有一种特别的感情。"周总理,您放心去吧,我们不会辜负您的重托的,一定将中国的核武器事业发展上去!"邓稼先在心里暗下决心。

虽然我国已经研制成功了原子弹和氢弹,但是核工业事业还刚刚起步,很多工作还需要邓稼先的组织和领导。邓稼先深知,世界各国在核武器的研制上从未停歇。美国先后进行了多达900多次的核爆炸试验,核武器的发展还有很大的空间,并不是拥有就可以了。只有拥有世界上先进的武器才能够让祖国在国际上更有话语权。

美国总统在20世纪70年代末80年代初,命令国内专家组织研究中子弹。中子弹是一种以高能中子辐射为主要杀伤力的低当量小型氢弹,高能中子穿透力很强,比在几分钟内释放的能量相当于万亿年太阳光总和的伽马射线还大。中子弹中富含大量的中子流,其"瞬发"辐射作用巨大,比一般炸弹高出十倍左右。中子弹在爆炸期间产生的冲击波威力不大,对周围物质的损害作用也比较小。它产生的辐射有限,但是对生物的杀伤力很大。中子弹最特别的地方在于袭击一辆载有人员的车辆时,往往车辆完好无损,但是车里面的人无一活命。因此,凯文·基尔帕特里克在题为"中子弹的作用"一文中曾指出："中子弹是防御进犯敌人的最理想的武器。"

为了研制中子弹，邓稼先拖着病体与于敏教授一同研究、探讨。他们两人相识已久，而且当年合作提出著名的"邓-于方案"，使得我国氢弹研制工作顺利地开展。两人关系融洽，经常在一起深入地讨论物理问题，有时两人互相打趣成为"死党"，但是一遇到关键的问题，两人又齐心协力攻破难关。单位里的人经常开他俩的玩笑，说他们的脑袋长在一个身体上。邓稼先胖些，于敏消瘦，而且因为用脑过度头发已经脱落。因此，又有一种说法：一个胖子和一个瘦子忙活一阵子，炮弹就要响了。但是，邓稼先因之前接触核碎片受到严重的核辐射，自此身体每况愈下。在从事中子弹的研究工作期间，他经常拉肚子，别人以为是水土不服，只有他自己和少数人知道天天便血。当时的高潮副院长知道此事之后，提醒他到医院检查一下，但是，他以工作忙为由婉拒。后来，他的胳膊上长了个小瘤，他问随从的医生是否要紧。他并不是不在意疾病，只是为了抢夺时间研究，能使工作取得新进展。

1984年底，已经病重的邓稼先依然像过去那样在基地指挥着中子弹实验的各项工作。在实验前，测试中子流，冲击波，放射性沉淀等各种指标，邓稼先都要将测试后的指标一一对照。伴随着荒山中的一声巨响，大地剧烈地颤动了几下。紧接着，戈壁滩上的黄色尘土被卷到高空，那气流像是一只强有力的大手将周围大地上的尘埃吸进去，继而又吐出，重新散落在地上，构成与之前不同的形态。经过爆炸后的取样和当时所拍摄的照片分析，这次中子弹爆炸实验圆满成功。

刘西尧副部长曾为这次实验写过一首诗：
  二十年前春雷响，今朝聚会盼新雷。
  喜闻戈壁传捷报，敬贺老邓立新功。[1]

---

[1] 许鹿希、邓志典、邓志平等：《邓稼先传》。

第七节　艰难困苦玉汝成

1945年,美国向日本广岛、长崎投掷两枚原子弹,造成几十万人员伤亡。其危害至今未消除。造成辐射区内居民患上胰腺疾病甚至胰腺癌,人及牲畜生产的后代大多带有缺陷。核辐射是一个看不见的魔鬼,它巨大的杀伤力能破坏人的免疫系统,一旦进入人体,往往会引发不治之症。

截至1986年,在国家进行的32次核试验中,邓稼先有15次在现场主持。基地的同志们都称邓稼先为"福将",因为一次又一次的成功都是在他的指导下进行的。

然而,邓稼先们虽然在核试验中小心谨慎,每一次都注意实验事故的发生。但是,长期的工作,大大小小的实验中总会出现一些问题。每当这个时候,邓稼先强烈的责任感总使他亲自寻找问题,让产生的危害降到最低程度。

1979年,在一次戈壁滩上空投核弹时,降落伞没有打开,导致飞机在扔出核弹时,该核弹直接从高空中落下来,而且没有远离爆心。在规定时间内没有看到蘑菇云,听到预定的爆炸声,大家都慌了神,因为指不定会飘到哪里,如果飘至人聚集的地方后果不堪设想。此外,他们担心被摔碎的核

中年时期的邓稼先

弹其放射性污染会不会大面积地扩散开来。周恩来总理曾强调过，降落伞是个大问题，必须保证降落伞能打开。但这一次却出现了事故。为了防止出现难以预料的后果，指挥部立马派出100多名防化兵去搜寻失踪的核弹。

这次实验的核弹，是邓稼先签的字。按照有关规定，每一次核试验前都会有一个主持的专家签字，以向国家表明这个核弹是成功的。邓稼先当时很着急，觉得自己有责任，如果不找到散落的弹片，分析它造成的危害的话，他自己无法心安。于是，他坚决亲自前往寻找。基地的很多同志都反对，时任二机部副部长的陈彬说："老邓你不能去，你的命比我的值钱！"邓稼先被他的真情厚意所打动，这些生死与共的同事们很珍视他，但是他还是执意要去。这次核弹的燃料是放射性钚239，它在大自然的半衰期是24 000年，放射性元素一旦进入人体，很容易被骨髓吸收，而且它在人体内的半衰期会大大缩短，只有200年。意味着，只要遭受到它的辐射，那么人的健康甚至生命将会受到威胁。邓稼先很清楚核弹强烈的辐射，但是他还是坚决要去。

在广阔的戈壁滩上，没有人知道核弹到了哪里，也不清楚核弹究竟是什么情况。如果这个弹爆炸的话，那就可能引发更大的灾害。邓稼先忧心忡忡，在当时核工业副部长赵敬璞的陪同下，坐上吉普车，向满是石头、沙砾的戈壁深处驶去。两个人坐在车上都一言不发，陷入各自的思考中。邓稼先的脑子在不停地思考着一系列的问题：究竟出了什么样的事故？有几种可能？最坏结果会到什么地步呢？如果发生什么，今后该怎样避免……他想着各种问题，唯独没有想到钚这种放射性物质对自己的健康影响。他们开着车子在崎岖不平的戈壁滩上四处搜寻，戈壁滩上那乌黑的大鹅卵石与那枚丢失的核弹大小相仿，邓稼先不得不瞪大眼睛看清楚，以防车子轧在上面。

经过长时间的寻找，他们终于发现了那颗核弹。邓稼先急忙向落在地上的核弹走去。当他的双脚刚一触地，凭着科学家的直觉，就感觉到

邓稼先(左)与科研工作人员在核试验现场留影

此地已经遭到高度的核辐射。赵副部长和司机两人坚决要和他一起去,他呵斥道:"你们不能去,都给我站住!你们过去也没用。"他自己却走向前去。他身着防护服、戴着墨镜,去探查自己和同事们的"心血之作"。

据赵敬璞后来的回忆称,当时那个核弹的摔碎范围有半个足球场那么大。邓稼先在找到那个摔碎的弹片后,为了能详细地观察有无问题,他双手捧起来看看。在这最危险的时刻,他用自己的身体直接接触核弹,虽然他身上穿着防护服,但放射物还是能够穿透它,进入人的体内。等他弄清楚事故缘由,才拖着疲惫的身体回到停在远处的吉普车旁。

"赵部长,平安无事!"这是他见到赵部长时说的第一句话。他大概知道自己已经受到核辐射的影响,估计生命期有限,所以临上车前,他邀请赵部长一起在此合影留念。对于一个不爱照相,在繁忙工作中来去匆匆的人来说,此次主动拍照留念,可见他深知自己所受的辐射有多严重。果不其然,这次之后,他的身体状况出现了巨大的变化。

不久,邓稼先回到北京住进医院检查,发现他的尿液里含有很强的放射性物质。白细胞数量虽然属于正常范围,但是其染色体已经出现异常,肝脏也受到严重的损伤。做他们这一行的,把接触核辐射叫作"吃剂量",邓稼先这次吃了大剂量后,身体明显地衰老,头发逐渐白了,工作疲劳更是迟迟难以消解。妻子许鹿希劝他到疗养院休养一段时间,可他没有去，在医院的时候，他经常躺在床上，手枕在头下，眼睛出神地盯着天花板思考着什么。不在基地，他对自己的工作依旧放心不下。

心系工作，他常常不顾自己生命的安危。邓稼先在处理问题时的沉着是出了名的，他往往在关键时刻表现出行事果断的魄力。有一次半夜，邓稼先忙完工作，刚刚躺下准备休息。忽然，一阵急促的电话铃声响起，他一接才知道原来是核材料加工车间中一个重要的部件出现了问题。他二话没说，直接穿着拖鞋，披上衣服就赶往加工车间。当时天正下着瓢泼大雨，密集的雨点打在车身上发出"噼里啪啦"的声响。道路泥泞，再加上前几天连下的大雨，使得山路更加难走。山顶上的泥土和石头不时往下落，随时可能发生塌方事故。吉普车深夜在绵延曲折的山路上行走，轮子在泥浆里打滑。他们途经一座桥，当时，河水已经漫上桥面，河水翻滚，洪涛咆哮，司机面对这样的场景吓得目瞪口呆。邓稼先借着车灯向前望去，看见混浊的山洪打着漩涡，在桥面流过。水究竟有多深，前方桥面是否塌方很难看清楚，但是时间越来越紧迫。邓稼先看出司机的紧张和恐惧，鼓励他说："冲吧，向前冲，现在洪水还不是很大，得赶紧冲过去，不然等会儿山洪过来，我们就更不好过了。"

"老邓，听说这座桥前些天经常出事故，而且现在天黑雨急的，你又是大科学家，万一……"想到车间都可能会发生事故，邓稼先就急了，严肃地说："我们快些走吧，整个车间的人还在等着我们赶过去修理呢，出了事故后果不堪设想啊！"司机明白核武器的重要性，也看出邓稼先此时焦急的心情，于是加大油门，冲向桥面。行至一半，听到峡谷中奔腾呼啸的轰鸣声，洪峰卷着巨浪将要冲向桥面。吉普车像一个快艇立马冲到桥对岸，过去后，两个人都长舒了口气，感叹道："好险，好险啊！"

好不容易到了事故现场，司机累倒了，但邓稼先马上投入工作。他先了解清楚状况，然后和工程技术人员一起找出问题，经过一夜苦战，终于排除了故障。这种抢时间排除故障解决问题的事情对于邓稼先来说是家常便饭，因为他总是奔赴在突发事件的路途中。

　　基地生活艰苦，再加上这样超负荷的工作，导致邓稼先不能按时吃饭、休息，他的病情很难好转。但他常对身边的工作人员说："在我们这里没有小问题，任何小事都是大事情。小问题如果解决不好，就会酿成大祸。"

　　1981年以后，核武器研究院院长由邓稼先担任。只要他在，一般都不会出现慌张混乱的局面。面对问题，其实他心里比谁都着急，但是他要冷静下来，和大家一起排除问题，这样才能稳定军心。有一次，在核试验临近前，地下核装置测试仪忽然测不到信号。当时，正值冰天雪地的严寒季节，工程兵们在茫茫的戈壁滩上挖出一口深井，邓稼先在指挥所里等不到消息，就冒着严寒向事故现场走去。当时温度低至零下30多摄氏度，冰冷的寒意一个劲儿地灌入他的五脏六腑。邓稼先本来有恙的身体经不住风雪的夹击，走了一阵就走不动了，随行的工作人员于是急忙扶住他向前走。人们劝他回去，他坚定地说："我不能离开，去看看究竟发生了什么！"到了井边之后，邓稼先仔细地听取了工作人员描述的事故情况。然后，他弯下腰开始寻找故障产生的原因，直到测试仪器恢复正常，他才离开。

　　问题解决了，邓稼先和同事们心中的石头落了地，基地领导准备庆祝下。在喝酒的时候，由于身体虚弱，邓稼先昏倒了。基地上的李医生和护士全力抢救，终于将邓稼先从死神手中夺了回来。

第八节 临终殷殷寄深情

—。—

邓稼先自从检查出患了直肠癌后,不得不于1985年7月底住进了北京的解放军总医院进行治疗,术后邓稼先只能躺在床上静养。这个时候的他仍然没有放下工作,他在思考这么长的空闲时间自己该做点什么呢？他决定写书。在此之前,邓稼先已开始动笔撰写《群论》。以前工作太忙,没有时间写,现在有时间了他打算好好写写。这本书是关于原子核理论工具书,为了早日完成这个大部头,他开出一张长长的读书单子,让李医生回到基地时,把他书架上的书挑拣出带给他。他还让别人给他多借一些资料书。但是,他忘记了自己是一个患有重病刚刚动完手术并需要静养的病人。医院规定,桌子上不能放工作用书,由护士严加监管。邓稼先为了使书籍不被没收走,悄悄地将这些资料放在衣橱和壁柜里,并用长大衣遮挡住。然后在晚上8点以后再拿出来看,因为他观察出来晚上无人查房是医院的惯例。

1985年,邓稼先在进行手术后的两个月,单位进行党员登记。组织上考虑到他刚做完手术,身体还很虚弱,告诉他,他的文件不用填写,填表别人可以代笔。邓稼先坚决不同意。因为,过去在基地上工作最繁忙的时候,他都不缺席党内的任何活动。他从同事那里借来一套文件,认认真真地抄写,然后亲自填写表格,还写出了一千多字的收获心得。对于党,他从来没有敷衍过,总是以饱满的精神去完成各种任务。

邓稼先一生喜欢读书,即使在生病期间他也从未扔掉这个爱好。早在西北核试验基地时,因为当地购买不到所需书籍,他经常托一个在北京的表侄为他买书。邓稼先所需要的专业性的书籍有时很难找,他的这位表侄几乎找遍整个北京城都没有找到。在邓稼先生病的时候，他托这位表侄购买一本核物理方面的专业书籍，当时很难找到，每一次表侄去看他，他都满怀期待地问他是否找见，当听到暂时没有的答复时，邓稼先的脸上立马显出失望的表情。人的身体可以垮掉，但是精神不会垮掉，正是有这种精神做支撑，人才能渡过生活中的难关。邓稼先这种时刻不忘工作、不忘学习的精神不得不说也是他在"两弹"事业中取得成绩的重要因素。

疾病像是一只无情的魔鬼，一刻不停地吞噬着邓稼先虚弱的身体。住院期间，很多人前来探望他。当"老家的人"（九院的人）来医院看他时，他感到很温暖。看到这些曾经和他在恶劣条件下一起并肩战斗的同事们，他仿佛看到了过去那个刚接手核弹研制工作的自己。当初那些刚毕业在自己手下听课的"年轻人"，如今都已经步入了中年。时间啊，真是快得让人措手不及，它赠予你丰厚的回报，同时也在不知不觉中让你走向生命的尽头。

邓稼先从来不是一个悲观无趣的人，他知道自己的生命快要走到尽头，所以即使身体很痛，他也想到那些熟悉的场所再去看看，回味下那些曾经带给自己快乐的地方。他让身边一直照顾他的警卫员和他一起乘坐公交车前往天安门，当时他身上还挂着吊瓶，谁也没有发现这样朴实无华的一位乘客就是领导研制我国第一颗原子弹、氢弹的科学家。邓稼先不在乎名利，低调朴实更符合他的性情。他一面缓步走在天安门广场，目光缓缓地观看着这个他热爱的地方，一面向警卫员讲述我国核工业曾经的发展历程。为了祖国献出自己的所有，而今看到它一天比一天好，邓稼先是欣慰的，他知道自己的努力没有白费。

一天，当得知李鹏副总理要来探望他时，他非常激动。为了支撑这次会面，他强忍伤口的疼痛，在妻子的搀扶下，走到书桌旁，用颤抖的手写好发言稿，等候总理的到来。

那天下午三时左右，李鹏副总理和中央几位领导在见到邓稼先时，向他表示了亲切的慰问，并询问了他的病情，同时还把全国"五一劳动奖章"授予了他。

"核事业是成千上万人努力的结果，我只不过是做了一点应该做的工作！"邓稼先谦虚地说。但是，对于每一个中国人来说，谁也不会忘记原子弹爆炸时扬眉吐气的喜悦，谁也不会忘记他们这群在荒漠戈壁中艰苦奋斗的身影。

生命在一点点消失，对于家人，邓稼先的心中充满了眷恋。自从得病，妻子许鹿希便一直陪伴在他的身边，这也是他们夫妻分离28年后相处得最长的一段日子。许鹿希悉心照顾等候了多年的丈夫，她竭尽全力使丈夫在生命的最后时刻能够感受到更多的快乐和幸福。当邓稼先病情稍微稳定时，夫妻俩便相互搀扶着到北海公园等他们年轻时常去的地方散散步、坐坐。同样的地方，同样的人，不同的是曾经的乌发变成了今天的银丝，可这又有什么关系呢？执手到老的不还是曾经的那个人吗？这样历久弥坚的爱情更显得可贵！

在邓稼先住进301医院的一年中，他的好友杨振宁曾两次到医院探望。杨先生第一次去探望时，邓稼先的精神尚好，他们两人一起回忆过去，谈论专业，聊聊各自的近况，很是愉快。邓稼先生前，很多人都曾咨询过他研制成功获得了多少奖金，邓稼先总是笑而不语。1986年6月，第二次杨振宁来探望时，邓稼先的病情恶化，而且到了大出血的地步。看着老友被疾病折磨，杨振宁心里非常难过，他知道这恐怕是最后一次见到好友邓稼先了，所以更加不舍。邓稼先也意识到了这一点，他看着杨振宁送来的鲜花，吃力地对妻子许鹿希说："振宁知道我不行了，所以送来了一大束鲜花……"许鹿希为他们二人拍摄最后一张合影时，邓稼先的嘴角还残留着一点来不及擦拭的血迹。这次会面时，杨振宁问到奖金的事情。在不知情的人看来，为国家做出如此大贡献的人，肯定获得了丰厚的奖金。然而，邓稼先夫人许鹿希的回答让杨振宁吃了一惊，因为她说，邓稼先的奖金是人民币20元，原子弹10元，氢弹10

元。许鹿希看到杨振宁吃惊的表情,告诉他这不是在开玩笑。1985年,国家颁发10万元的原子弹特等奖,单位里将这笔钱平分给所有人。奖金按照10元、5元、3元三个等级来分发,九院人多,单位还垫付了十几万才没有把任何一个人遗漏掉。

在生命的最后时刻,邓稼先告诉妻子许鹿希说:他这一辈子没有后悔。1986年7月29日13时50分,一代爱国科学家邓稼先病逝!

一代科学巨匠邓稼先就这样走了,但他留给祖国和后人的,不仅是可以捍卫自己国家的尖端武器,更是一颗爱国爱家的赤子之心。著名诗人臧克家在《有的人》一诗中这样写道:"有的人活着,他已经死了;有的人死了,他还活着。"用这几句诗来形容邓稼先一点不为过,生命的意义更能体现在宽度和厚度上。

邓稼先病逝后,他最亲密朋友的杨振宁在1987年回国时,前往八宝山革命公墓祭奠他,杨振宁当时情不能自已,洒泪痛悼老友。杨振宁曾在给邓稼先的妻子许鹿希发来的电报与书信中这样写道:

——稼先为人忠诚纯正,是我最敬爱的挚友。他的无私的精神与巨大的贡献是你的也是我的永恒的骄傲。

——稼先去世的消息使我想起了他和我半个世纪的友情,我知道我将永远珍惜这些记忆。希望你在此沉痛的日子里从长远的历史角度去看稼先和你的一生,只有真正永恒的才是有价值的。

——邓稼先的一生是有方向、有意识地前进的,没有彷徨,没有矛盾。

——是的,如果稼先再次选择他的途径的话,他仍会走他已走过的道路。这是他的性格与品质。能这样估价自己一生的人不多,我们应为稼先庆幸![1]

---

[1] 胡银芳:《英雄大爱:邓稼先与许鹿希相互托付的一生》,华夏出版社,2010年版,第8页。

第九节　邓家子女承父志

—·—

邓稼先与许鹿希育有一子一女，其中女儿邓志典出生于1954年，儿子生于1956年。由于工作缘故，邓稼先与孩子们相处的时间并不多，但是，对于一个情深义重、顾家爱家的人来说，他对子女的爱丝毫不比别人少。

在未接受原子弹研制工作之前，邓稼先一下班便回到家陪伴两个孩子，期望参与孩子们的成长当中。邓稼先参加原子弹工作之后，邓志典和邓志平便由母亲许鹿希一人抚养。姐弟俩虽然渴望与其他孩子一样，父亲能够陪伴在身边，但是，他们也理解父亲为了工作做出的牺牲。尤其是看到母亲无怨无悔地默默等候父亲，听到母亲自豪地告诉他们爸爸是一个工作踏实认真，热爱祖国的人时，姐弟俩对父亲不能陪伴的怨气慢慢消散了。

"文化大革命"时期，邓志典被下放到内蒙古生产建设兵团，当时她仅有14岁。对于一个从未离开过家的小姑娘来说，在艰苦的劳动中默默忍受思家之痛。如果邓稼先借用自己的贡献与社会关系，就可以很快将女儿接回北京。但是，他没有这么做，而是留下女儿在内蒙古接受劳动锻炼，邓志典也是研究员子女最后一位返京的。

"文革"期间，国家号召知识分子上山下乡，到农村和最艰苦的地方参加生产劳动。很多青年一去就是好几年，大学也停止招生，使得数十年后我国出现人才断层的现象。为了提高女儿的文化知识水平，邓稼先夫妇总是在女儿给他们邮寄的信中挑选错别字和语病，并在回信中指出来。1978年，高考恢复，邓志典决定抓住这次机会考取大学，对于她的决定，邓稼先夫妇十分鼓励。但是，由于文化基础薄弱，邓志典学习非常吃力。看到女儿苦恼的样子，邓稼先心里也担忧不已，一来担心孩子因为学习成绩差错失这次升大学的机会，二来担心她心理压力大，状态不好。作为一个父亲，他已经为错失太多孩子成长的机会而愧疚不已，他想多做一些事情来弥补女儿。那段时间邓稼先恰好有事情回北京。刚开始，邓稼先为女儿请了一位物理老师做家教，但是，老师对于没有半点物理基础的邓志典感到很沮丧。于是，邓稼先决定亲自教女儿学习。白天，他忙完工作的事情，晚上就抽出时间给女儿补课，父女俩常常学习到深夜。邓稼先感慨，中学的物理比大学都难教。即使这样，他也坚持陪同女儿学习。正是父亲的耐心教导与鼓励，邓志典实现了自己的愿望，得以金榜题名。

邓稼先不仅重视孩子的学习，也注重对他们人格的培养，尤其在爱国教育方面，也像自己的父亲那样给子女传递爱国思想。在邓志典去往美国读书之前，邓稼先与女儿谈话。

"典典，你看过《走向深渊》这部电影吗？这部电影的女主角名叫阿卜莱，她在法国留学时被花花世界所吸引，情报机构抓住她贪图享受的弱点，诱骗她泄露国家机密。她为了获得更多的金钱，将她就职于国家火箭基地的男朋友拉下了水。最后，这对情侣双双被逮捕……"聪慧的女儿立马明白了父亲的言外之意。父亲讲这样的故事是暗示自己留学不要被国外纸醉金迷的生活所迷惑，从而降低对祖国的热爱之情。教育是一门艺术，父母通过自己的言谈举止对子女进行无形的熏陶教育，塑造社会所需要的人。对于刚成年子女的教育，父母常会感到有心无力，原因在于这个时期的子女刚独立不久，社会经验尚缺，但是自我独立意识强烈，不愿意别人对自己的事情有过多的干涉。如果父母整天直言给子女讲大道理，不仅不会起到理想的效果，反而会招致子女的心理抵触。邓稼先对女儿的教育，以侧面引导的方式进行更易于使孩子接受。

女孩儿是易于管教的，但是男孩儿却比较调皮。为了给儿子一个快乐的童年，邓稼先在家的时候经常和儿子一起玩游戏，并不对他进行严格的管教约束。后来，邓稼先参与原子弹研制小组，离开了家，邓志平见父亲的次数屈指可数。小时候，他也会对父亲不理解，不明白为什么别人的爸爸都在身边而自己的父亲想见一面竟是如此困难。随着年龄的增长，他渐渐开始明白父亲是因为工作而离开了他，是为了祖国的大事业而甘愿忍受不能与家人团聚之苦。他对父亲的埋怨也转化为敬佩，这是一个男人对另一个男人责任感与理想抱负的理解和赞许。

怀着对父亲的钦佩，邓志平也将这份情感倾注在自己的事业上。1992年，邓志平毕业于重庆大学，获得工学硕士学位。之后在西华大学任教，主要负责机械制造及自动化、数控机床装备及精密加工方法等相关课程，并参与四川省《数控技术概论及加工编程》的精品课程项目，现今已经退休。邓志平在教学和科研方面均取得了良好成绩，他教授本科生和研究生课程，对学生认真负责，并亲自指导学生进行毕业设计。他主编一部大学本科教材，同时也与人合作参与另外一部本科教材的编写，有针对性地对专业学科进行理论知识的补充。除此之外，邓志平完成多项科研课题，并参与自然科学基金项目。科学技术的作用不仅在于理论知识的丰富和发展，更在于实践与应用。为了将技术更好地应用于实际生活中，邓志平主持四川达县地区华兴机械厂柴油机飞轮生产线的设计及生产试制，并参与该企业的科技项目，获得地区科技进步奖。作为为国家做出巨大贡献科学家的后代，邓志平为人极其低调，从不打着父亲的旗号去为自己谋取特殊利益，也很少出现在公众场合中。如果不是电影《邓稼先》的宣传，人们也许很难看到这位邓稼先的后人，也不能更深入地了解邓稼先的生平。

2009年，是新中国成立的六十华诞。为了庆祝祖国母亲的生日，王冀邢导演携手著名演员巫刚、刘蓓、汤镇宗演绎邓稼先鞠躬尽瘁，为国奉献的一生。电影欣赏会上，时任香港特别行政区长官梁振英的夫人梁唐青仪以及香港其他重要官员一起出席活动。作为主要嘉宾的邓稼先的儿子和内侄许进也出现在观众面前。媒体记者们立刻抓住这难得的机会对邓志平进行专访。当谈到如何看待自己的父亲时,邓志平以一个儿子的语气平实地回答道:"或许在别人的眼里,我的父亲是一个英雄人物、一个领导,但是对我来说,他只是一个平凡的父亲、一个普通老百姓。"除去外界添加的光环,邓稼先的形象更为真实。提及父亲对工作的态度,邓志平还给记者分享了父亲的一些不为人知的事情。"文革"期间,许鹿希被下放到天津的农场进行改造,姐姐邓志典也去内蒙古做了下乡知青,家里留下了10岁的邓志平和邓稼先父子俩。因为每天工作繁忙,邓稼先一心扑在工作上,家里的钱由年幼的儿子保管。"舍小家为大家",这难道不是邓稼先强烈爱国精神的真实写照吗?

邓志平为人低调,甘愿做平民百姓,享受平静生活的态度也受到父亲邓稼先的深刻影响。在专题采访中,邓志平提及父亲经常骑着自行车上班,即使后来单位给他配置了专车,他也很少使用。信仰是一种神奇的力量,它以自己的无形之躯驻扎在人的心里,促使人执着地追逐它的脚步。当人的内心欲望遇到信仰时,它只能让步于信仰。邓稼先父子脚踏实地地工作、生活,秉承家族不重名利重信仰的理念平静对待功名利禄。

作为邓稼先的子女,邓志典、邓志平姐弟继承了父母勤劳认真、不慕名利的优良品质,在自己的工作岗位上默默奉献。家族文化是一种绵延不断的精神,它会影响家族儿代人的为人处事的风格。书香世家在注重后代汲取知识文化的同时,也注意培养他们高洁的品质,靠这种品质去开创事业,进而赢得世人的尊重。

"春蚕到死丝方尽,蜡炬成灰泪始干。"躬耕于教育行业的邓志平也如同年轻的邓稼先一样在三尺讲台上传授知识,奉献自己。

第六章 邓氏家族启示录

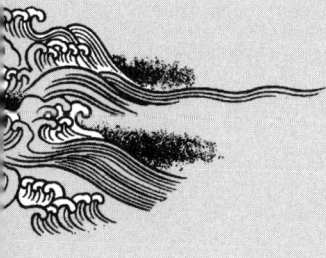

"修身齐家治国平天下",过去一直是中国知识分子人生理想中的一个重要命题。在这个命题中,修身、齐家是基础,而正家风则是其中的重要一环。"将教天下,必定其家,必正其身",说的就是这个道理。通过家风、家教、家规传递的德行,体现家族为人处世的品性修养。在漫长的中国历史上,一个文化家族的诞生,必定积淀一些独特而又优良的家风。如果一个家族有优良的家风做支撑,这个家族就会繁荣昌盛,就会兴旺发达,就会人才辈出,就会有文化品位和社会地位。由此可以看出家风的重要意义之所在。

在2015年春节团拜会上,中共中央总书记、国家主席、中央军委主席习近平说:"不论时代发生多大变化,不论生活格局发生多大变化,我们都要重视家庭建设,注重家庭、注重家教、注重家风。"在中央全面深化改革领导小组第十次会议上,他再次强调:"领导干部的家风,不是个人小事、家庭私事,而是领导干部作风的重要表现。"

《孟子》曰:"天下之本在国,国之本在家。"个人是家庭的元素,家庭社会的细胞。家风与个人成长、家庭和睦和国家建设有着密不可分的重大关系,也是构成整个社会和谐的最基本条件。

2016年,是"两弹元勋"邓稼先先生逝世30周年。从1986年到2016年这30年当中,中国社会的各个方面都发生了巨大的变化,社会的现代化水平有了很大飞跃,这些发展成果的取得与和谐的国内环境和稳定的国际局势有着密不可分的联系。稳定的国际环境的维持以及我国在外交舞台上自由发挥着自己的影响力,皆因我国有着其他国家不容小觑的军事力量存在。在当今社会,核武器的拥有应该说是一个重要的军事力量支撑。

就像毛泽东在1958年召开的扩大会议上指出:"原子弹就是这么大的

东西,没有那东西,人就说你不算数。"为了使新生的我国掌握国际上的发言权,当时的中央领导积极组织发展核武器事业。政府决策定下之后,广泛召集专家,并与苏联达成协议,由苏方派遣专家到中国对核武器事业进行指导。然而,国际风云变幻莫测,苏联与我国在20世纪50年代关系恶化,迅速撤离大量的在华专家,使得我国还在筹备之中的核武器事业面临着一片空白的境地。在这种情况下,被政府召集过去研究核武器的科学家们并没有退缩,而是凭借自身的智慧和探索,终于使我国在1964年、1967年相继成功研制出第一颗原子弹和氢弹,这令西方各国刮目相看。我国在一穷二白、处处受国际封锁的情况下,自主研制出当时国际上的高尖端武器,不得不说是一件了不起的事情。研究这项宏伟工程的有功之臣们终将不会被时间的尘埃所埋没,终将会被后人所传诵。作为"两弹工程"的总设计师,邓稼先功不可没。

邓稼先祖籍安徽怀宁白麟畈,邓氏在当地是世代的书香世家。在近二百年的时间里,怀宁邓氏家族人才兴盛、俊彦辈出。从邓稼先的第六世祖邓石如开始,邓家出现许多杰出的人才。邓石如是清代著名的书法家、篆刻家,清人曹文埴称赞他的书法"四体书皆为国朝第一",而在篆刻史上,后世尊称他的艺术风格为"邓派"。邓石如去世时,他的儿子邓传密只有11岁,师从清代名士李兆洛,传承家法,清代著名书法家何绍基在评论他的书法时写道:"上客有邓子,法绍斯冰严。"邓传密的儿子邓解,也曾入湘军统帅曾国藩之幕,可惜不久便英年早逝,留下年幼的独子邓艺孙。此后,失去父亲的邓艺孙,在祖父的精心培育下,诵读诗书,长大后成为民国时期的教育家。

怀宁邓氏家族是书香世家,加上邓艺孙本人又从事的是教育工作,因此他很注重家庭教育。子女幼时,邓艺孙便聘请塾师到家中为孩子们授课。他的几个儿子长大成人后在各自的领域发挥才干,取得了不小的成就。

后排为邓稼先及夫人许鹿希。前排左侧为邓稼先弟弟邓槜先的夫人及两个孩子,中间为邓稼先的二姐,右侧为邓稼先的大姐及两个孩子

邓艺孙的长子早逝,次子邓仲纯早年留学日本,归国后一直从事医学工作;三子邓以蛰留学日本、美国,归国后研究美学,在中国现代美学研究上做出了杰出贡献,在当时与著名的美学家宗白华合称为"南宗北邓";四子邓季宣留学法国后,担任过大学教授,之后又创办国立九中,在教育行业里兢兢业业地培育人才。百年家族,数代风华,及至邓石如的第六氏孙——邓稼先,更是直接进入国家重要机关从事与中国民族命运息息相关的工作。邓稼先是我国核事业的开拓者,在他的带领下,我国成功研制出第一颗原子弹和氢弹,他被誉为"两弹元勋"。

"万花盛处松千尺,群鸟唱中鹤一声",这是邓石如的自题对联。邓氏家族何以能在短短二百年中,出现如此众多的优秀人才,这是一个值得探究的问题。一切事情皆有因果,人才也不是横空出世般地那样简单,邓氏家族英才辈出的背后也蕴藏着许多待人发掘的教育秘籍。

怀宁邓氏家族世代薪火相传的重要原因之一,就是得益于邓石如的家教。邓石如在世时,时常谆谆地教导其后人,要"读书明理,存心忠厚",而其后人也能身体力行,承先辈遗训,发愤图强,在自己的领域做出令人注目的成就,这种良好的家风也为今人重视传统的家风家教提供了有益的借鉴。

在此,笔者就安徽怀宁邓氏家族的兴盛发展及其人才辈出的成因予以分析。

第一节 传承祖训,家风熏陶

明朝初年,安徽怀宁邓氏家族始祖自江西迁徙至白麟畈后,世代以农耕为生。尽管家境贫寒,但邓石如的先祖们一直未放弃读书。邓石如的先祖辈善于书法和篆刻,他的祖父和父亲也都爱好书刻,且在当地也算是这方面的高手,在农闲之际,他们不是读书练字,就是琢磨篆刻,从而形成了一种传统。邓石如从小在这样浓厚的书香气息、家学氛围的熏染中成长,且受祖父和父亲很大的影响,很小便对书法、金石、诗文有着浓厚的兴趣。他虽然仅上过一年的私塾,但辍学后却常常自己练习和研究书法及篆刻。17岁那年,他为潇洒老人所镌的《雪浪斋铭并序》篆书,博得乡邻们的一致好评。所以,在一定程度上来说,邓石如的祖父和父亲就是邓石如最好的启蒙老师,正是他们将邓石如带进了书法、篆刻艺术的美妙天地。

邓石如在晚年回到故乡后,修建了铁砚山房,房中挂着很多的书画作品,使他的子孙后世从小即受到书画艺术的感染。邓稼先的父亲邓以蛰,在他的《辛巳病除录》中曾这样回忆说:"山房中斋额有挹翠楼、无极阁、长寿神清之居等,皆为楼上。吾幼时常居楼,坐对行循,起卧恒不去目前者,乃一绝好之大痴之《富春山居》或九龙山人之《溪山无尽》长卷,四时朝暮,风雨阴晴,各呈异态,直不待搜筐箧,舒卷把玩而后适也。"

邓稼先的四叔、著名教育家邓季宣也曾在自传中写道:"家居怀宁北乡大龙山之麓,上溯祖先七代,皆属知识分子,多从事于文艺及教育工作,故命堂名为'守艺堂'(指文艺技艺而言,为清名学者李兆洛书匾,悬为庭训)。恪守明末遗老之民族思想,从不参加有清一代之科举考试。乾嘉之际,朝野上层知识分子,多称先高祖邓石如为高士,或称江南布衣。先曾祖守之公,长湖南衡阳书院多年,与张皋文、刘太古、龚定庵、魏默深、何子贞诸人相交游。先父生平亦仅服务教育,为清末之维新分子,在安徽方面,对辛亥革命,致力殊多。如此家庭传统,对本人少年意识,影响颇深——养成个人清高思想,不求仕进,故于政治意识,亦较为淡薄。"长期受到家庭文化氛围以及先辈们留下的祖训家学的浸染,使得邓季宣在成人以后从事教育、不入官场有重要的影响。

邓以蛰在少年时代便饱读诗书,能文善画,后来成长为一代美学大师,这与他从小生活的家庭环境有着紧密的关系。他从小便接触家中珍藏的书画,使他有了懵懂的美学意识,初尝美学的甘甜果实。美国著名的汉学家费正清的妻子费慰梅曾经说:"在艺术的环境中长大,思想上崇尚理性。"邓以蛰兄弟的成长离不开邓家大屋浓郁的艺术熏陶和文化气息的浸染,离不开经常在大自然中寻找美的踪迹。

邓稼先在《回忆父亲邓以蛰》一文中曾这样写道:"父亲一生追求美的精神境界,在清华大学任教时,他喜欢在幽静的荷塘边、树林的浓荫里散步,也常去圆明园。在北大燕园居住期间,他喜欢坐在走廊上,边晒太阳治疗他那咯血的结核病,边欣赏校园里满湖盛开的荷花。有时,他独自去颐和园,在寂静的后山小路上漫步,观赏无名的花草,或坐在山石上休息,眺望夕阳辉映下的昆明湖,沉思凝想,感受大自然的魅力,领悟哲学的真谛,从大自然的美中印证书画理论的精髓。"邓稼先也受到家庭环境的影响,自小喜欢美的事物。成人之后的邓稼先对大自然也有着深深的热爱之情,即使身处贫瘠荒凉的戈壁滩,当他看到马兰花时,也经常驻足欣赏,感受花儿的美丽和芬芳，体味生命的顽强和坚韧。

邓氏家族这种注重"精神生活"的气质，其实早在他们的祖先邓石如身上就表现得颇为明显。邓石如性格耿介，淡泊名利，身无媚骨，虽身为山野之人，却无粗鄙之气。他喜好游历名山大川，以书刻来自给自足，不喜名利和金钱，以艺传家，他的这种精神也成了邓氏家族的宝贵文化遗产，并一直被他们后世的子孙所传承和发扬。

邓家的学风不是故步自封、保守传统的。邓石如在书刻艺术上，刚开始时以李斯、李阳冰为宗，之后博采众长，在吸收百家所长的基础上，提炼创造出自己独特的艺术风格。这种开放包容的研究精神在后世子孙身上也表现得淋漓尽致。邓艺孙从小接受封建思想浓厚的旧式教育，在西方思想进入国内时，他担心国粹思想遭到破坏，因此对欧美思想采取排斥态度。但是后来，当他发现东西方文化有共通之处时，他又积极接受并学习。对于子女他也是采取开明态度，几个儿子留学日本、美国、法国，学贯中西，对于新事物他们总是以开放包容的心态来对待。此外，邓氏父子大力支持"新文化运动"，希望用先进的思想来启迪国民。邓以蛰在国外留学时，曾写信给陈独秀，称他领导的新文化运动是我国的文艺复兴，也高度评价孙中山领导的革命是"究东亚开天辟地之举也"，而其兄邓仲纯更是和陈独秀一起向民众散发传单宣传新思想。

第二节　严守德性，以身作则

— ○ —

怀宁邓氏家族家风严谨，以德才兼备、达观进取的风格立家治学。邓石如的祖父邓士沅"酒食货利，皆非所好"，唯独对明史和书画情有独钟，一生以耕读为业，在闲适恬淡的生活中追求学问，保持一颗纯粹的做学问的心，不为外物被累。邓家不仅聚焦于子孙们才智的提高，同时也很注重品行的培养。邓石如的父亲邓一枝曾经篆刻了"其人瘦而傲"的印章来表明自己清雅高洁、不趋炎附势的性格，他的这种做法邓石如也效仿过。邓石如为自己篆刻了"胸有方心，身无媚骨"的印章。

"乾称父，坤称母；予兹藐焉，乃混然中处。故天地之塞，吾其体；天地之帅，吾其性。民，吾同胞；物，吾与也。"(《西铭》)"父母呼，应勿缓；父母命，行勿懒；父母教，须敬听；父母责，须顺承。"(《弟子规》)邓石如曾经用篆字来书写这两篇文章。"清朝第一名臣"的曾国藩，在给他大弟的一封家书中写道："邓石如先生所写篆字《西铭》《弟子职》之类，永州杨太守新刻一套，尔可求郭意诚姻叔拓一二分，俾家中写篆者有所摹仿。"可见，邓石如的书法及其书法作品中传达的思想很受世人重视。

在安徽怀宁的民间，邓石如以对联规劝人们尽孝道的传说，一直在广泛地流传着。

相传，当地有一对老夫妻养育了十个女儿，她们出嫁后都相互推脱责任，不愿奉养老人，两位老人只能以乞讨为生。当地人总说邓石如是个正直善良的人，对富人哪怕豪掷千金，他也不为所动，但穷人只要向他开口，他就会免费为他们提笔书写。这对老夫妇听说以后，有一年春节，相扶着来到了邓家，向邓石如求字。邓石如听说了这对老夫妻的遭遇后，眉头紧蹙，打算写一副对联来教导一下那些不孝的女儿。于是，他写了这样一副对联："家有万金不富，人养五子还孤。"邓石如的这副对联写成后，内容很快传到了老人的女儿、女婿那里，他们感到万分惭愧，于是争相赡养老人。

邓以蛰三兄弟也是重情重义、古道热肠的人。邓仲纯侠肝义胆，对朋友义薄云天。他早年和三弟邓以蛰曾同陈独秀、苏曼殊一起在日本留学，并共同租屋而住，相互之间结下了深厚的友谊。陈独秀与邓家兄弟这种深厚的交情也被传承下来。1934年，陈独秀被关进南京老虎桥监狱期间，刚回国的邓以蛰便不顾旅途劳顿，前往老虎桥监狱探望，并为他送去了生活用品。陈独秀晚年贫困潦倒，"七七事变"后逃难到四川江津地区。这时,在当地开办"延年医院"的邓仲纯,就把陈独秀一家接到医院住下。平时,邓仲纯不仅做陈独秀的义务医生,还成了他的义务通讯员,陈独秀的朋友台静农以及邓鹤年、邓燮康叔侄等,也都是通过邓仲纯认识的。邓鹤年、邓燮康叔侄,这对乐交名士且在陈独秀去世后为其隆重地举办了丧礼。在陈独秀的晚年,邓仲纯起着重要的作用,如果不是他的热心帮助,陈独秀的晚年可能陷入孤独和凄凉的境地。

邓氏家族认为,家庭环境和父母宽松开明的教育方式对子女的成才有着重要的作用,因此要培养爱国卫家的品德应先从培养孝子贤孙开始。在邓氏家庭中,父慈子孝,兄友弟恭,夫妻和睦,家庭成员之间相亲相爱。邓稼先成家以后和父母分开住,但他常常回到北大宿舍去看望父母,带着父亲爱喝的茅台与之对饮。对于母亲他也饱含深情,从未忤逆过。良好的家庭氛围是孩子成长的乐园,在这其中的每一个人都心情舒畅,互相亲切对待。尊长爱幼,孝悌谦让,孩子处在这样的环境中,看到父母如何为人待事,他们在无形中便受到了深刻的熏陶。家庭是人心灵的港湾,和睦的家庭是家庭成员潜心工作和研究学问的坚强后盾。

第三节　注重气节,率先垂范

在我国传统文化中,"气节"是衡量仁人志士的人格标准,也是评价社会风气清浊与否的重要尺度。《论语·卫灵公》中有言:"志士仁人,无求生以害仁,有杀身以成仁。"《孟子》中也曾说:"穷则独善其身,达则兼济天下。"气节也是一个人价值观的体现。怀宁邓氏家族特别重视气节,重作为轻名利,注重精神世界的丰富,以持有高尚的德性为重。邓石如终身布衣,喜爱白鹤并以鹤的品行为参照。白鹤形态美丽,性情高雅,翩翩然有君子之风，而雌雄相随，步行规矩，情笃而不淫。古人常将那些具有高尚品格的贤能之士和修身洁行的人比作"鹤鸣之士"。

邓石如在《陈寄鹤书》中写道："慕古人琴鹤之风，以益励其清廉，而光照皖国。"又言"清旷劲逸，孑然而孤标"。在整个人生历程中，邓石如也是以这样的标准来践行的，他在与曹文埴一同进京时，拒绝乘坐轿子，拒绝配备随从仆人，依然身着布衣草鞋，骑着小毛驴前行。"胸有方心，身无媚骨"的理念一直贯穿着他的整个人生。

邓氏家族中不仅邓石如喜鹤，他的后人也是如此，邓以蛰的书房里一直挂着《完白山人放鹤图》。日本侵华，触动了邓以蛰的家国情怀。日本占领北平之后，由于肺病的缘故，邓以蛰没有与北大一起南下，他拒绝为日伪政府供职，放弃优越的生活，依靠过去的一点积蓄，过着清苦的生活。即使这样，他没有将祖先留下的珍贵书画典当出去来改善生活，也严词拒绝朋友的邀请去为日伪政府做事。邓以蛰看到自己的朋友为了蝇头小利而丧失民族气节，大骂其人并将之赶出家门。

邓以蛰的弟弟邓季宣也是一个有傲骨之人，不轻易依附权贵。邓季宣在重庆江津地区开办国立九中的时候，当时，重庆教育部长陈立夫想要拉拢邓季宣，称如果邓季宣为国民党政府供职的话，可以提升他担任教育局的督学，还有丰厚的津贴。但是，这些条件都遭到邓氏的拒绝。陈立夫没有善罢甘休，指派几名可疑人员到学校，企图监视学校的行动，作为校长的邓季宣坚决不收这些学生。邓季宣接收学生并不以学生家长的社会地位为参照，他是本着一颗公正的态度来对待每一个学生。当时，江津卫戍司令刘晓五听闻国立九中学风严谨，希望他的两个儿子也能够进入九中学习。对此，邓季宣也予以拒绝。刘氏被拒绝之后，对邓季宣怀恨在心，借故诬陷他是反动分子，于是命人将其逮捕。邓季宣像先祖一样，对权贵不阿谀奉承，始终坚持自己的做事原则，固守气节，拒不退让。怀宁邓氏家族的爱国情怀和民族气节代代流传，这成为家族文化重要的组成部分。

祖辈的民族气节和爱国行为，深深地感染了邓稼先。邓稼先在父辈民族气节和家国情怀的感召下,常在读书之余,与同学们讨论时局大事、国家命运等问题。他以自己的实际行动践行着"天下兴亡,匹夫有责"的理念。在日本人占领北平之际,日本宪兵队规定:凡是中国人,只要在日本哨兵面前走过,都需要向"皇军"鞠躬行礼。这对有着强烈爱国情怀的邓稼先来说,是一件令人气愤不已的事情。因此,每天上下学他均绕道远行也不愿给日本人行礼。在日本人强制学生们举着日本国旗庆祝他们的胜利时,义愤填膺的邓稼先将旗子撕烂,掷在地上。邓稼先的这一举动被安插在人群中的特务所发现,要求学校校长将邓稼先交给日伪政府处置。在这种情况下,邓稼先跟随姐姐前往昆明避难。怀宁邓氏家族在时代变迁中长盛不衰与氏族成员的优良美德及民族气节有莫大关系。书香世家和名门望族能够长久生存,很重要的原因在于其后继者贤良、上进、成器。假如继承者是一群好吃懒做,不求上进的无赖之辈,那么家族中落、望族地位衰退是不可抵挡的趋势。"天下兴亡,匹夫有责",邓氏一脉的爱国热情可见一斑。

第四节　厚德载物,心系家国

—。—

邓氏家族的成员都很热爱自己的故乡,邓石如的一些名号均来自家乡地名,如:完白山人、龙山樵长、凤水渔长、古浣子等。此外,他还曾篆刻有"家在龙山风水""家在四灵山水间""绕屋皆青山"等印章,借此来描述自己对家乡之美和对家乡的热爱之情。

邓石如成名后,虽然家中资产不多,但对于族中的贫穷者,他只要遇见都会慷慨解囊相助。邓艺孙和邓季宣都大力发展近代安徽教育,培育良才。邓以蛰虽然先后留学日本、美国,但是他对祖国仍然怀有深深的感情。学成归国后,服务祖国,还以此对儿孙进行要求。

邓以蛰在送邓稼先到重庆时,曾语重心长地嘱咐儿子说:"稼儿,你要记住,一定要学科学,不要像我一样学文。学科学对国家才是有用的!"为了祖国的强盛,为了中华民族的复兴,邓稼先时刻都牢记着父亲的谆谆嘱托。他后来在西南联大认真学习物理知识,之后又留学美国进一步深造,学成归国后在与家人度过短暂一段平静幸福的生活后,为了研制原子弹发展我国核工业,他一直无怨无悔地隐姓埋名多年,为祖国的核事业兢兢业业,奉献着自己的力量。邓稼先带领一批科学家将我国零基础的核事业一步一步地做起来,这其中的艰辛非同寻常,在研制的过程中不幸遭受到核辐射患上癌症。在生命的尾声,邓稼先对他的子女说:"假如生命终结后可以再生,我仍选择中国,选择核事业。"

孟子曰:"人有恒言,皆曰天下国家。天下之本在国,国之本在家,家之本在身。"他将国、家、个人的关系有机地联系起来。在我国几千年的文化传统中,"修身、齐家、治国、平天下"也一直是华夏子孙理想的处理家国与个人自身的模式。"家"是构成"国"的小单位,"国"是"家"的延伸,千千万万的小"家"组成一个"国"。一个家族的兴衰与国家也密切相关,家族命运受国家和时代环境的制约,但是家族为国家培养出优秀人才,也同样推动着国家的兴盛发展。安徽怀宁邓氏的人才荟萃的现象在教育上也给我们当代人很多启示。

一、教育要注重儿童创造性的培养

美国教育学家贺拉斯·曼曾说过:"凡是任何事物在生长的地方,一个塑造者胜过一千个再造者。"人的创造性是一种重要的能力,他(她)在某一领域的创造力会推动这个领域的发展,而成千上万的后继者不过是在沿着他(她)的步伐前进。怀宁邓氏家族从邓石如那里开始,不论是在做人还是在研究艺术上都不亦步亦趋,而是敢于打破传统,勇于创新。邓石如的后世子孙也以先祖的精神作为向导,在自己的研究领域里坚持自己的想法。邓以蛰在国外给妻子的信中提到:"我们是小孩子的亲爱的父母,并不是他们的阎王。"劝妻子尊重孩子的天性,让其自然地成长。因此,邓氏家族培养出的人才并不单一,而是文史科学兼具。

二、发挥好教育的启蒙作用

父母是孩子的第一任老师,孩子在幼年时期以父母的为人处事行为为参照逐渐形成自己的生活习惯和性格特征。对于邓氏家族而言,家中长辈特别注重对后世子孙的教育。一方面家族中有先贤风范的遗风,每一代都注意将此代代相传。先贤的启发教育,更会引发后学的成长。此外,怀宁邓氏并不是一味固守田地的传统农民,邓石如的父亲曾到寿州教书,而邓石如也是一生常在外游历学习,及至邓以蛰兄弟,更是远渡重洋。吸收、借鉴、利用是人才成长的途径,走出自己狭隘的小天地,扩大了视野,同时也容易培养人博采众长、兼容并包的思想。小孩子都是充满好奇心的,对未知世界也充满着渴望。父辈将自己在外的所见所闻描述给子孙会为他们描述另一个天地,无形中加强了他们对外界探索的动机,这为家庭启蒙教育提供了丰富的素材。

三、研究家学渊源与人才成长之间的关系,在今天仍然具有现实意义

当今社会信息技术发展迅速,没有封建社会的束缚,人们的思想得到了极大的解放。但是,在物质日益丰富的今天,人们的幸福感和满足感并没有与日俱增,反而更多的是被物质、名利所绑架。加上网络的普及,各种信息的泛滥,很多人难以保持平静的心态去面对生活。对于传统文化,有为数不少的人认为这是已经过时的东西。家学渊源,是传统文化的一部分,但是它本身仍然不乏精华部分。自春秋时期孔子开办私学以来,"父子登科""兄弟并举""叔侄同榜"的现象层出不穷,足见家学渊源的影响之大。家学渊源,涵盖的不仅仅是技艺或是某一文化领域方面等专门的行

业知识，也包括为人处事的风格，心性品行的要求等。重视家学的作用，可以使其在现代社会中发挥出更大的作用。

中国传统文化之所以历经数千年而生生不息，原因在于我们的祖先很早就重视对知识的保存和承传，并将其传授给下一代。古语有云："教妇初来，教儿婴孩。"从婴儿呱呱坠地开始，家长们便对其进行优化抚养、培育，在孩童成长的过程中，渐次将各种文化知识、经验习俗、举止规范以及道德伦理教给他们，使他们明白所禁所宜。尤其是名门望族，常常重金聘请饱学名士到家里为子孙传授知识。

"富贵无定势，田宅无定主""富不过三代"，社会时局多变，富贵本就无常。书香世家和名门望族深知这个道理，于是竭尽全力让子孙多接受教育，以应对时局变化。邓氏家族注重的不是为子孙后世储蓄多少钱财，而是如何培养其勤奋学习、奋发拼搏的精神，"富贵不能淫，贫贱不能移"，以此来养"吾浩然之气"。良好家风，历久弥新。在新的历史时期，重视家风无疑是回应时代之需，是中华民族五千年灿烂文化所孕育的优良传统和美德的现代传承。

家风良，则人才兴；家风正，则国风清。安徽怀宁邓氏家族兴旺发达、善生俊彦的原因恐怕也就在此，这也是笔者写这本书的初衷所在。

怀宁邓氏家族世谱图

—。—

邓君瑞(白麟畈邓氏家族始迁祖,第 1 世)

↓

邓梅渚(白麟畈邓氏家族第 10 世)

↓

邓士沅(白麟畈邓氏家族第 11 世)

↓

邓北林(白麟畈邓氏家族第 12 世)

↓

邓石如、邓铸(白麟畈邓氏家族第 13 世)

↓

邓传密、邓小望、邓尚宝(白麟畈邓氏家族第 14 世)

↓

邓　解(白麟畈邓氏家族第 15 世)

↓

邓艺孙(白麟畈邓氏家族第 16 世)

↓

邓寿慈、邓仲纯、邓以蛰、邓季宣(白麟畈邓氏家族第 17 世)

↓

邓仲先、邓茂行、邓稼先、邓□先(白麟畈邓氏家族第 18 世)

↓

邓志典、邓志平(白麟畈邓氏家族第 19 世)

参考书目

1. 张学衔.华夏百家姓探源［M］.南京：南京大学出版社，1999.
2. 穆孝天，徐佳琼.邓石如［M］.合肥：安徽教育出版社，1983.
3. 黄季耕.中国文化世家·江淮卷［M］.武汉：湖北教育出版社，2001.
4. 穆孝天.邓石如书法篆刻艺术［M］.合肥：安徽人民出版社，1984.
5. ［日］伏见冲敬.中国历代书法［M］.陈志东译，成都：四川美术出版社，1987.
6. 陈振濂.篆刻艺术纵横谈［M］.上海：上海书画出版社，1992.
7. 郑晓华.大师——影响中国书法发展的二十位历史人物［M］.北京：人民美术出版社，2013.
8. 朱鸿祥.明清私藏印选集［M］.北京：中国纺织出版社，1997.
9. 赵承楷.艺术钩沉［M］.北京：中国青年出版社，1999.
10. 中国书法杂志社.书法艺术［M］.北京：中国广播电视大学出版社，1987.
11. 蒋频.印人逸事［M］.北京：人民美术出版社，2014.
12. 阮良之.明清徽皖篆刻简论［M］.合肥：安徽大学出版社，2009.
13. 黄季耕.安徽文化名人世家［M］.合肥：安徽教育出版社，2005.
14. 许进.1890—1990：许德珩［M］.北京：北京出版社，2003.
15. 邓以蛰.邓以蛰全集［M］.合肥：安徽教育出版社，1998.
16. 邱巍.吴兴钱家：近代学术文化家族的断裂与传承［M］.杭州：

浙江大学出版社，2009．

17．徐志松．梅妻鹤子　铁砚芳心：邓石如传［M］．合肥：安徽文艺出版社，1997．

18．许鹿希，邓志典，邓志平，邓昱友．邓稼先传［M］．北京：中国青年出版社，2015．

19．胡银芳．英雄大爱：邓稼先与许鹿希的旷世爱情［M］．北京：华夏出版社，2010．

20．王维玲．邓稼先：中国著名科学家传记［M］．北京：中国社会科学出版社，2010．

21．祁淑英．中国著名科学家传记——邓稼先［M］．北京：中国社会科学出版社，2011．

22．许鹿希．邓稼先图片传略［M］．合肥：安徽教育出版社，2003．

23．张珊．群英传［M］．合肥：安徽大学出版社，2012．

24．李春光．清代学人录［M］．沈阳：辽宁大学出版社，2002．

25．刘茵．共和国的部长们［M］．北京：人民文学出版社，2011．

26．李旭阁．原子弹日记［M］．北京：解放军文艺出版社，2011．

27．邓以蛰．邓以蛰美术文集［M］．北京：人民美术出版社，1993．

28．邓以蛰．邓以蛰全集［M］．合肥：安徽教育出版社，1998．

29．邓石如．邓石如集［M］．长春：吉林文史出版社，1999．

30．邓石如．邓石如篆书［M］．北京：文物出版社，1982．

31．邓石如．清邓石如隶书［M］．北京：文物出版社，2000．

32．邓石如．邓石如印谱［M］．天津：天津古籍出版社，2001．

33．邓石如．邓石如作品集［M］．哈尔滨：黑龙江美术出版社，2010．

34．王家新．艺术巨匠：邓石如［M］．石家庄：河北教育出版社，2012．

35．邓石如．中国书法全集：邓石如［M］．北京：荣宝斋出版社，1995．

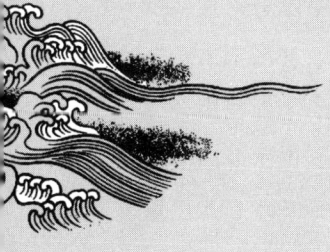

"家"，在中国历朝历代都是极其受重视的，以家族为中心、以血缘关系为纽带而形成的社会关系组织，是中国社会的显著特征之一。在这种宗法制社会中，每个人都生活于宗族亲友、乡里乡党、宗教信仰及其同行业之中，并与之产生千丝万缕的联系。其中，以姓氏为基础而形成的家族意识是人们普遍具有的，这不仅意味着姓氏人自身重视同姓的社交群体，也是因为在古代以小家庭为单元在从事农事或是其他社会活动中同姓人给予强有力的支援力量。心理上认同同姓的他人与自身拥有共同的祖先，故而会增加彼此的亲切感。因此，"家族"的意义就显得格外重要。

　　姓氏家族经过世代的繁衍与发展，逐渐形成一种特色文化，这种文化一般称之为"家学"。当代学者吴仁安先生在《明清江南著姓望族史》中曾指出："家学，即业已形成了专门的学问而又能父传子承，世代相传之学，这种家学的濡染等于是让孩子自然而然地接受了早期教育。"家族中的孩子在成长过程中会继承家学，家学的内容包括由这个家族的先辈创造、传承的品行道德规范、为人处事做法以及家庭中特殊的技艺，如经商策略、农耕技艺或是书香世家在学问上的继承和发展等。安徽怀宁白麟畈的邓氏家族的传承发展也深受家学的影响：清代著名书法家和篆刻家邓石如，一生从事书法和篆刻，不能不说是受其父亲及其祖辈的影响。随后，邓石如的儿子邓传密承父之学，在清末书坛上也享有一定的声誉；邓传密的儿子邓解，惜其英年早逝，未能将祖辈、父辈的家学进一步发扬光大，但他在曾国藩的幕府做事，也体现出他所具备的智慧才干。但到了邓解的儿子邓艺孙时，邓氏家学再次显示出重要的力度，并在此后越来越为世人所重。

　　随着封建社会的瓦解，人们的思想逐渐开放，对于职业的选择也发生了很大的变化，但家族文化中的品行道德、文化教育仍然发挥着它原有的潜移默化、自然熏陶的作用。譬如邓艺孙选择教育行业，他的几个儿子在职业选择时也很自由，与父亲的选择并非完全一样；邓艺孙的长子邓寿慈夭折，次子邓仲纯从医，三子邓以蛰研究美学，四子邓季宣在教育界享有盛誉，算是子承父业。到了民国年间，内忧外患，时局动荡不安，邓稼先遵从父亲邓以蛰的建议学习物理，为国家贡献智慧，其子邓志平后来走上教育岗位，当了大学教授。尽管邓氏家族成员从事的职业不同，但邓家自邓石如之后，子孙后代均为知识分子，这与邓氏家族世世代代重视教育、重视学问的家学存在着紧密的联系。

邓稼先是中国现代科学家中的翘楚，也是中国学界的楷模，同时也是一位高度爱国的民族英雄，他为中国现代科技特别是军事科技的发展做出了不可磨灭的贡献，这是世人皆知的，并赢得了人们的尊重。

上学时，我就听老师讲述他的故事，心中一直对这位英雄怀有深深的敬意，他和妻子许鹿希女士之间的真挚爱情也让人羡慕和钦佩不已。此后，我还读了不少关于邓氏家族的书籍，对我启发很大。我走上教育之路，也多少是受了邓氏家族的一些影响。

前年，有幸得到作家苏克勤先生的引荐，承接了《龙山凤水毓锦绣——安徽怀宁邓氏家族文化评传》一书的撰写工作。此后，我到安徽安庆白麟畈的邓家大屋瞻仰邓石如、邓稼先及其先辈的故居，使我进一步地接触和了解了邓稼先及其祖上其他人物的生平事迹。在写作本书过程中，需要收集各种材料，对于一些古代的东西和不是特别出名的人物，与之相关的文字材料非常罕见，在写作过程中很多时候在语法上以及词汇句子方面我也是苦思冥想，因为读书和写作是两种性质的事情。纯粹的读书虽然也思考，但是这和写作的思考存在着很大的差别。写作是一个创造性的劳动过程，这个过程不仅仅是对材料的整理，还存在怎样将人物最真实的生存状态表现出来，也将自己的思考准确、真实地表达出来的问题。尽管在这个过程中我也曾常常头疼自己文笔不佳，材料不是非常充分，但还是坚持将这本书完成，而且在写作过程中我也收获很多，那种精神上的满足让我备感快乐。

最后需要说的还有，作家苏克勤先生一直给予我耐心的指导，并帮助我搜集了不少关于邓氏家族的史料，同时还多次督促我对作品予以修改完善。如果没有他，这本书也许不会顺利完稿。在此，谨致以最真诚的感谢！此外，对为本书的顺利出版而付出艰辛劳动的郑州大学出版社的骆玉安等老师，也致以崇高的敬意和感谢！

由于时间仓促，加之个人水平有限，书中难免出现差错，敬请广大同人及读者朋友不吝赐教，并及时提出宝贵意见，以便再版时改正！

张春苗

2017 年 12 月 26 日于南京